车联网

汽车新技术与互联网+的深度融合

硬件配置/功能使用/系统结构原理

徐晓齐 编著

化学工业出版社
·北京·

本书内容包括车联网体系构架、奔驰智能车联网系统、宝马 iDrive、奥迪 MMI、通用 OnStar、福特 SYNC、海马 HM-Link、上汽 inkaNet、比亚迪云服务、凯迪拉克 CUE 系统、丰田 G-BOOK、英菲尼迪 InTouch、观致逸云平台、沃尔沃 Sensus。

本书适于汽车维修人员阅读，同时也可以作为相关企业的培训用书和专业院校师生的参考用书，也可以作为自学读本使用。

图书在版编目（CIP）数据

车联网/徐晓齐编著. —北京：化学工业出版社，2015.9
ISBN 978-7-122-24829-9

Ⅰ.①车… Ⅱ.①徐… Ⅲ.①互联网络-应用-汽车②智能技术-应用-汽车 Ⅳ.①U469-39

中国版本图书馆 CIP 数据核字（2015）第 179229 号

责任编辑：辛 田　　装帧设计：尹琳琳
责任校对：边 涛

出版发行：化学工业出版社（北京市东城区青年湖南街 13 号 邮政编码 100011）
印　　刷：北京永鑫印刷有限责任公司
装　　订：三河市宇新装订厂
787mm×1092mm 1/16 印张 16½ 字数 430 千字 2015 年 9 月北京第 1 版第 1 次印刷

购书咨询：010-64518888（传真：010-64519686） 售后服务：010-64518899
网　　址：http://www.cip.com.cn
凡购买本书，如有缺损质量问题，本社销售中心负责调换。

定　　价：58.00 元

前言

汽车电子技术的突飞猛进，成为近十几年来汽车技术进步的最大亮点。随着大数据、云计算时代的到来，汽车的移动性将与搭载在汽车产品上的IT平台技术及互联网、物联网进行深度融合，不仅带来了更富乐趣的驾控表现和更可靠的安全保障，同时也带来了更简洁的操作模式和更轻松的驾乘环境。

传统汽车厂商已经意识到，汽车行业正在酝酿一场革命，车联网的时代正在悄然来临。在汽车经销商层面，互联网与电子设备的广泛应用，成为了经销店服务管理升级的重要标准。在售后服务中，客户同样也能享受到现代化带来的各种便利，手机、平板电脑、电脑等电子设备可查询到车辆的相关信息，客户即可知晓车辆的库存状况，甚至可以通过互联网远程监控维修现场的状况。但对于许多从事汽车行业的人员，对车联网的结构原理、功能使用还比较陌生。为此我编写了本书。

本书内容包括车联网体系构架、奔驰智能车联网系统、宝马 iDrive、奥迪 MMI、通用 OnStar、福特 SYNC、海马 HM-Link、上汽 inkaNet、比亚迪云服务、凯迪拉克 CUE 系统、丰田 G-BOOK、英菲尼迪 InTouch、观致逸云平台、沃尔沃 Sensus。

本书内容侧重于硬件配置、功能使用和相关系统结构原理，图文并茂、通俗易懂、注重实用。读者阅读后能够很快掌握各品牌汽车的车联网功能特点与工作方式，是一本入门级的读物。

本书由徐晓齐编著，参与帮助的有李英硕、徐建中、李玉清、郭奎峰、刘子豪、张洪涛、王康、计林、冯建军、张乐意、李巍。

本书适合汽车维修人员阅读，同时也可以作为相关企业的培训用书和专业院校师生的参考书，还可以作为自学读本。

由于笔者水平有限，难免有不足之处，敬请广大读者批评指正。

编著者

目录

第一章　车联网体系与奔驰智能车联网系统　001

第二章　宝马 iDrive　009

第一章 车联网体系与奔驰智能车联网系统

第一节 车联网体系

一、车联网概述

车联网是以车内网、际网和车载移动互联网为基础，按照约定的通信协议和数据交互标准，在车辆与车辆、车辆与互联网之间进行无线通信和信息交换，以实现智能交通管理控制、车辆智能化控制和智能动态信息服务的一体化网络，它是物联网技术在智能交通系统领域的延伸。车联网示意图如图 1-1 所示。

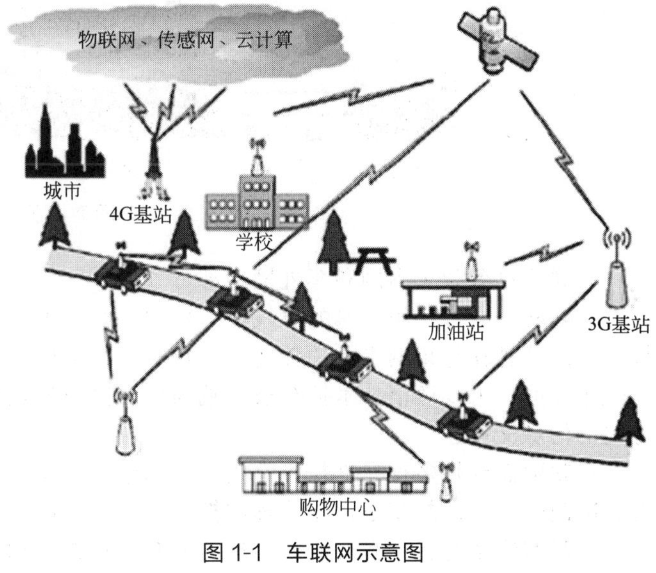

图 1-1 车联网示意图

车联网起源与发展的历程如下。

2009 年 9 月，在深圳全国第四届 GPS 运营商大会上首次提出车联网概念。

2010 年 6 月，“直达 2030 车联网-网联城市智能交通”论坛在世博会举行。

2011 年 1 月，车联网列入我国重大专项。

2011 年 3 月，大唐电信与启明信息携手开发以中国自主知识产权为核心的汽车电子产品，标志着车联网逐步进入实质应用阶段。

2011 年 4 月，以福田汽车为主的整车企业，联合我国北斗卫星位置服务供应商、3G 无线通信供应商等，成立中国首个汽车物联网联盟。

二、 体系构架

车联网需要一种专有的协同通信架和协议栈，将不同底层数据进行整合，实现信息交互，确保数据传输的实时性、完备性和安全性。车联网体系构架示意图如图 1-2 所示。

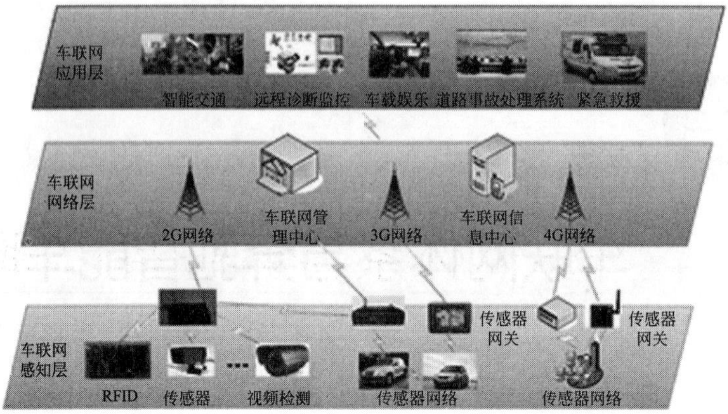

图 1-2　车联网体系构架示意图

车联网为车辆提供无处不在的网络接入、实时安全消息、多媒体业务、辅助控制等。车联网通信示意图如图 1-3 所示。

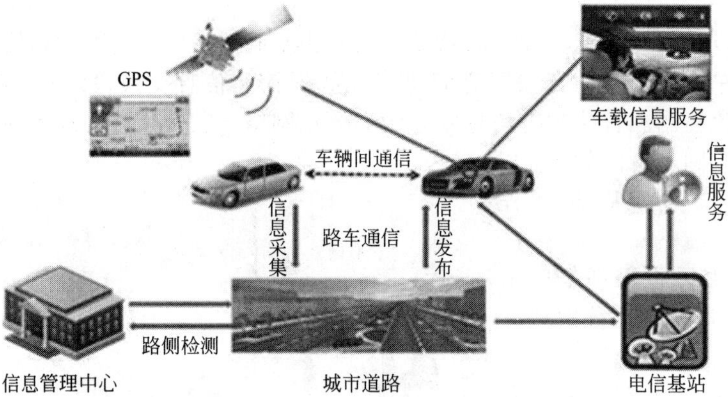

图 1-3　车联网通信示意图

车联网可分为车内网和车外网两部分。

车内网：通过应用成熟的总线技术建立一个标准化的整车网络，实现车载电器间控制信号及状态信息在整车网络上的传递，实现车载电器的控制、状态监控以及故障诊断等。

车外网：无线通信技术把车载终端与外部网络连接起来，实现车辆间、车辆和固定基站之间的信息交换。

车联网需要将多种先进技术有机地运用于整个交通运输管理体系中，从而建立一种实时的、准确的、高效的交通运输管理和控制系统。车联网关键技术如图 1-4 所示。

车联网体系的建立和功能的实现需要多方机构和相关行业的参与，从而形成完整的产业链。同时，在这个领域中会衍生出多种增值服务。车联网产业链如图 1-5 所示。

车联网最终的功能模式目前没有定论，但从汽车行业的发展角度来看，车联网的发展路线有其规律可循，从初级阶段的信息服务到中级阶段的智能服务，再到高级阶段的协同控制，在业内已达到共识。车联网的发展路线如图 1-6 所示。

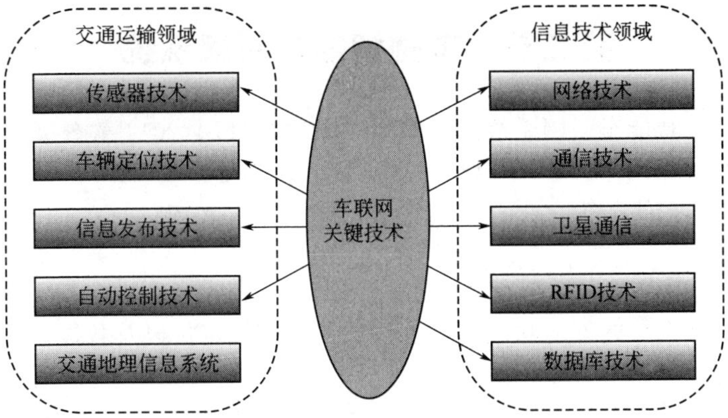

图 1-4 车联网关键技术

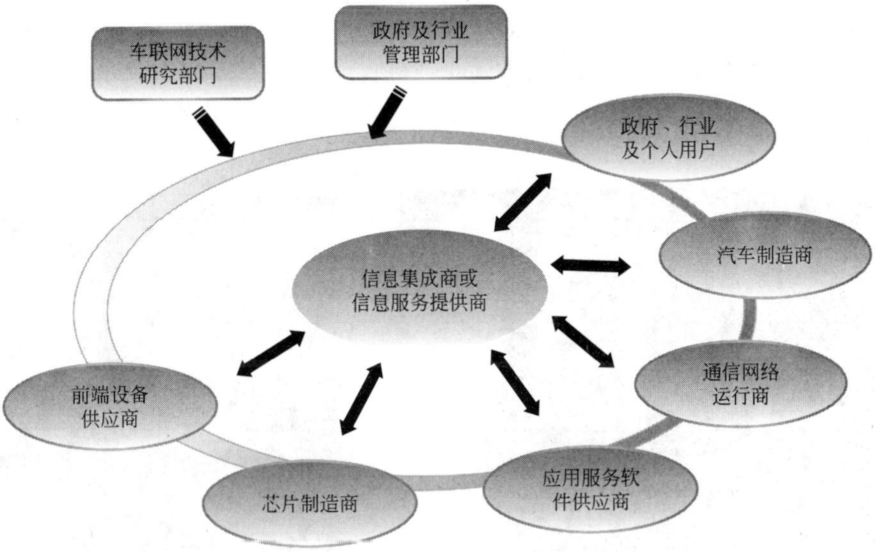

图 1-5 车联网产业链

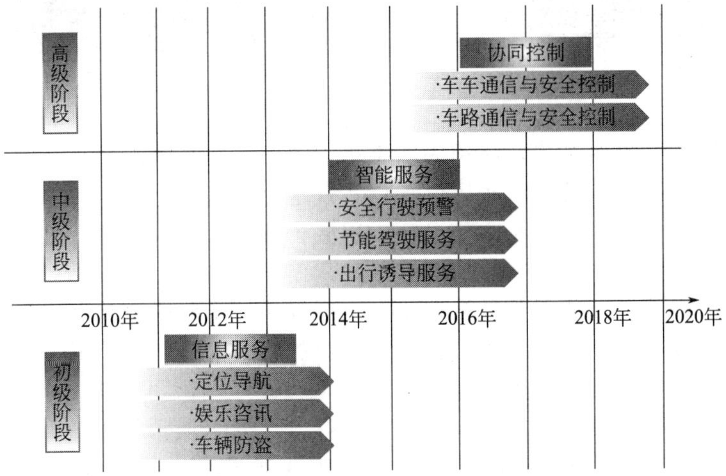

图 1-6 车联网的发展路线

第二节　奔驰智能车联网系统

目前奔驰装备了智能车联网系统的车型有 2013 款 E 级、2014 款 S 级、2014 款 SLK 级、2014 款 SL 级、2014 款 CLS 级、2014 款 ML 级、2014 款 GL 级、2014 款 G 级、2014 款 GLK 级和即将上市的 CLA 级。

一、 安防功能

奔驰智能车联网系统的安防功能包括远程遥控、车辆定位以及救援/服务电话。

(一) 远程遥控

远程遥控功能并不是遥控驾驶车辆，而是遥控车辆开/锁车门或者遥控启动车辆等功能。奔驰的车联网系统可以实现用手机客户端远程遥控解锁或锁闭车门，并且可以通过电话呼叫服务台来实现这个功能，不过目前暂时不能提供遥控启动车辆。

登录手机客户端后，可以在主页上看到几种功能选项。按下手机界面的车门锁止和车门解锁键后，可以实现车主远程控制车门的锁止/解锁，如图 1-7 所示。

需要注意的是，按下手机界面的车门锁止和车门解锁键后，手机客户端会让车主先输入密码，以确保车辆安全，如图 1-8 所示。

图 1-7　远程控制车门锁

图 1-8　远程遥控的密码输入

用手机遥控解锁或锁闭车门，必须先在手机上下载并安装奔驰的车联网手机客户端，注册完成后，只要在手机客户端输入密码就可以实现这个功能。

此外，拨打服务台，验证了车主信息后，服务台可通过远程遥控方式开锁/锁闭车门。

(二) 车辆定位

实现车辆定位功能可以通过服务台定位，也可以通过手机客户端来定位。通过拨打服务台的电话，提出需要确定车辆的具体位置，服务台的客服人员核实了车主身份后，把车辆的具体位置以地图的形式下发至车主的手机上，车主通过地图就可以查看到自己车辆的位置，如图 1-9 所示。

手机客户端也可以直接定位车辆位置，不过需要通过手机网络（如 3G 网络）来完成。按下手机客户端首页的停车位置按键，就可以直接查找车辆停放的位置，如图 1-10 所示。

图 1-9　手机地图的车辆位置

图 1-10　车辆定位

这项服务主要功能是帮助车主寻找车辆，当车主忘记车辆停放在哪里时，这个功能也可以帮助车主快速找到车辆。另外，当车辆被盗时，车主可以快速查找到车辆的位置，这样可以方便报警，向警方提供有利的信息。

(三) 电话服务台

电话服务台这项服务是安防功能中比较重要的内容之一，在车顶的天窗控制键附近，可以看到 3 个带有电话标识的按钮，从左至右依次是维修救援电话、紧急求救电话和综合服务电话，如图 1-11 所示。

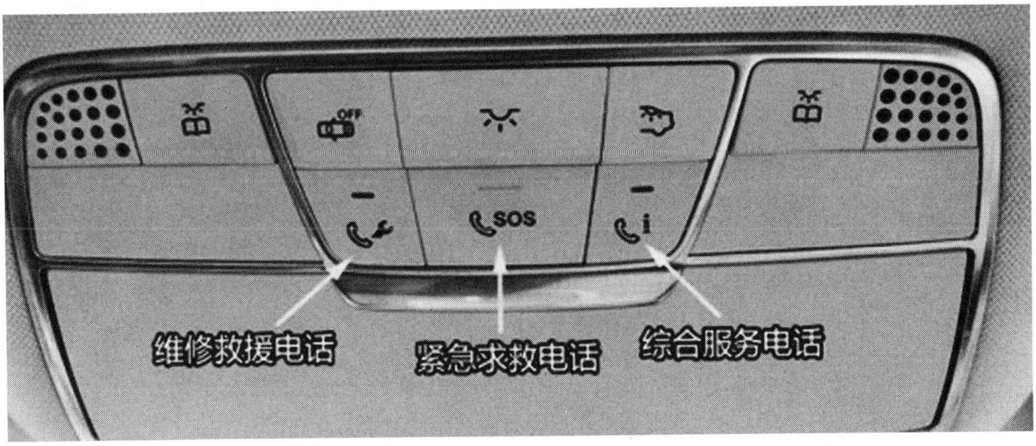

图 1-11　电话服务台的功能按钮

奔驰车联网系统提供的电话服务台分为三种，即维修救援、紧急求救、综合服务。不同的服务台有专门的按钮，方便车主快速连线。当车辆本身出现故障时，可以拨打左侧的维修救援电话；当发生交通事故、出现人身伤亡时，可以按下中间的紧急求救电话；当需要导航或其他一些服务时，可以拨打综合服务电话。

二、 联网功能

联网功能是奔驰智能车联网系统的重要功能，除了网络查询外，奔驰的车载导航与车联网连接后还增加了一些相关功能。

(一) 车载网络查询

奔驰智能车联网系统可以让车主通过车辆上的网络来查找附近的酒店、电影院、饭馆等兴趣点。另外，这套系统还可以上网查看新闻、登录微博、查看好友位置等。奔驰智能车联网系统提供的兴趣点如图 1-12 所示。

需要说明的是，这套系统的百度搜索程序只可以搜索周边的兴趣点，如饭店、电影院、加油站等，并非像电脑网页那样什么都可以搜索。

奔驰智能车联网系统提供实时的国内外新闻，如图 1-13 所示。

图 1-12　奔驰智能车联网系统提供的兴趣点

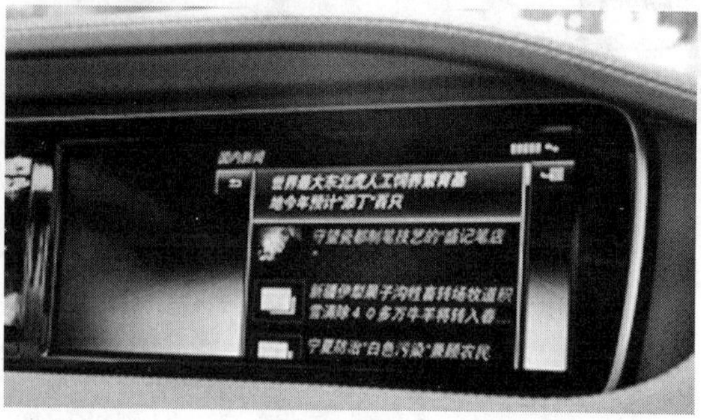

图 1-13　奔驰智能车联网系统提供的国内外新闻

奔驰智能车联网系统自带的新浪微博程序不可收看和发送微博，而是利用了微博的服务位置，查看微博好友发送的位置，通过定位，可以导航到朋友所在的位置，如图 1-14 所示。

以上这些车载网络查询功能的信息都不可以自动刷新，如果想刷新，必须先退出已经进入的界面，然后再进入才可以。

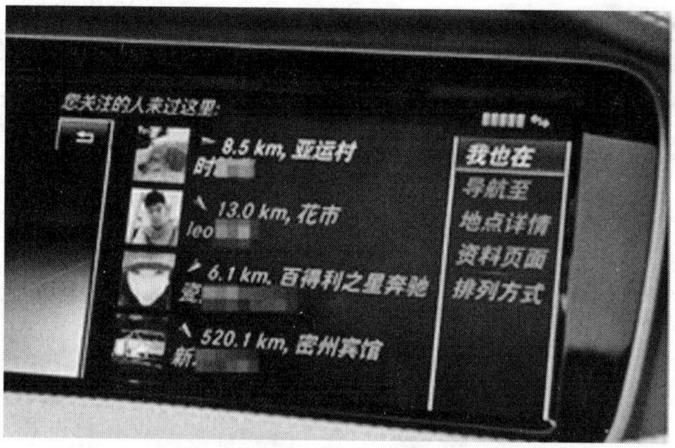

图 1-14　奔驰智能车联网系统自带的新浪微博界面

(二) 实时路况

奔驰车联网导航不仅可以实现传统意义上的导航功能，还可以在线查看实时路况，不过这个实时路况不是自动刷新的，需要人为操作。奔驰的车联网导航如图 1-15 所示。

奔驰车联网系统提供的实时路况功能只能查看城市快速路、高速公路和一些热门商圈的路况，不支持所有道路。这个实时路况功能也不支持自动刷新，如果想刷新，那么需要转动中控台上的旋钮，如图 1-16 所示。

奔驰车联网系统还提供了交通管制路段查询、施工道路查询和事故报告等服务，如图 1-17 所示。

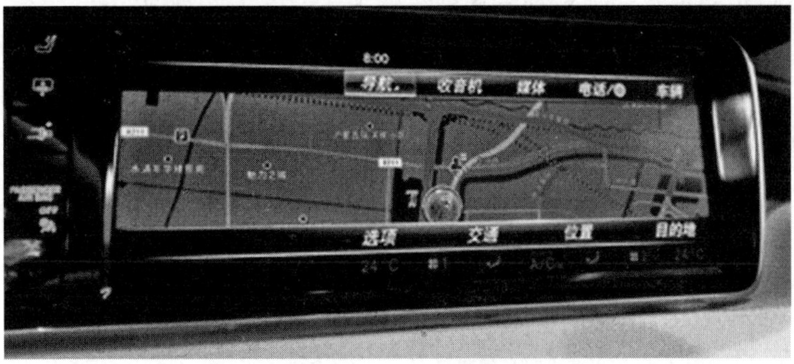

图 1-15　奔驰车联网导航

图 1-16　中控台上的旋钮

图 1-17　施工道路查询

(三) 远程设置目的地

可以通过网络把电脑或手机上设置好的导航地图发送至车载导航系统，也可以通过拨打服务台电话，让服务台帮助把导航地图发送至车载导航系统。这些服务是完全免费的。

在电脑的网页上打开百度地图，搜索目的地，然后点击目的地的标注点，如图 1-18 所示。

图 1-18　点击目的地的标注点

点开目的地标注点后，会出现详情介绍对话框，然后用鼠标点击右上角的下拉箭头，就可以看到发至汽车的选项，如图 1-19 所示。

点击“发至汽车”后，会弹出一个对话框，让车主选择导航、汽车品牌等内容，然后输入验证码，就可以免费把目的地地址发送到车辆了，如图 1-20 所示。

图 1-19　发至汽车的选项

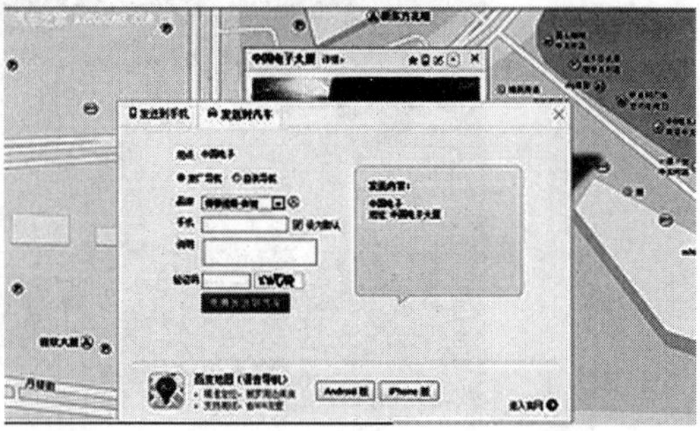

图 1-20　“发至汽车”的对话框

车主也可以将手机通讯录中的联系人地址发送至车辆导航系统，如图 1-21 所示。

目前，奔驰车联网系统只支持将电脑版和手机版的百度地图发送至车辆，其他地图（如高德地图、搜狗地图、谷歌地图等）暂时还不支持；而手机联系人的地址需要在奔驰的手机客户端下操作，让导航帮助搜索。

如果以上两种方法太麻烦，还可以直接拨打服务台电话，说出想去的地方，服务台就可以帮助找到地点，然后发送路线地图到车载导航系统中。

三、 交互功能

(一) 智能语音

语音控制按键在多功能方向盘的右侧，在每次通过前需要按一下该按键，如图 1-22 所示。

图 1-21　发送手机通讯录的联系人地址

图 1-22　语音控制按键

这套智能语音系统的普通话和英文的识别率比较高，但方言识别率较低，如果车主的普通话不标准，可能会出现语音识别失误。

(二) 服务台

拨打维修救援电话、紧急求救电话和综合服务电话是服务台的功能，利用车顶部位的 3 个电话按钮可以实现。

由于奔驰的车联网系统刚上线不久，目前处于试运行阶段，只提供免费 3 年的使用期限，后续的收费标准和支付渠道还没有确定。

第二章
宝马 iDrive

第一节　宝马 iDrive 概述

宝马 iDrive、奔驰 COMAND 和奥迪 MMI 是目前市场高档汽车品牌主流的人机交互系统三大先驱者。

iDrive 是智能驾驶控制系统的缩写，它具有全新、简单、安全、方便、未来等概念，属于自动信息化驾驶技术范畴。宝马某些高级乘用车和概念车配备了这项最新的技术。

iDrive 系统的使用节约了设置传统控制装置大量空间，使设计人员可以发挥他们的才智，创新地进行车内设计，使之更加符合人体工程学，使操纵更加便捷，同时仪表板更加简洁。宝马 iDrive 系统如图 2-1 所示。

图 2-1　宝马 iDrive 系统

iDrive 系统可以说是人机交互系统的先驱，其第一代产品在 2001 年就已经投入了使用。目前国内宝马车型上装备的是第二代 iDrive 系统，而第三代 iDrive 系统已经推出。相对老产品的改进主要体现在加入了 7 个快捷键并将操作界面进行了全面的升级和改进。

人机交互系统是信息化技术发展的产物，该系统实现了人与车之间的对话功能。车主可通过该系统，轻松把握车辆状态信息（车速、里程、当前位置、车辆保养信息等）、路况信息、定速巡航设置、蓝牙免提设置、空调及音响的设置。

一、 第一代 iDrive 系统

第一代 iDrive 系统如图 2-2 所示。

图 2-2 第一代 iDrive 系统

第一代 iDrive 系统是宝马在 2001 年推出的，其首次被装备在第四代宝马 7 系（E65/E66/E67/E68）上，其基于 Windows CE 操作系统打造而来。当年的 7 系可以提供大约 700 个功能，宝马的创新解决方案是把这大约 700 个功能分为三类：与驾驶相关的各种操作，包括换挡，合理分布在方向盘周围；另外一些经常使用的基本功能保持在仪表板上，通过传统的开关和按钮来操作，包括车载电话、空调常规控制、音响系统常规控制等；其余大量的功能，包括通信、远程网络服务、一些重要而非常实用的舒适功能设置于一个高度集成的中央控制中心。

二、 第二代 iDrive 系统

第二代 iDrive 系统如图 2-3 所示。

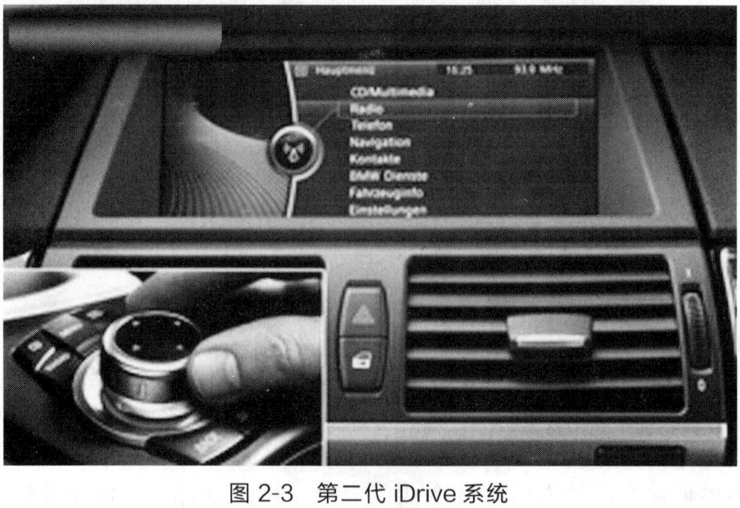

图 2-3 第二代 iDrive 系统

由于第一代 iDrive 系统操作方式有些不太方便，甚至不太符合人们操作的习惯，在奔驰和奥迪纷纷推出集成式操控系统后，宝马也对 iDrive 系统进行了升级换代，经过 3 次升级后，最新的 iDrive 系统被装备在 2009 年 2 月上市的宝马 5 系轿车上，而这次升级的成果就是如今非常熟悉的旋转式旋钮来操控的直观界面了。

三、 第三代 iDrive 系统

第三代 iDrive 系统如图 2-4 所示。

图 2-4　第三代 iDrive 系统

作为新一代的车载操作系统，新 iDrive 系统的功能较之以前大为拓展，随之而来的是更新、更富人机功效设计思维的界面，自然它们也给我们带来了确实与以往不同的新体验，尤其是很多小细节和一些很好玩的功能，仔细体会之后会发现很有意思，比如导航地图可以查找某一栋大楼内每层楼都有哪些公司，可以看出宝马的工程师们在提升用户体验方面确实动了不少心思。

iDrive 系统的 8 个主菜单分别为车内气候、通信（车载电话等）、娱乐（CD/电视等）、导航、信息、宝马服务支持、功能设置和帮助菜单。iDrive 系统的主菜单如图 2-5 所示。

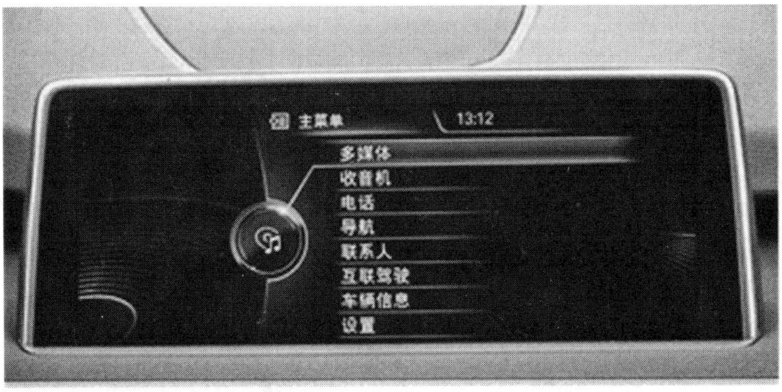

图 2-5　iDrive 系统的主菜单

其中经常使用的前 4 个主菜单可通过圆形旋钮向上下左右四个方向推拉控制器进入，如图 2-6 所示。

以气候调节为例，3 次简单的操作就可以调节车内不同位置的温度和气流分布，比如可以设定某个座椅的加热从腰部位置开始（当然，这也归功于宝马的舒适性座椅），而气流是

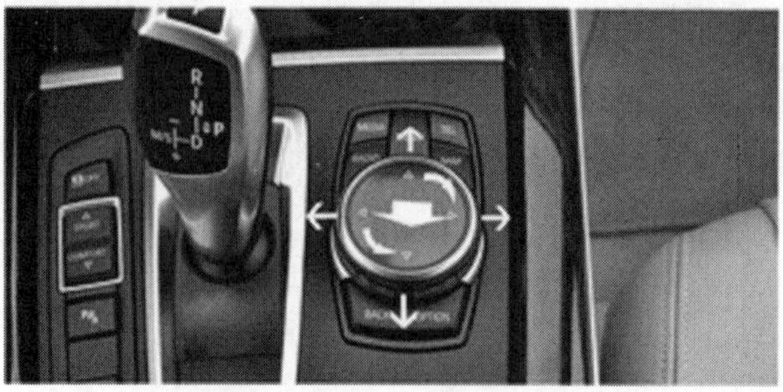

图 2-6　iDrive 系统的控制器

以某种流量按设定的方向吹出。iDrive 系统的控制器按钮识别如图 2-7 所示。

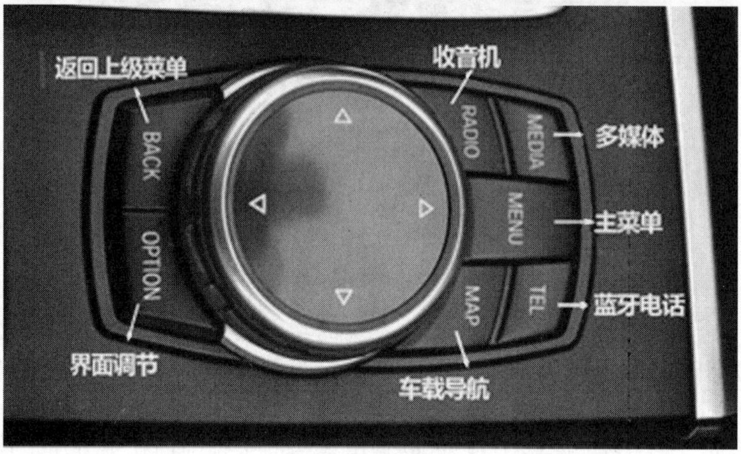

图 2-7　iDrive 系统的控制器按钮识别

iDrive 系统外显装置位于仪表板中部的一个液晶显示屏。在那里可以进入主菜单八个选项中的任何一个。比如用控制器将主菜单调到“设置”选项，按下控制器确定进入该选项。接下来可以看到的是一个分层明细、清楚直观的操作界面。二、三级目录的内容尽在眼前，而右边的“＋”代表后面还有下级菜单。iDrive 系统主菜单的设置选项如图 2-8 所示。

图 2-8　iDrive 系统主菜单的设置选项

中控台面板上 DVD 槽下方带有 8 个快捷键，一般来说这些快捷键是服务于音响系统，用来存储电台或选择 CD 的。当停留在任何 iDrive 系统界面时，都可以通过长按一个快捷键 2～3s 来将该界面存储下来。如果想删除快捷按键设置，只需长按按键 5～6s 就会自动删除，重置初始状态。DVD 槽下方的快捷键如图 2-9 所示。

图 2-9　DVD 槽下方的快捷键

iDrive 系统具备记忆功能，驾驶者可以把某种设置储存，信息就自动储存在汽车“智能钥匙”中。宝马的车钥匙是一个智能卡片，进入汽车后将之放入插座内，然后简单地按“启动/停止”键来启动或关闭发动机。另外，该钥匙还可自动储存汽车所需维修保养服务的信息数据，使客户可以获得更便捷的服务。宝马智能钥匙如图 2-10 所示。

图 2-10　宝马智能钥匙

第二节　iDrive 系统功能体验

iDrive 系统是集车辆多种功能于一体的操作系统，其不单单局限于以往的多媒体操控，而是将车辆的一些设置也融入其中。如今 iDrive 系统的功能更为强大，涵盖宝马互联驾驶技术。下面以第三代 iDrive 系统为例，介绍操作方法及功能体验。

一、参数和功能

第三代 iDrive 主要参数和功能一览表如表 2-1 所示。

表 2-1 第三代 iDrive 主要参数和功能一览表

参数/功能	说明
操作系统(安卓/carpaly 等)	QNX 系统
屏幕类型(是否支持多点触控)	无触控功能(带多点触控触摸板)
菜单语言	中文/英文等
接口	支持 U 盘、AUX 等外部音频
产品尺寸	10.2 in
第三方地图	百度/宝马地图
网络运营商	—
APP 扩展(是否可以下载 APP)	支持
蓝牙功能	支持
3G 上网	3G 通信模块,无长途、漫游费
公用 WIFI	—
查看车况	车辆诊断和保养信息服务
电话功能	带一键直拨功能
语音控制	带一键语音控制键
防盗追踪	支持
道路救援	可以联系话务员得到救助
后台服务中心	只可手动通过语音呼叫功能寻求救助
紧急救援	支持
事故提醒	支持
倒车雷达	系统自带倒车雷达服务
地图更新	可自动下载实现自动更新
保养通知服务	有
实时路况	显示主要城市的实时路况服务

第三代 iDrive 有以下突破。

(1) 采用英特尔凌动处理器为智能系统的核心，处理速度大大提升，响应速度也得到相应改善。

(2) 增加电容触摸板，可实现手写输入的功能。

(3) 实现更为详细周全的 3D 导航功能，甚至可以把建筑物的形状大致地识别出来。

(4) 人机界面增加了 3D 动画，视觉效果也得到了大幅提升。

(5) 实现“双机”(车机和手机) 的互动以及互联驾驶功能。

二、 硬件配置

第三代 iDrive 系统硬件如图 2-11 所示。

iDrive 系统由中控台上方的显示屏和变速杆旁边的 iDrive 旋钮 (控制器) 组成。宝马车型在屏幕的尺寸和分辨率上都上了一个台阶，5 系的 10. 2 in 屏幕足够大，显示效果细腻，配上全新的 3D 动态显示，视觉体验优异。第三代的 iDrive 旋钮增加了触摸板，以此实现手写输入功能，提升输入效率，还可以实现多点触控功能。

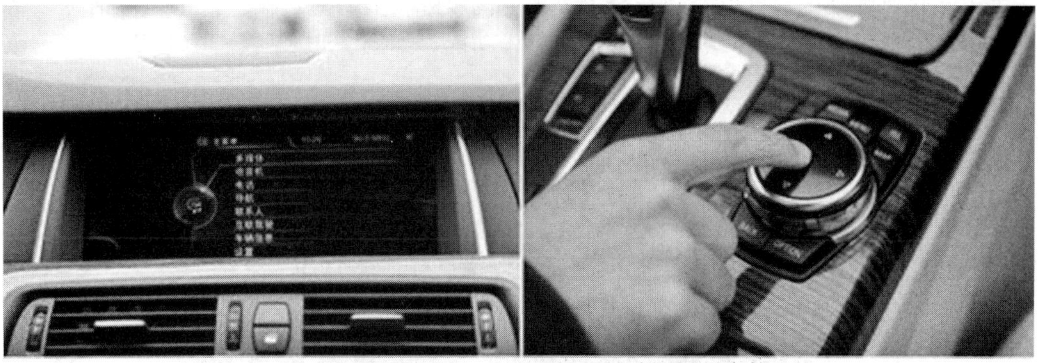

图 2-11　第三代 iDrive 系统硬件

与早期 iDrive 系统相比，第三代 iDrive 系统不仅更富有人机功效设计界面，而且增加了车联网功能，使宝马跟上了时代的潮流。第三代 iDrive 系统的人机操作方式如图 2-12 所示。

图 2-12　第三代 iDrive 系统的人机操作方式

第三代 iDrive 系统的集成化程度很高，几乎全部功能都要通过这个旋钮来进行控制（音响系统以及一些快捷功能有实体按键），因此宝马车型的内饰也非常简洁。

三、 设计与操作方式

第三代 iDrive 系统采用全新的 3D 界面，如选中的焦点从原来的方框改为淡入淡出的立体效果，处理器也从原来的 700MHz 提升为 1. 2GHz。第三代 iDrive 系统的 3D 界面如图 2-13 所示。

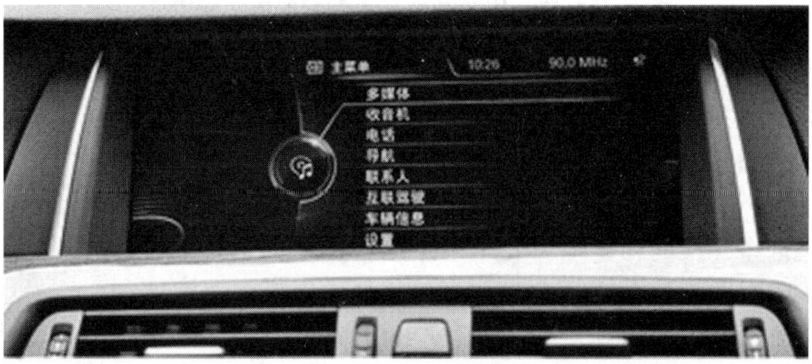

图 2-13　第三代 iDrive 系统的 3D 界面

进入互联驾驶菜单，可以看到新增了人工咨询服务功能。通过拨打人工台电话可以帮助车主完成目的地设定、紧急呼叫以及远程控制等功能，如图 2-14 所示。

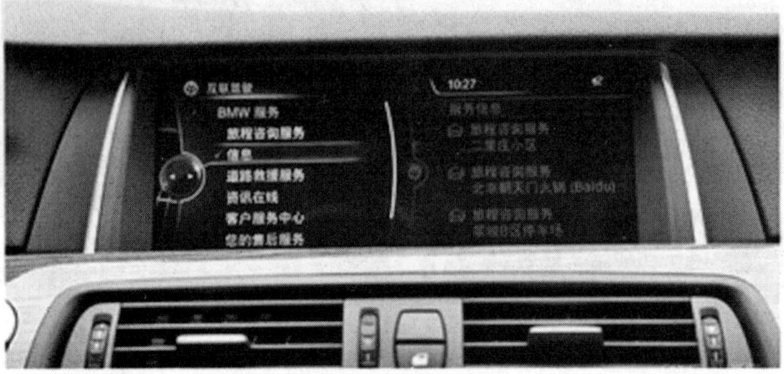

图 2-14　互联驾驶菜单

在操作方式上，第三代 iDrive 系统与之前的第二代产品并没有本质上的不同，仍然以旋钮为主导，界面风格也与之前相类似，只不过显示更炫目、操作更顺畅。

四、 导航功能

之前宝马的导航目的地输入由于只能依靠旋钮选择相应字母，费时又费力。新一代 iDrive 系统不仅加入了触摸板手写功能，还首次将人工咨询嵌入其中，能够识别中文，操作起来方便、快捷。第三代 iDrive 系统的触摸板手写功能如图 2-15 所示。

图 2-15　第三代 iDrive 系统的触摸板手写功能

接通人工咨询服务，在接通电话后，人工台在 5s 内就有客服人员接听电话。需要注意的是，旅程咨询服务、道路救援服务以及售后服务这三个选项是分开的，如在旅程咨询服务中不能提供售后服务保养情况，需要挂断后选择售后服务选项。人工咨询服务如图 2-16 所示。

与“百度”合作开发的在线地图允许车主在自己的笔记本上查找需要的目的地，然后将地址发送到车上，车载导航系统就会自动将目的地设定好，非常便利。

基于独立实时交通路况信息（比交通台发布的信号更新速度更快）用于动态计算最短时间到达的路径，如果抵达目的地的延迟时间超过 1min 以上，系统就会重新计算更节省时间

图 2-16　人工咨询服务

的线路。百度在线地图发送界面 1 如图 2-17 所示。

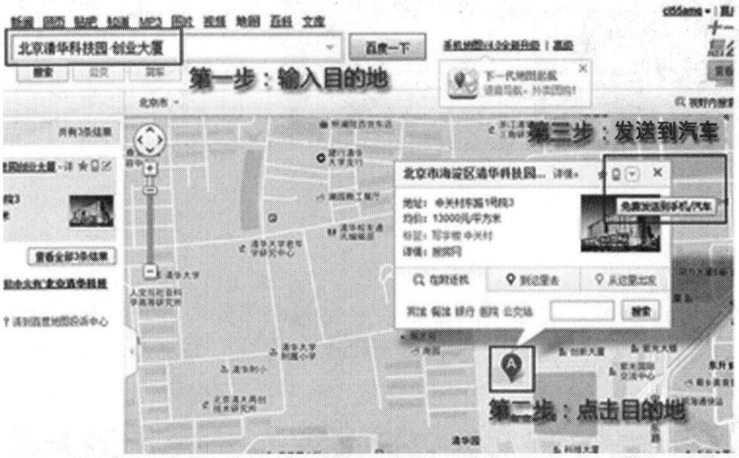

图 2-17　百度在线地图发送界面 1

百度在线地图发送界面 2 如图 2-18 所示。

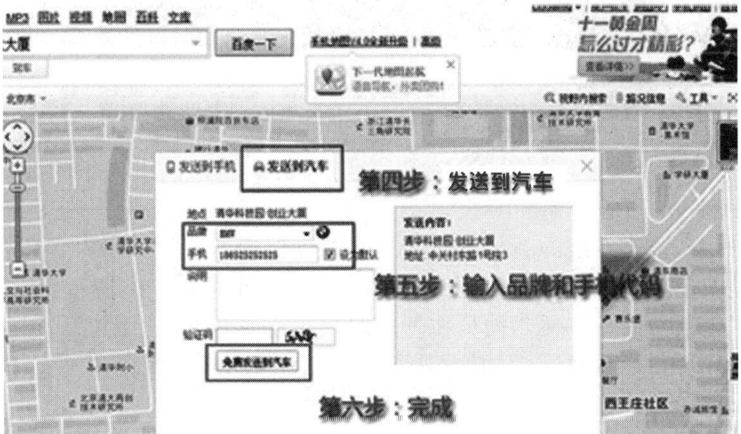

图 2-18　百度在线地图发送界面 2

实时路况显示可以在全国 14 个大城市中使用，并且在城市中导航界面全部可以用 3D 效果显示每个路口的建筑物模型。基于后台人工服务，驾驶员也可以通过人工对话，让接线员帮助设定目的地，设定的信息完全可以和车载导航系统联动。实时路况导航如图 2-19 所示。

图 2-19　实时路况导航

五、 实时资讯

在宝马互联驾驶选项中，远程资讯是非常重要的一部分内容，它能够为车主提供内容丰富、及时的信息，如新闻、天气、股票以及附近兴趣点等内容。资讯在线界面如图 2-20 所示。

图 2-20　资讯在线界面

需要说明的是，资讯在线的新闻虽然都是实时更新的，但是新闻内容只有文字，不提供图片，这主要是考虑到流量费用的问题。资讯在线的新闻如图 2-21 所示。

新闻加入了朗读功能，方便驾驶员在驾车的时候读取，如图 2-22 所示。

互联驾驶模式可以通过联通 3G 信号进行实时信息查询，如股票信息、国内国际新闻以及各地未来 6 天的天气预报。

六、 手机 APP

互联驾驶技术能够通过智能手机的 APP 应用程序来实现一些网络，如 BMW 应用、新浪微博、百度音乐等，还可以利用 APP 实现远程协助服务。智能手机互联如图 2-23 所示。

百度音乐的使用可以使车主在车内享受在线音乐，完成可以取代车载音响播放的外接音

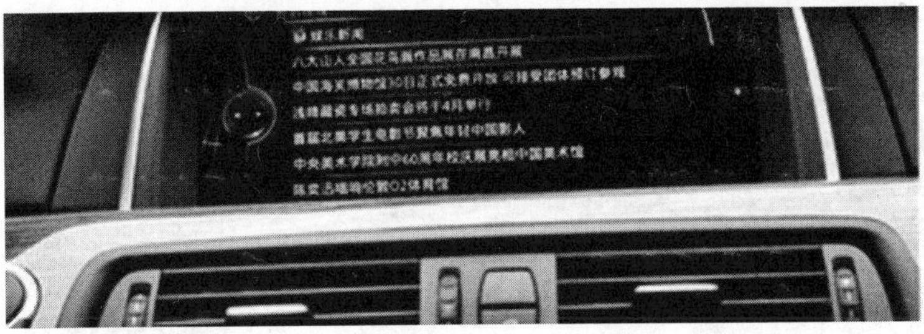

图 2-21 资讯在线的新闻

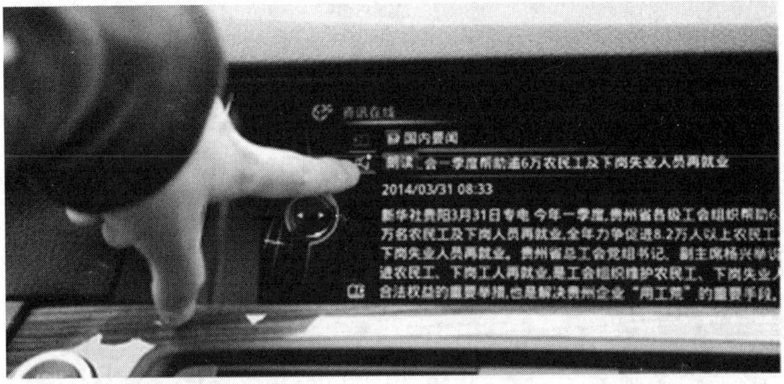

图 2-22 新闻朗读功能

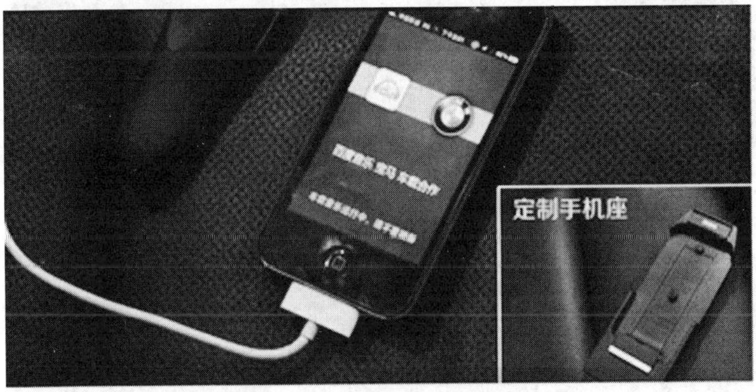

图 2-23 智能手机互联

源。百度音乐互联如图 2-24 所示。

通过互联功能发微博，只能转发或发一些固定存在手机中的语句，无法自由发送其他内容。这主要是考虑不分散驾驶者的注意力，确保安全。通过互联功能发微博如图 2-25 所示。

七、 救援拖车与保养咨询服务

宝马的人工坐席除了拥有旅程咨询服务以外，还可以实现道路救援以及车辆售后等服务。在车辆出现问题的时候可以直接用互联系统拨打客服电话（拨打这个电话的时候，人工坐席需要对车主信息进行核实）。

此外，当发生严重事故时，紧急呼叫功能自动启动，系统将驾驶者和车内乘客的受伤情况发送到宝马互联驾驶呼叫中心，让驾驶者和乘客在第一时间得到救助。道路救援服务界面如图 2-26 所示。

图 2-24　百度音乐互联

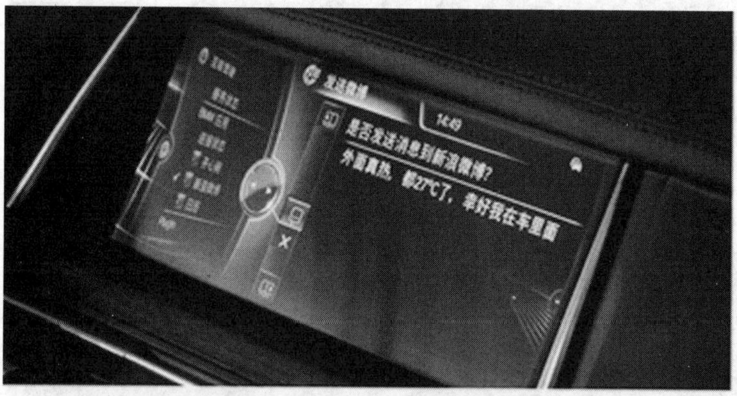

图 2-25　通过互联功能发微博

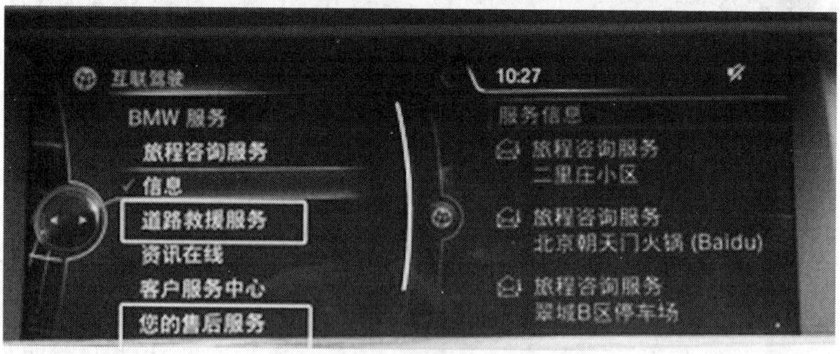

图 2-26　道路救援服务界面

八、费用

当宝马互联驾驶系统与外界数据通过智能手机进行通信时，使用这些功能所产生的费用主要是智能手机来自电信运营商的费用。不过某些功能如导航系统和紧急呼叫功能，由于是通过车载内置的通信模块进行，关于这方面的后期费用，互联驾驶的费用前 3 年是免费的（包括人工坐席、售后咨询等），之后则会收取一定的费用。

第三节　iDrive 系统结构与工作原理

一、 概述

iDrive 系统是一个概念性的集成式多功能系统，而不是真实存在的一个独立于其他系统的控制系统。以宝马 E65/E66 车型为例，通过车身上各种显示器、开关、控制按钮所执行的操作功能，可多达 700 种。如果采用传统的操作方式，驾驶员将无法应付甚至出现不可挽回的行驶安全错误。为此宝马公司采用一种新的设计理念（包括人体工程学的应用），对这些操作功能进行整合处理，仅操作几个简单的控制开关和按钮，就能够通过仪表板或车载显示器获取相关信息，完成相应的控制功能。

“iDrive” 属于宝马汽车公司专有的商标性术语，iDrive 中的字母 “i” 具有特定的功能含义，它包括了 interactive（交互）、intelligent（智能）、innovative（创新）、intuitive（直观）、integrated（整合）、informative（信息化）、inspired（灵感）等多方面含义。

按照 iDrive 系统的操作功能属性进行划分，可分为驾驶操作区和舒适操作区这两个部分，如图 2-27 所示。

图 2-27　iDrive 系统的驾驶操作区和舒适操作区

驾驶操作区是针对驾驶员设计的，如方向盘上的和仅供驾驶员使用的控制按钮及开关，所有与驾驶员相关的操作功能部件都布置在可立即接触到的区域。舒适操作区是针对驾驶员和前乘客设计的，相关的操作功能部件都设置在中央区域的操作面板附近。

iDrive 系统按照功能的重要性分为了三个操作级别，第一个级别是与自动变速器换挡、雨刮喷水、停车制动器 EMF 有关的操作功能，这些功能对于安全驾驶来说非常重要，因此相应的控制按钮及开关都采用环绕方向盘的布置方式；第二个级别是经常使用的基本控制功能，如空调、灯光、收音机、后挡风玻璃加热等操作功能，这些功能所对应的控制按钮及开关，依然采用以往常规的布置方式；第三个级别是与辅助性驾驶、舒适及通信相关的操作功能，这些功能基本都通过仪表台中央区的控制面板及车载显示器进行操作。

iDrive 系统的先进性体现在了以下几个方面。

（1）有效地减少了控制按钮及开关的数目，为驾驶员提供了一个整洁有序的操作空间。

（2）所有控制功能的操作都得到了简化，并赋予了逻辑性。

（3）将一部分显示功能从仪表板中分离出来，由车载显示器（CD 显示器）取而代之，相关控制功能得到了多样化的信息显示效果，完整的信息操作菜单平行地分列在显示器界面中，使用起来方便而快捷。

（4）卓越的人体工程学以及直觉式操作方式的设计理念，确保驾驶员在最短时间内，对有可能发生的意外情况做出正确判断及操作处理。

二、 驾驶操作区

（一）驾驶操作区的概况

iDrive 系统驾驶操作区（Driving Area）的控制系统及部件包括点火开关（ZAS）和启动/停止按钮、集成有 LCD 显示器的仪表板、多功能方向盘（MFL）、转向柱开关控制中心（SZL）以及电动机械式停车制动器（EMF）的控制按钮。这些部件的安装位置见图 2-28。

图 2-28　驾驶操作区的相关部件

1—点火开关和启动/停止按钮；2—仪表板；3—多功能方向盘；4—停车制动器按钮

此外，一些直接关系到行驶安全性的操作部件，如自动变速器换挡杆、定速控制开关、转向灯/大灯变光开关等，都布置在 iDrive 系统的驾驶操作区。

（二）点火开关和启动/停止按钮

当驾驶员将点火钥匙插入点火开关（CAS 座孔）中之后，踩住制动踏板，然后按住启动/停止按钮，车辆便能够顺利启动。前提条件是点火钥匙必须是授权合法的，且换挡杆处于 P/N 挡位置。

踩下制动踏板，反复按动启动/停止按钮，车辆供电系统的总线端状态就会循环变化。点火开关总线端控制流程如图 2-29 所示。

（三）转向柱开关控制中心的操作部件

1. 操作部件的分类

所有设置在方向盘和转向柱上的操作部件的功能指令信号，都由转向柱开关控制中心 SZL 进行数据处理和传送。这些操作部件按功能所属可分为以下 4 大类。

（1）方向盘上的各种控制按钮，包括收音机控制按钮、车载电话控制按钮、音量控制按钮、行车喇叭按钮以及未定义的 MFL 功能按钮。

（2）安装在转向柱上的 4 个柄状控制杆为转向灯/大灯变光开关（FAS）、自动变速器换挡杆开关、雨刮器开关以及定速控制开关（FGR）。

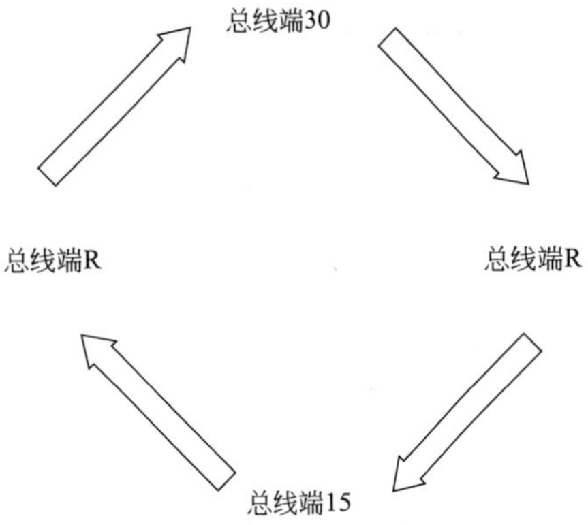

图 2-29　点火开关总线端控制流程

① 转向灯/大灯变光开关。按动或拨动转向灯/大灯变光开关，可以对转向灯、大灯变光和停车灯功能进行控制。灯光控制信号的传输路径有两条：一是信号以数据电码的形式，首先由转向柱开关控制中心 SZL 通过 Byteflight 总线传送至 SIM 控制模块，SIM 控制模块再将信号传送至 ZGM 控制模块，ZGM 控制模块最后通过 K CAN 系统将信号传送至灯光控制模块 LM；二是通过备用线将灯光控制信号直接传送至 LM 灯光控制模块，该信号属于模拟电压信号，独立于总线的数据电码信号。

另外在转向灯/大灯变光开关上，还设置有 BC 和 CC 按钮。按动这些按钮，可以调出平均油耗、平均车速、燃油储存量等信息。

② 自动变速器换挡杆开关。对于新型的自动变速器电子换挡操作系统，在自动变速器和换挡杆之间取消了机械传动机构，换挡操作指令是以电信号的形式传送至 EGS 控制模块，再由 EGS 控制模块对电子液压单元进行控制，实现挡位的切换功能。与传统的机械式挡杆机构相比，这种电子换挡操作系统的先进性体现在以下几方面。

a. 操作起来方便轻松。例如当点火钥匙从点火开关中取出之后，停车（P 挡）锁止功能将自动激活。

b. 由于取消了机械式挡杆机构，节省了大量空间。

c. 由于在自动变速器和换挡杆之间消除了机械式挡杆机构，换挡操作时产生的噪声和振动得以消除。

d. 电子换挡操作系统可以防止车辆被非法使用，传统的方向盘锁止机构也被取消了。也就是说，只有当 EGS 控制模块接收到车辆访问系统 CAS 发出的点火钥匙受权信号之后，自动变速器换挡杆开关的操作指令才能被 EGS 控制模块接受。

自动变速器换挡杆开关属于霍尔效应式电子元件，为了提高性能稳定性，在开关内部设置有 7 个霍尔传感器，当其中的一个传感器出现故障问题，其他的传感器能够对该信号进行备份，这样就避免因某个元件损坏而造成换挡失效问题，同时也延长了开关的使用期限。换挡杆开关的换挡功能操作方法见表 2-2。

表 2-2　换挡杆开关的换挡功能操作方法

挡位	操作方法
D	向后推开关的同时，向下按压开关
R	向后推开关的同时，向上按压开关

续表

挡位	操作方法
N	当变速器处于P挡位时，向上或向下按一下开关
	当变速器处于D挡位时，向上按一下开关
	当变速器处于R挡位时，向下按一下开关
P	按一下开关的轴向方向的P按钮

换挡杆开关的信号传输路径是，信号首先由转向柱开关控制中心SZL接收，然后通过Byteflight总线传送至SIM控制模块，SIM控制模块再将信号传送至ZGM控制模块，ZGM控制模块最后通过PT CAN系统将信号传送至自动变速器控制模块EGS。出于安全因素考虑，换挡杆开关与EGS控制模块之间，连接有独立于总线数据传输功能的备用信号线。

③ 雨刮器开关。在雨刮器开关上，设置有一个轴向开关、间歇挡滚花轮和一个LED功能指示灯。按动轴向开关，可以激活雨刮器的雨水传感控制功能，此时LED功能指示灯处于点亮状态，雨刮臂将依据挡风玻璃上的雨量或雪量进行摆动。间歇挡滚花轮的功用是设置雨水传感器的敏感度，总共可以设置为4个级别。

④ 定速控制开关。E65底盘车型的定速控制功能（FGR），属于发动机控制系统的一项子功能，而且在原有的功能基础上，增加了一项多重速度控制功能。多重速度控制功能的优点是，不必预先将车速控制在设定值，就可以通过定速控制开关的编程功能，将车速直接设定在30km/h、60km/h或100km/h。为此在车速表的表盘内圈中，布置有若干个红色指示灯，指示灯与车速刻度相对应，当车速设定在某个速度值之后，该指示灯便激活点亮。

当踩下制动踏板、换挡杆挂入N挡或DSC功能激活之后，定速控制功能将自动取消。定速控制的操作方法见表2-3。

表2-3 定速控制的操作方法

功能	操作方法
加速/设定	向前按动定速控制开关
减速/设定	向后按动定速控制开关
激活多重速度控制功能	越过开关阻力点，向前按动定速控制开关
设定比当前更高的车速	越过开关阻力点，向前按动定速控制开关
设定比当前更低的车速	越过开关阻力点，向后按动定速控制开关
取消定速控制功能	向上或向下按一下定速控制开关
重设或取消当前的车速的设定值	向内按一下定速控制开关

(3) 安装在转向柱左侧的转向柱电动调整按钮，分为半电动或全电动式的调整按钮，具体的工作原理见后述相关内容。

(4) 方向盘加热按钮，安装在转向柱的左侧。当方向盘加热功能激活之后，按钮上的指示灯将处于点亮状态，每次持续加热的时间限制在15min。

转向角传感器集成在转向柱开关控制中心SZL内部，以上这些数据信息将由SZL控制模块处理之后，通过Byteflight总线发送至相关的控制模块。经由SZL控制模块传送数据信号的操作部件见图2-30。

2. 总线传输路径的分类

转向柱开关控制中心SZL属于Byteflight总线上的用户，即SZL控制模块相当于ISIS

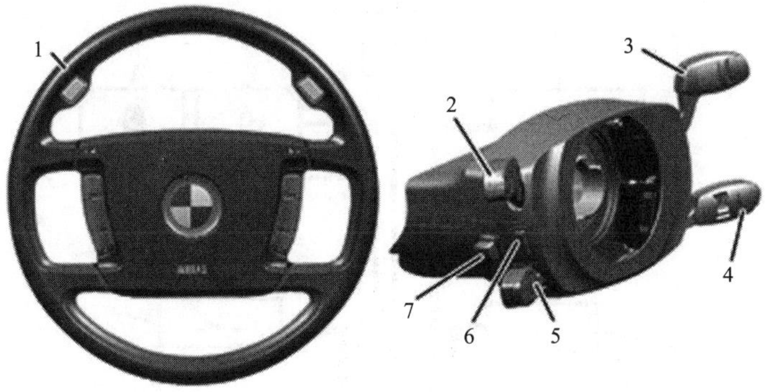

图 2-30 经由 SZL 控制模块传送数据信号的操作部件

1—MFL 功能按钮；2—转向灯/大灯变光开关（FAS）；3—自动变速器换挡杆开关；
4—雨刮器开关；5—定速控制开关（FGR）；6—方向盘加热按钮；7—转向柱电动调整按钮

系统（智能安全及综合系统）中的一个卫星式传感器控制模块，数据信息首先要由 ISIS 系统的主控模块（安全信息控制模块 SIM）进行接收，然后通过 Byteflight 总线传送至中央网关控制模块。数据信息在那里按照所属功能类别进行处理，再通过以下总线传送至相关的控制模块。

(1) 通过 PT CAN 总线传送与自动变速器（EGS）和定速控制（FGR）相关的数据信息。定速控制属于发动机控制系统的一项子功能，FGR 数据信息被传送至 DME 控制模块。

(2) 通过 K CAN 系统总线传送与雨刮及外部灯光控制相关的数据信息。相关部件包括雨水/驾驶灯传感器（雨刮间歇、AIC 功能）、灯光控制模块（LM）、雨刮器控制模块（WIM）。

(3) 通过 MOST 总线传送与车载通信及娱乐功能有关的数据信息。相关部件包括 CD 显示器、仪表板、导航电脑、天线放大器/调谐器、放大器（LOGIC7）、音响处理器、CD 转换盒以及收音机系统控制器。

转向柱开关控制中心 SZL 的数据信息传输流程如图 2-31 所示。

(四) 多功能方向盘的操作部件

E65/E66 车型配置的多功能方向盘，是结构及功能较为复杂的方向盘，该方向盘上的操作按钮见图 2-32。

1. Steptronic 按钮

Steptronic 按钮是霍尔效应式电子元件，出于使用方便考虑，Steptronic 按钮被制成两个，分别安装在方向盘轮圈的左、右侧。操作 Steptronic 按钮，可以实现自动变速器的手动升降挡功能，前提条件是，使用方向盘右侧的 MFL 功能键盘上的 S/M/D 按钮，将 Steptronic 按钮设置为手动升降挡的工作模式。

GA6HP26Z 型自动变速器具有 6 个前进挡，不断地点击 Steptronic 按钮，可以使变速器在 M1～M6 挡位之间变换。

Steptronic 按钮的信号传输路径是，当按动 Steptronic 按钮时，信号首先由 MFL 控制模块通过卷簧传送至 SZL 控制模块，SZL 控制模块再通过 Byteflight 总线传送至 SIM 控制模块。SIM 控制模块继续将信号通过 Byteflight 总线传送至 ZGM 控制模块，最后由 ZGM 控制模块通过 PT CAN 总线传送至自动变速器控制模块 EGS。出于安全因素考虑，Steptronic 按钮连接有一条备用信号线，一旦总线通信功能出现问题，信号可通过备用信号

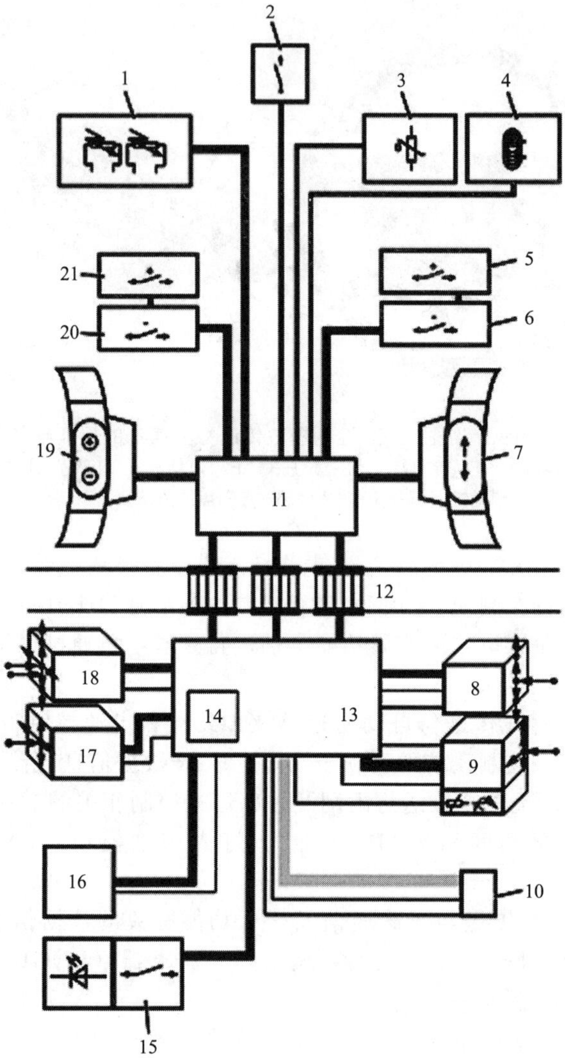

图 2-31 转向柱开关控制中心 SZL 的数据信息传输流程

1—驾驶员安全气囊；2—喇叭按钮；3—方向盘加热装置的温度传感器；4—方向盘的加热装置；
5—Steptronic + 按钮（右侧）；6—Steptronic - 按钮（右侧）；7—MFL 功能按钮（右侧）；
8—自动变速器换挡杆开关；9—雨刮器开关；10—Byteflight 总线连接器；11—方向盘 MFL 控制模块；
12—卷簧；13—转向柱 SZL 控制模块；14—转向角传感器；15—方向盘加热按钮；
16—转向柱电动调整按钮；17—定速控制开关；18—转向灯/大灯变光开关；
19—MFL 功能按钮（左侧）；20—Steptronic + 按钮（左侧）；21—Steptronic - 按钮（左侧）

线传送至 EGS 控制模块。

2. MFL 功能按钮

方向盘上的左侧和右侧 MFL 功能按钮如图 2-33 所示。

（1）左侧 MFL 功能按钮。方向盘左侧的 MFL 功能按钮由上至下的名称分别为声音输入按钮、音量调节按钮、电话接收按钮。按动声音输入按钮，可以激活声音处理系统的声音播放功能；按动音量调节按钮，可以对收音机、电话、TV、导航系统的音量输出进行调节；按动电话接收按钮，可以拨打或接听车载电话。

（2）右侧 MFL 功能按钮。方向盘右侧的 MFL 功能按钮由上至下的名称分别为 S/M/D

图 2-32 多功能方向盘上的操作按钮

1—Steptronic + 按钮； 2—Steptronic - 按钮； 3—S/M 按钮； 4—上/下搜索按钮；
5—可编程功能按钮； 6—电话接收按钮； 7—音量按钮； 8—声音输出按钮

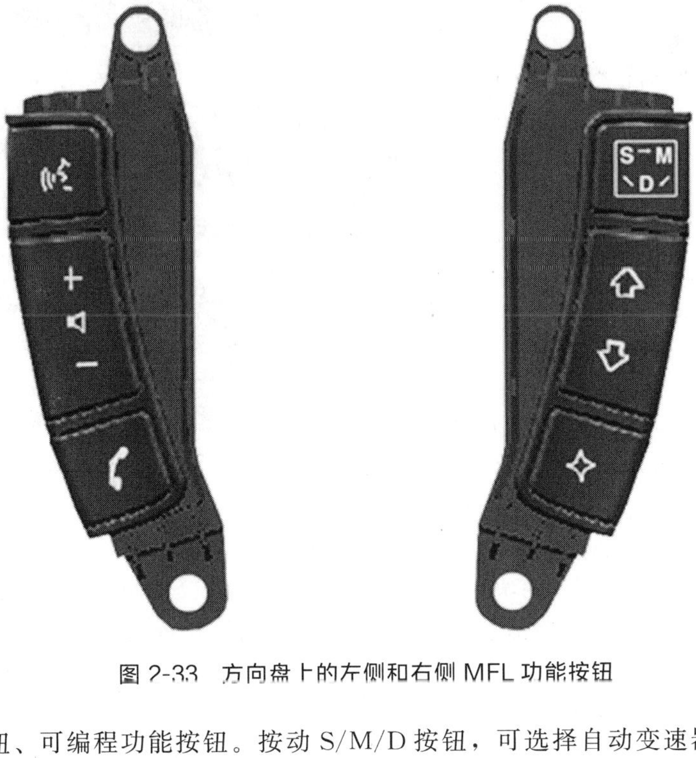

图 2-33 方向盘上的左侧和右侧 MFL 功能按钮

按钮、寻台按钮、可编程功能按钮。按动 S/M/D 按钮，可选择自动变速器的运动、手动和自动程序模式，对于美款车型来说，S/M/D 按钮被 L/D 按钮所代替。按动寻台按钮，可以选择磁带、CD（Compact Disc）、MD（Mini Disc）、TV 的节目菜单。可编程功能按钮除了具有功能指派的功能以外，还能够对点火钥匙的操作功能进行记忆。例如当使用不同的点火钥匙时，按动该按钮，可以对自动保持（停车制动系统）、空调内循环的工作模式进行编程，这属于驾驶员个性化设置的功能范畴。

（五）停车制动器按钮

具有自动电控功能的停车制动系统 EMF 首先运用在 E65 底盘车型中。当发动机启动后，EMF 系统通过液压方式对前、后制动盘进行锁止控制。当点火开关关闭后，EMF 系统通过两根拉索对后制动盘进行锁止控制。

停车制动 EMF 系统的操作方法是，打开点火开关，按动停车制动器按钮，激活或取消停车制动功能。关闭点火开关后，停车制动功能将持续起作用，此时停车制动器按钮上的指示灯处于点亮状态。此后只有打开点火开关，停车制动器才能被释放。

在车辆行驶期间，持续地按住停车制动器按钮，可以对前、后制动盘进行液压制动控制，直至松开按钮为止。这是 EMF 系统一项独特功能，如果出现某种紧急情况（如制动踏板卡死），驾驶员可以通过停车制动器按钮，对行驶中的车辆进行液压制动控制。

EMF 系统的“自动保持”功能可以通过 CD 显示器的“车辆设置”菜单进行激活或解除。当发动机处于运转期间，如果通过停车制动器按钮解除了停车制动功能，那么“自动保持”功能也将同时被解除。另外，EMF 系统的“自动保持”模式还可以用点火钥匙记忆功能启用。

三、 舒适操作区

（一）舒适操作区的概况

舒适操作区（Comfort Area）包括与车载娱乐系统有关的部件和 CD 显示器，如图 2-34 所示。

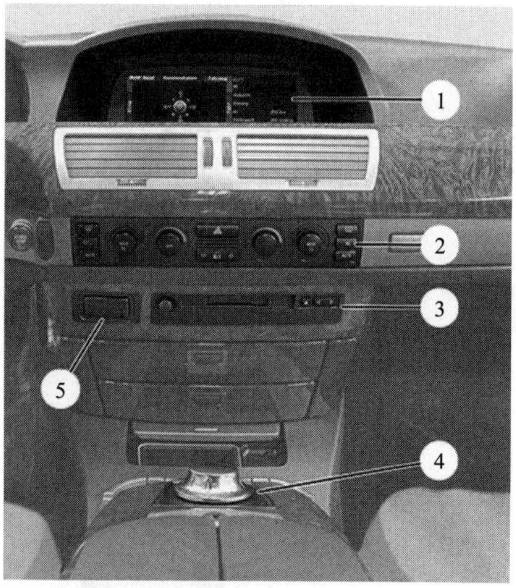

图 2-34　舒适操作区中的相关部件

1—CD 显示器；2—带闪烁报警按钮和中控锁按钮的空调控制面板；3—音响控制面板；4—控制器（CD 显示器操作件）；5—电话控制面板

（二）CD 显示器系统

CD 显示器系统经过了数字化工艺的改良，功能强大，相当于一个集中了舒适性操作及通信功能的多媒体控制装置。为了使用种类繁多的各种控制功能，设置了一个单独的控制件，即 CD 显示器的控制器。控制器具有 8 个径向的操作方向和 1 个轴向控制方向，按照规定的步骤按动控制器，可以依次调出各项操作菜单并进行相应的功能设置。

1. CD 显示器的总线结构

在总线结构的布局方面，CD 显示器是一个比较特殊的部件。首先，它属于 MOST 总线上的用户，而且是 MOST 总线系统的主控模块。这就是说 CD 显示器不仅是 MOST 总线的功能驱动器，而且总线上各节点的控制模块都由 CD 显示器进行唤醒或休眠。由于 MOST 总线具有封闭环路的结构特征，节点上的其他控制模块的位置注册信息，必须由 ASK 控制模块传送至 CD 显示器，该控制模块才能实现 MOST 总线通信功能。

其次，CD 显示器通过 K CAN 系统总线与中央网关控制模块 ZGM 相连接，也就是说 CD 显示器同时又是 K CAN 系统总线上的用户。因此从功能角度来看，CD 显示器是 MOST 总线和 K CAN 系统总线的网关控制模块。需要说明的是，虽然仪表板也保留一条 K CAN 系统总线，但它不具有 MOST 总线和 K CAN 系统总线的网关功能，这条 K CAN 系统总线只作为备用数据线使用。

出于安全因素考虑，即使 MOST 总线损坏，CD 显示器也能够显示相关故障警告信息及行驶速度信息。

用于操作 CD 显示器的控制器属于 K CAN 系统总线上的用户，控制器的指令信号由中央扶手座的控制模块 BZM 传送至 CD 显示器。

2. 控制器

控制器安装在驾驶员和前乘客坐椅的中央扶手座上，并且按照人体工程学和最佳舒适度理念进行了优化设计，能够完成旋转、径向移动、轴向按动等多种操作方式，其中径向移动的操作方式对应于 CD 显示器初始界面的 8 个主功能菜单，见图 2-35。

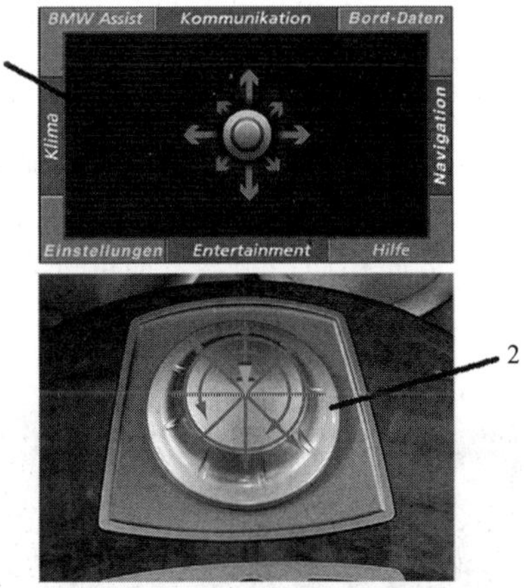

图 2-35　控制器的径向移动操作方式对应的主功能菜单

1—显示屏的初始界面；2—控制器的操作方向

控制器采用一条 16 针的带式线束与中央扶手座的控制模块 BZM 相连接，位于中央扶手座的两个前座椅电动调整控制面板，也以同样的方式与 BZM 控制模块相连接。

3. CD 显示器的界面

CD 显示器的界面规划为 4 个显示区，上部长条形的显示区称为顶端状态显示栏，下部长条形的显示区称为底端状态显示栏；中部显示区则分隔成两部分，左边的称为控制显示区，用于选择菜单和显示功能状态，右边的称为辅助显示区，用于某些个性化功能的信息显示，例如从“车辆数据”菜单中调取的控制检查（CC）信息、导航信息、辅助简明信息等。

（1）状态栏显示区信息。打开点火开关，与车辆控制功能有关的最为重要的信息，将持续显示在顶端和底端状态显示栏中，如图 2-36 所示。

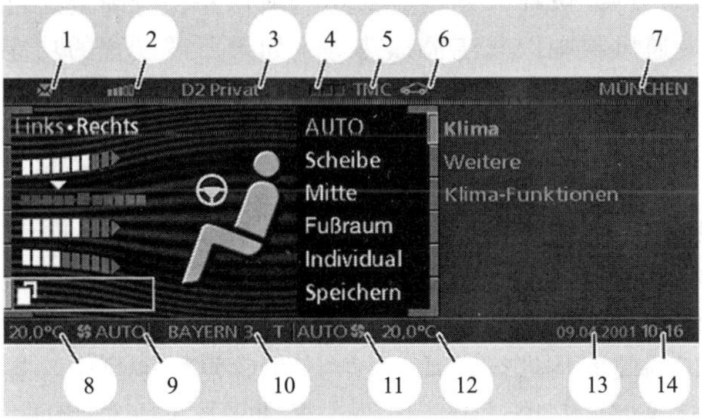

图 2-36　顶端和底端状态显示栏中的信息

1—不可读的车辆管理信息；2—电话信号的接收强度；3—电话网络名称、或电话拨号或接收电话的号码；4—电话的功能状态，如电话接听时显示为绿色，无网络时为红色；5—TMC（交通信息频道）或 VIC（交通新闻）；6—车辆状况（检查控制信息或服务保养的基本状况）；7—当旅程指导功能激活时显示的到达地名称；8—车厢内左侧区域的设置温度；9—车厢内左侧区域的通风状况；10—娱乐系统的工作状态（收音机、磁带、MD、CD、TV）；11—车厢内右侧区域的通风状况；12—车厢内右侧区域的设置温度；13—日期；14—时间

（2）基本功能菜单。无论在何种情况下，只要打开点火开关，基本功能菜单的显示界面就会出现在 CD 显示器的屏幕中，如图 2-37 所示。

通常情况下，基本功能菜单保留在当前所选择的功能菜单后面，因此可通过移动控制器直接切换回基本功能菜单。如果按压住控制器，可以关闭基本功能菜单，但此时底端状态栏中的空调状况、娱乐系统、日期以及时间信息，依然保留在显示界面中。当关闭了基本功能菜单，如果按压或水平旋转控制器，可以两次激活基本功能菜单。如果在基本功能菜单的显示界面中，沿着水平方向，向某个功能菜单的方向移动控制器，即可打开该功能菜单的操作界面。另外，还可以通过以下相关的功能方式，激活 CD 显示器的信息显示功能。

① 当一个高优先权的信息显示在 CD 显示器的屏幕中，如发动机油压过低的控制检查信息被激活。

② 按动 PDC（Park Distance Control）按钮，CD 显示器的信息显示功能即自动激活。

③ 当接听车载电话时，CD 显示器的信息显示功能将自动激活。

(3)“空调状况”菜单的信息显示。在基本功能菜单的界面中，沿水平向“空调状况”的菜单方向移动控制器，即可进入自动空调功能的菜单界面，如图 2-38 所示。

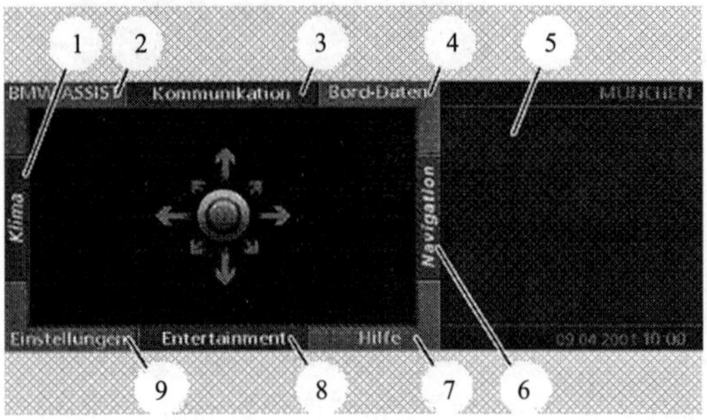

图 2-37 基本功能菜单

1—空调状况；2—宝马服务援助；3—通信信息；4—车辆数据；5—辅助显示区；6—导航系统；7—帮助信息；8—娱乐系统；9—车辆设置

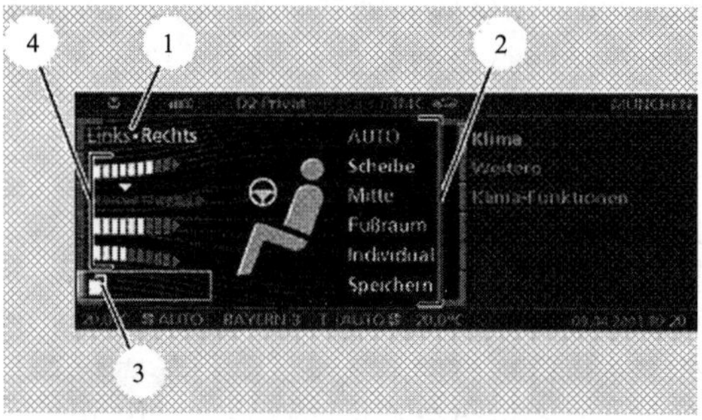

图 2-38 自动空调功能的菜单界面

1—功能设置的侧边选择；2—重新设置空调工作模式，如自动、挡风玻璃、中部、脚部的吹风模式；3—下一页的功能菜单按钮；4—空调设置状态

旋转并按动控制器，可以选择需要设置的功能项目并进行确定。可设置的项目包括空调工作模式、辅助加热或通风状态以及座椅加热等。如果所需设置的功能项未显示在首页界面中，那么可以旋转控制器来选定左下角的功能菜单按钮，然后按动控制器进行确认，即可进入下一页的功能菜单界面。另外在辅助显示区中，会同时显示“on-board computer”信息或相关的帮助信息。

(4)“宝马服务援助”菜单的信息显示。在基本功能菜单的界面中，沿水平向“宝马服务援助”的菜单方向移动控制器，即可进入车辆服务功能的菜单界面，如图 2-39 所示。

当车辆需要故障救援时，可以通过车辆服务功能菜单的信息内容，查找到热线电话，并与车主的经销商或最近的服务站进行联系。在“车辆信息”项目中，提供了宝马汽车技术服务的详细资料。在“交通信息”项目中，提供了滚动播放的交通新闻。在“附加相关信息”项目中，提供了更详细的服务信息，如停车站、医院、旅馆等。在未来的日子中，随着互联网技术的普及，车辆服务功能菜单还将提供“在线服务”信息，如通过电子邮件的方式与经销商或服务站进行联系。

需要说明的是，车辆服务功能菜单只有获得适当的授权许可之后，才能完成相关的功能操作。使用者的授权状况可以在“车辆状态”项目中进行查询。另外在辅助显示栏中，还提供了车主使用手册的相关内容。

(5)“通信信息”菜单的信息显示。在基本功能菜单的界面中，沿水平向“通信信息”的菜单方向移动控制器，可进入与车辆通信功能有关的菜单界面，如图 2-40 所示。

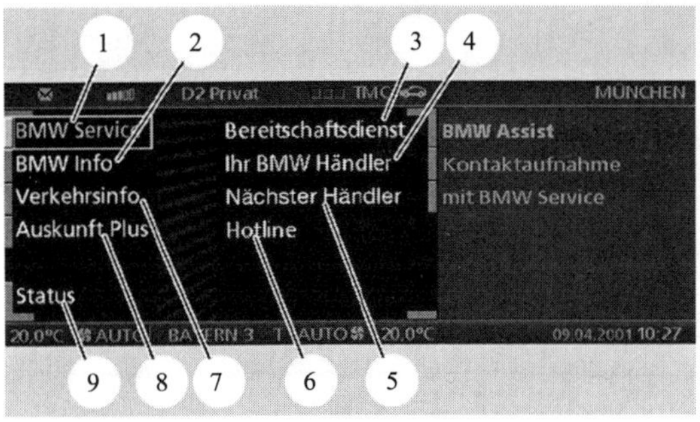

图 2-39 车辆服务功能的菜单界面

1—维修保养服务； 2—车辆信息； 3—紧急情况维修； 4—宝马汽车经销商或服务站； 5—最近的宝马汽车经销商或服务站； 6—服务热线； 7—交通信息； 8—附加相关信息； 9—车辆状态

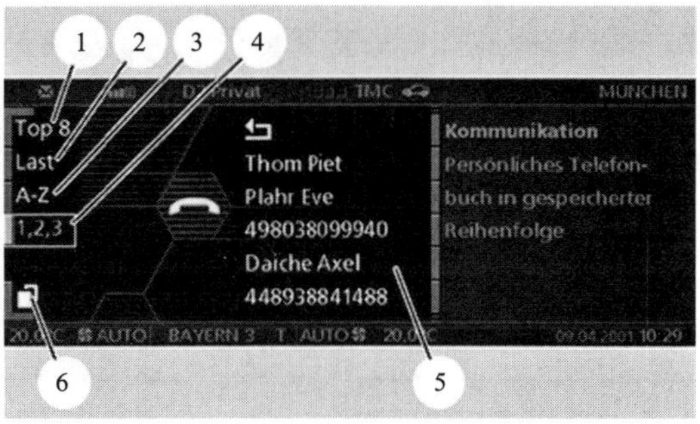

图 2-40 车辆通信功能的菜单界面

1—最频繁拨打的 8 个电话号码； 2—最近接听的电话号码； 3—按字母 A～Z 排列的电话本； 4—按类别储存的电话本； 5—电话本； 6—下一页的功能菜单按钮

(6)“车辆数据”菜单的信息显示。在基本功能菜单的界面中，沿水平向“车辆数据”的菜单方向移动控制器，可进入与车辆数据有关的菜单界面，如图 2-41 所示。

在车辆数据的菜单界面中，包含了 On-board 计算机、On-board 旅程计算机的显示信息以及限速设定和赛车计时等功能。在下一页菜单中，可以看到 CBS（Condition Based Service）和检查控制系统（Check Control Systems）的内容信息。

(7)“导航系统”菜单的信息显示。在基本功能菜单的界面中，沿水平向“导航系统”的菜单方向移动控制器，可进入与车辆导航功能有关的菜单界面，如图 2-42 所示。

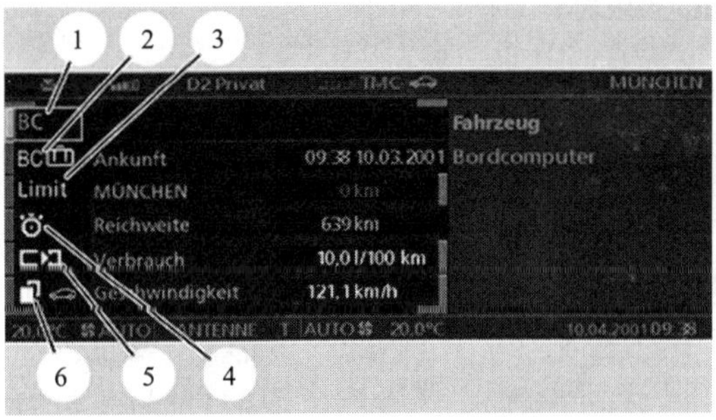

图 2-41 车辆数据的菜单界面

1—On-board 计算机； 2—On-board 旅程计算机； 3—限速； 4—赛车计时； 5—辅助显示区按钮； 6—下一页的功能菜单按钮

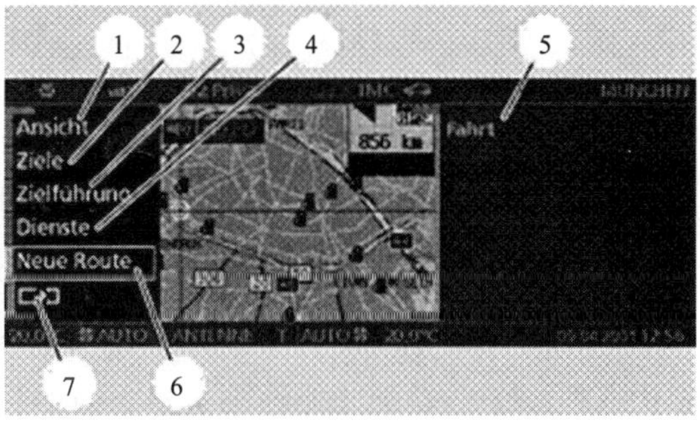

图 2-42 导航系统的菜单界面

1—景观； 2—目的地； 3—方向指导； 4—服务信息； 5—辅助显示区； 6—新路线； 7—切换至辅助显示栏的按钮

此菜单提供了所有与导航系统有关的控制功能，导航地图显示在控制显示区中，也能够适当地缩放比例并显示在辅助显示区中。

(8)“娱乐系统”菜单的信息显示。在基本功能菜单的界面中，沿水平向“娱乐系统”的菜单方向移动控制器，即可进入与车载娱乐功能有关的菜单界面，如图 2-43 所示。

在车载娱乐功能的下一页菜单中，还将列出与视频有关的车载娱乐项目，如 TV 项目。

(9)“车辆设置”菜单的信息显示。在基本功能菜单的界面中，沿水平向“车辆设置”的菜单方向移动控制器，可进入与车辆设置功能有关的菜单界面，如图 2-44 所示。

在车辆设置菜单中，包含许多与驾驶员个性化设置相关的功能项目，如时间/日期的调整、CD 显示器和仪表板的语言选择、CD 显示器和仪表板的显示单元选择、MFL 可编程按

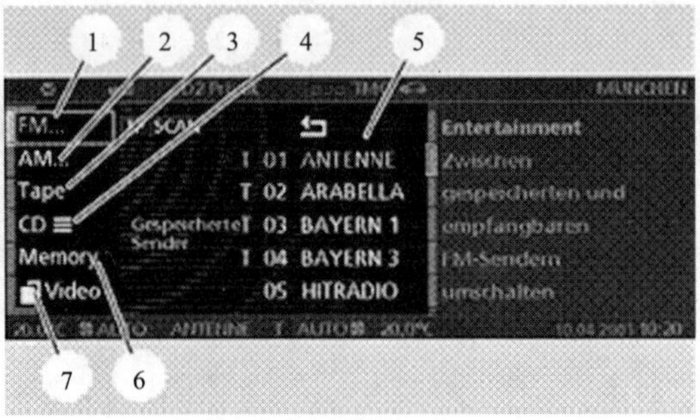

图 2-43　车载娱乐功能的菜单界面

1—FM 波段；2—AM 波段；3—磁带或 MD（Mini Disc）播放器；4—CD 转换器；
5—储存的收音机频道列表；6—记忆功能；7—下一页的功能菜单按钮

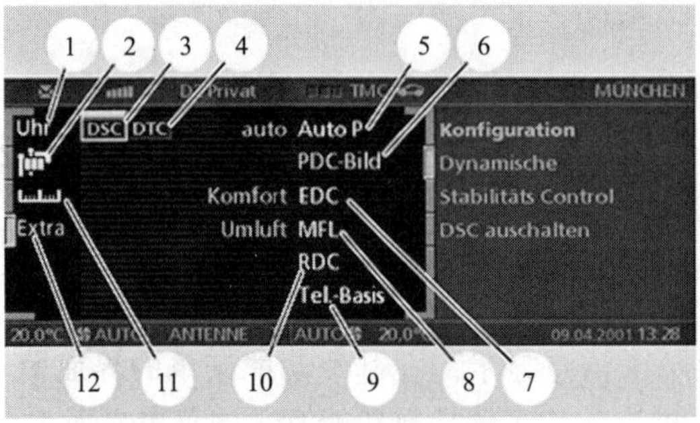

图 2-44　车辆设置的菜单界面

1—时间/日期/闹钟的设置；2—CD 显示器的语言设置；3—激活/取消 DSC 功能；
4—激活/取消 DTC 功能；5—激活/取消停车制动器 EMF 系统的自动保持功能；
6—激活/取消停车距离报警 PDC 系统的显示界面；7—电子减振控制 EDC 系统的程序模式选择；
8—多功能方向盘 MFL 的可编程功能；9—激活/取消电话的免提接听功能；
10—激活轮胎压力报警功能；11—显示器单元的设置

钮的功能指派、轮胎压力报警系统的初始化设置等。另外需要说明的是，DTC（Dynamic Traction Control）是指示 DSC 控制系统的动态牵引力控制功能，因此只有当 DSC 功能处于激活状态时，DTC 功能才能够被选择。当 DTC 功能取消之后，仪表板中的 DTC 指示灯将被激活点亮。

（10）“服务模式（Service Mode）”菜单的信息显示。服务模式菜单能够提供 CD 显示器工作状态及使用者控制系统的相关信息，这是一个为维修技术人员设置的功能菜单，内容包括 CD 显示器的硬件/软件、MOST 网络构架等重要信息，另外在服务模式菜单中，还增加了全面的便捷式诊断功能，相当于无需专用设备即可完成诊断数据扫描功能的检测仪，因此不允许普通的车辆使用者通过简单的操作方式，调出服务模式菜单的操作界面。

服务模式菜单的调取必须依据严格的操作步骤，首先要将 CD 显示器设置在基本菜单的显示界面，然后按照以下步骤进行操作。

① 顺时针旋转控制器 3 次。

② 逆时针旋转控制器 3 次。

③ 顺时针旋转控制器 1 次。

④ 逆时针旋转控制器 1 次。

⑤ 顺时针旋转控制器 1 次。

⑥ 按压控制器进行确认。

以上操作步骤正确完成后，即可进入服务模式菜单的显示界面，如图 2-45 所示。

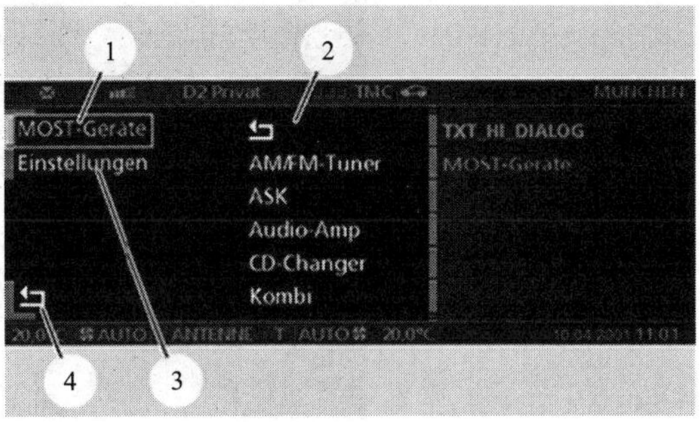

图 2-45　服务模式菜单的显示界面

1—MOST 网络配置；2—MOST 网络节点的列表（如 AM/FM 调谐器、ASK 控制器、CD 转换器、仪表板等）；3—设置项目；4—返回按钮

CD 显示器作为 MOST 总线的网关及主控模块，能够识别 MOST 网络中的节点数，即总线上总共挂接有多少个控制模块。当一个 MOST 网络组建成之后，CD 显示器将依据节点数目列表，等待所有控制模块的应答电码数据。通常情况下，除了导航电脑指派了 2 个内在的应答电码，其余的控制模块都只有 1 个应答电码。当 CD 显示器对发送来的所有应答电码进行正确识别之后，MOST 总线就能够正常工作了。另一方面，由于导航电脑指派了 2 个内在的应答电码，当 MOST 总线唤醒之后，CD 显示器首先要搜寻导航控制系统，而其余的控制系统则处于“等待”的应答状态，这就是说导航控制系统具有通信优先权。当然，在 MOST 总线的数据通信过程中，数据的传输是有方向性的，这也是 MOST 总线一种独特的数据通信特点。

因此，MOST 网络节点的列表是指 MOST 网络中的所有控制模块的节点配置信息。通常情况下，当选定某个控制模块后，CD 显示器所显示的该节点的数据信息包括零件号、硬件版本、软件版本、编码索引、诊断索引、变量索引、制造日期、制造厂编号、版本目录信息、操作系统版本等。

而设置项目是指与 MOST 网络设置有关的服务功能，具体内容如下。

① 将所有与车辆个性化和点火钥匙记忆功能有关的设定状态进行复位，即恢复到出厂设置状态。

② 激活或取消收音机系统的 RDS（Radio Data System）功能。

③ 注册或注销无线免提功能（SBDH）。

（三）加热和空调控制面板

在 iDrive 系统的舒适操作区中，设置有加热和空调（IHKA）控制面板。按照车辆实际的配置状况，加热和空调控制面板可选装“基本”或“高级”版本的样式，这两种版本在外观方面主要的区别是，基本版本的加热和空调控制面板上没有旋转式风量调节按钮（分左、右侧两个）。高级版本的加热和空调控制面板外观如图 2-46 所示。

在加热和空调控制面板上，集成了闪烁报警灯按钮和中控锁按钮等元件。闪烁报警灯按钮的工作条件是，如果点火开关打开至 R 或 15 号挡位，按动闪烁报警灯按钮，此时转向灯的方向指示功能将优先于闪烁报警功能。中控锁按钮则可以控制中控锁系统的联锁或解除联锁功能，控制的部件包括 4 个车门、行李厢盖和燃油箱盖。

（四）收音机系统控制器控制面板

ASK 的英文全称为“Audio System Controller”，含义是“收音机系统控制器”。收音机系统控制器与其控制面板集成为一个总线部件，安装在加热和空调控制面板的右下方，因此布置在 iDrive 系统的舒适操作区中。收音机控制器面板外观如图 2-47 所示。

收音机系统控制器是 MOST 总线上的用户，控制面板上的旋转/按压式控制按钮，用于打开所有的音响功能，同时还能够对音量进行调节。控制面板上的退出按钮和摇杆式按钮，用于切换不同的音响功能，如磁带、CD、MD 等。当选择了磁带播放功能之后，按动摇杆式按钮，可以完成快进和快退功能。

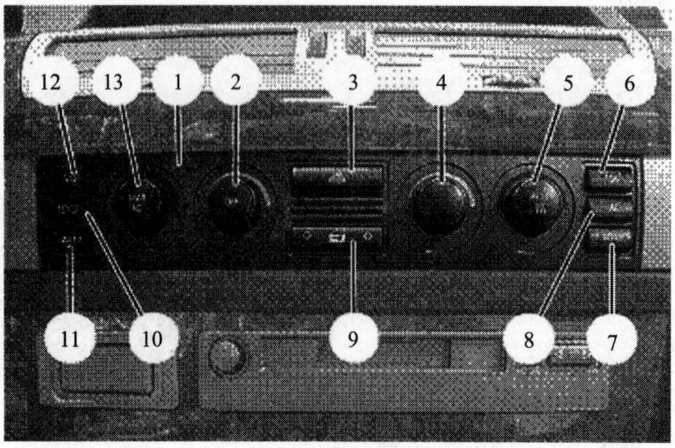

图 2-46　高级版本的加热和空调控制面板外观

1—辅助加热/通风指示器；2—旋转式风量调节按钮（左侧）；3—闪烁报警灯按钮；
4—旋转式风量调节按钮（右侧）；5—旋转式温度调节/重置按钮（右侧）；
6—后挡风玻璃加热器按钮；7—自动（AUTO）工作模式按钮（右侧）；8—制冷（AC）按钮；
9—中控锁按钮；10—内循环/自动内循环（AUC）按钮；11—自动（AUTO）工作模式按钮（左侧）；
12—除霜按钮；13—旋转式温度调节/最大制冷（MAX AC）按钮（左侧）

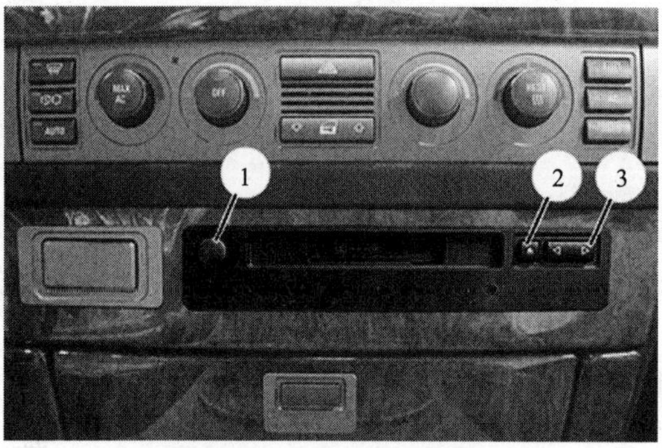

图 2-47　收音机控制器面板

1—旋转/按压式控制按钮；　2—退出按钮；　3—摇杆式按钮

（五）车载电话控制面板

车载电话控制面板（Phone Board）安装在收音机系统控制器面板的左侧，也属于 iDrive 系统的舒适操作区中的部件。车载电话控制面板的外观如图 2-48 所示。

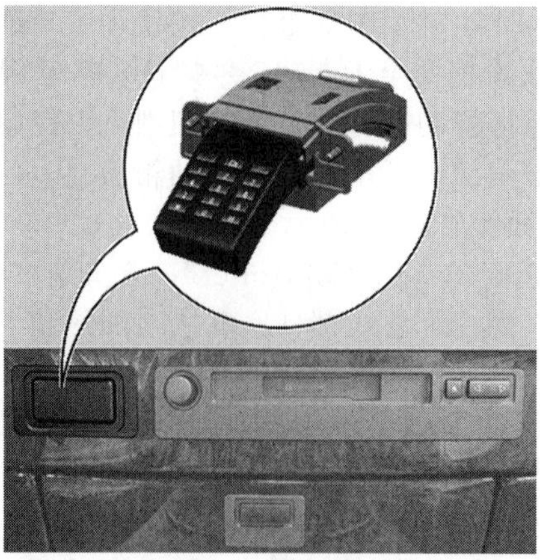

图 2-48　车载电话控制面板的外观

按一下面板，车载电话控制面板就会弹出。将车载电话控制面板推入座槽中，面板就会自动被锁住。

四、 仪表板

根据 iDrive 系统的设计理念，一种全新的 KOMBI 型仪表板配置在了 E65/E66 车型中。与早期的宝马仪表板相比，这种仪表板在设计期间所需要考虑的因素如下。

（1）将仪表板定义为 iDrive 系统的组成部件，安装在驾驶操作区中。

（2）所有与车辆驾驶有关的信息，都必须保证驾驶员能够通过视觉直接观察到，而且信息显示快速、内容便于理解。

（3）仪表板的信息显示技术突出了人体工程学的设计理念，许多信息都能够以图像方式进行显示。

五、 连接服务

（一）功能概述

连接服务（Connected Service）具有特定的功能性概念，它是指具有网络性质的服务系统。连接服务概念是随着汽车网络通信技术的高度集成化而产生的。前面已经了解到，像 E65 这类新型的宝马轿车，驾驶员能够通过车辆的服务控制器和显示系统（如仪表板、带导航系统的 on-board 计算机、CD 显示器），对相关控制功能和显示信息进行处理。这些服务控制器和显示系统都属于总线上的用户，为了增进网络连接的通信功能，宝马公司研发出了一种新概念的服务系统，称为 Connected Service 系统。

根据消费者的调查数据显示，未来对宝马汽车售后服务的需求体现在三个方面：一是准确的约定服务，特点是无信息遗失、问题早期发现、服务方式灵活等；二是快速的服务过程，无需长时间的等待；三是根据严格的检查条款，保证高质量的服务效果，同时还能够提供针对每个车主的个性化服务措施。

Connected Service 系统完全能够满足以上售后服务的需求，在这个先进的服务系统中，以往书面化的检查条款被一个需求式的网络导向系统所替代，服务效果不仅能够得到最优化，而且服务过程更加快捷，其中也包括了服务顾问对车主信息的处理过程。从技术层面来讲，Connected Service 系统的组件及服务功能包括了如下几个方面。

1. CBS

CBS（Condition Based Service）是连接服务系统的一项监控功能，它能够对车辆需要周期性保养的系统及相关部件进行监控，监控的方式有以下三种。

（1）通过传感器对发动机油液、空调滤清器、前/后制动摩擦片进行监控。

（2）依据时间对发动机油、空调滤清器、制动液的使用期限以及法定项目（如尾气排放）的检测时间进行监控。

（3）依据行驶里程对火花塞、制动摩擦片等部件的使用期限进行监控。这些服务项目称为 SBA，能够通过仪表板进行显示，更详细的信息可通过 CD 显示器显示。

2. 编码的点火钥匙

每辆宝马汽车出厂时，通常配备了 3 把已编码的点火钥匙。对于 1998 年之后生产的车辆，每一把点火钥匙都能够储存行驶里程和 SIA 数据信息。对于 E65 车型来说，由于配备的是新式点火钥匙（FBD 点火钥匙或带遥控功能的点火钥匙），能够储存更详细的车辆信息，如车辆颜色代码、内饰板颜色代码以及通过 CBS 监控功能所发送的检查控制（CC）信息。因此从某种意义上来说，点火钥匙就相当于汽车的商业信用卡。

3. 点火钥匙读取器

当车辆需要维修保养时，通过点火钥匙读取器（Key Reader）这个通信连接器，可将点火钥匙储存的资料读取出来，然后通过一个新的软件程序自动显示出来。这个软件程序称为DMS（Dealer Management System）系统，所显示的资料包括了车辆的基本数据以及与维修检查条款相关的信息。

4. 服务接收模块

SAM是“Service Acceptance Module”的英文缩写。服务接收模块SAM1安装在服务顾问的工作区，它的功用是实现点火钥匙读取器与DMS系统之间的数据通信功能，或者是钥匙读取器与TKP（Due Date Capacity Planning System）系统之间的数据通信功能。

按照软件功能进行划分，SAM1又可扩展为2个功能级别——SAM2和SAM3。与SAM1相比，SAM2增加了遥控传送点火钥匙储存的数据资料以及服务中心数据库的数据资料的通信功能。而与SAM2相比，SAM3则增加了服务经销商与车辆之间的通信功能，这种通信功能可以协助解决诸如复杂电气故障之类的问题。

5. TeleService

TeleService是一种服务器，按照功能进行划分，可分为2个配置级别，即TeleService1和TeleService2，相关的服务功能如下。

（1）TeleService1。利用一个无线电控制单元，可以自动地或以手动方式将车辆信息发送至TeleService服务中心。如果发送的是维修服务电码，则可以携带相关的故障信息。如果发送的是紧急维修电码，则可以与当地的故障援助站取得联系。

（2）TeleService2。经过“TeleAbfrage”和“TeleDiagnose services”服务部门的授权许可，宝马维修站可以通过TeleService2服务器对车辆的电气故障进行遥控诊断。这种遥控诊断方式，可以完成故障码清除、控制模块设码/编程、电控系统快速扫描等多项诊断功能。因此，只要TeleService2的软件系统达到了相当的更新程度，那么车主无需再将车辆开到维修站，即可解决许多棘手的电气故障问题。

6. FASTA系统

FASTA是“Transfer and analysis of vehicle operation and service data”的英文缩写。严格地说，FASTA相当于一个先进的维修服务诊断程序，它不仅能够对车辆数据进行分析处理、提供最佳的故障解决方案，而且在维修车间进行故障诊断时，还可以通过OBD（on-board diagnosis）诊断座与GT1检测仪（DISplus）进行通信联系以及通过一个网络系统将数据传送至FASTA系统的中央数据库中。

FASTA系统最初的运用是从E46底盘车型开始的，当时只是一个初级版本的控制系统，并且有选择性地在欧洲和美国的几个服务站点展开。时至今日，FASTA系统已经普及到了所有宝马E65售后服务市场的站点。

7. 连接服务系统的执行阶段

按照时间进行划分，连接服务（ConnectedService）系统有相应的执行阶段，如表2-4所示。

表2-4 连接服务系统的执行阶段

执行阶段	功能变化
至2001年9月	① Condition Based Service(CBS) ② Service acceptance module 1(SAM 1) ③ KeyReader(点火钥匙读取器) ④ FASTA(针对E65底盘车型)
至2002年9月	① Service Acceptance Module 2(SAM 2) ② TeleService 1(TS 1) ③ Center Data Handling(DAT) ④ FASTA(功能增强)

续表

执行阶段	功能变化
至 2003 年 9 月	① Service Acceptance Module 3(SAM 3) ② TeleService 2(TS 2) ③ FASTA(功能增强)

(二) CBS 监控功能

1. 功能描述

CBS 具有两种监控方式：一是对所发生的故障问题进行监测并传送相关的警告信息；二是依据时间和行驶里程数，对常规的保养维护系统及其部件进行监测，当达到设定期限时，发送相关的提示信息。从某种意义上来说，CBS 是针对车辆的使用过期部件或损坏部件而设计的监控功能。CBS 监控功能的先进性包括了以下几个方面。

(1) 当 CBS 监控功能所定义的监控部件未达到使用或磨损期限之前，车主可以放心地使用车辆。

(2) 维修保养的间隔时间得到了延长，因此方便了车主使用车辆。

(3) 尽管所监控的部件达到了使用或磨损的期限，但依然允许车主和维修站对所有的保养维修作业进行规划。

(4) 对于车主来说，维修服务需求变得更加透明。

(5) 对于车主来说，维修服务建议更具有可信度。

(6) 增强了宝马汽车在售后服务领域的竞争力。

2. 基于传感器监测方式的 CBS 监控功能

商业化汽车售后服务的发展趋势要求维修保养的时间间隔更长，维修保养量则相应递减。这些与维修保养期限有关的问题以及所针对的监测方式等都是宝马公司需要考虑的因素。因此，对于传感器监测方式的 CBS 监控功能，宝马公司采取了两种措施：一是使用真实的传感器进行监测，称为物理监测方式；二是通过程序运算进行监测，称为虚拟监测方式。某些部件的使用或磨损期限不是直接测量得出的，而是通过辅助的参数值（如行驶里程数、温度值）计算得出的。

(1) 发动机机油的监测。发动机机油是通过机油液位传感器进行监测，该传感器设置在发动机机油底壳部位，能够同时测量机油液位高度和机油温度，测量信号直接传送至 DME 控制模块。

机油液位传感器由 1 个电子处理器和 2 个同心圆柱形的电容器组成，由于机油属于非导电物质，当机油液面发生变化时，电容器所携带的电荷就会发生改变，相应的电感信号由电子处理器进行接收，并且在那里将模拟电压信号处理成数字电码信号，然后由单独的信号线传送至 DME 控制模块。需要说明的是，这种微电子处理器形式的机油液位传感器，具有自诊断功能，当传感器损坏之后，它能够向 DME 控制模块发送相关的故障信息。

对于 DME 控制模块的运算程序，机油使用期限的计算不仅取决于机油液面高度和温度这两个参数值，还包括机油等级、机油滤清器数量、发动机负载、燃油消耗量、行驶里程数以及上次更换日期等参数值。因此当每次打开点火开关之后，通过仪表板或 CD 显示器可以显示发动机机油的保养期限信息。

需要说明的是，除非在必须的情况下，仪表板和 DME 控制模块不要同时进行更换，因为这会使原有储存的机油保养数据信息永久性地丢失。

(2) 空调滤清器的使用期限监测。空调滤清器有两种型号：一种是附加活性碳元素的高级滤清器；另一种是无活性碳元素的标准滤清器。空调滤清器的使用期限监测功能由 IHKA 控制模块执行，它采用的是虚拟监测方式，也就是说在自动空调系统中，并没有设置一个用于测量滤清器污染程度的传感器。

空调滤清器的使用期限是依据相关参数值计算得出的，这些参数值包括环境空气温度、雨水传感器信号、加热器使用时间、空调内循环的设置状态、行驶速度、鼓风机转速、行驶里程数以及上次更换的日期等。当打开点火开关之后，空调滤清器的剩余使用期限和可用百分数信息，可以通过仪表板和CD显示器显示出来。

需要说明的是，除非在必须的情况下，仪表板和IHKA控制模块不要同时进行更换，因为这会使原有储存的空调滤清器保养数据信息永久性地丢失。

（3）制动摩擦片的磨损监测。在宝马车辆的左前轮和右后轮的制动摩擦片上，分别设置了一个2级磨损传感器，传感器的构造形式见图2-49。

制动摩擦片磨损传感器的信号线连接至DSC控制模块，由电路控制原理可知，当传感器达到1级磨损程度时，DSC控制模块所发送的测试电压由2级线路中的电阻进行分压，电压值将相应地升高。当传感器达到2级磨损程度时，由于传感器线路处于完全断路状态，信号电压值将与DSC控制模块所发送的测试电压值完全相同。

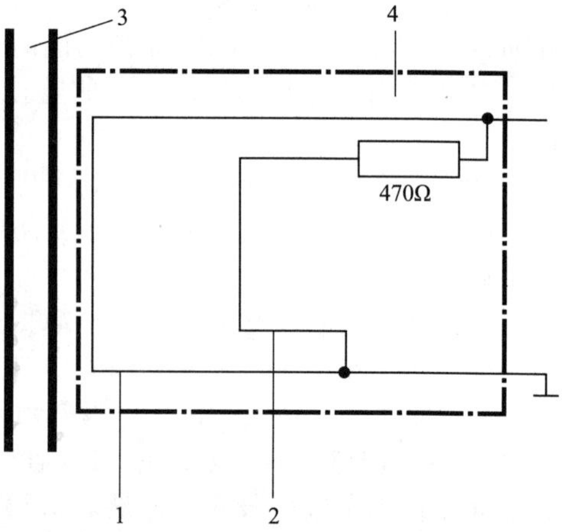

图2-49　制动摩擦片磨损传感器的构造形式

1—1级磨损线；2—2级磨损线；3—制动盘；4—磨损传感器

除了制动摩擦片磨损传感器的信号参数以外，DSC控制模块对制动摩擦片剩余使用期限的计算，还需要借助其他参数值，这些参数值包括车轮转速、制动液压力、制动盘温度、制动激活时间、制动频率以及行驶里程数等。经过计算之后，剩余使用期限数据将储存在DSC控制模块的EEPROM中。当每次打开点火开关之后，磨损期限信息可通过仪表板显示出来。

需要说明的是，除非在必须的情况下，仪表板和DSC控制模块不要同时进行更换，因为这会使原有储存的制动摩擦片磨损信息永久性地丢失。

3. 内在监测方式的CBS监控功能

对于那些没有设置传感器进行损耗监测的CBS维修保养项目，则由仪表板内在的运算及管理程序来完成。这一类的CBS维修保养项目包括制动液、冷却液、火花塞、可视性和功能性检查（车辆检查）以及必须依照相关法规完成的维修保养项目，如常规检查和废气排放分析。内在监测方式的CBS内在设定间隔期限如表2-5所示。

表2-5　内在监测方式的CBS内在设定间隔期限

CBS维修保养项目	内在设定间隔期限
制动液	2年
冷却液	2年
火花塞	100000km
可视性和功能性检查(车辆检查)	60000km

当CBS维修保养项目的内在间隔期限设定后，仪表板将通过内部的旅程距离计数器进

行计算，当达到间隔期限值时，仪表板和 CD 显示器将显示相关的警告信息或激活指示灯。由此可知，旅程距离计数器执行的是一项特殊任务，它与时间/日期计数器不同，不允许驾驶员进行设置。

需要说明的是，内在间隔期限的计算值同时储存在仪表板和 CAS 控制模块中，因此除非在必须的情况下，仪表板和 CAS 控制模块不要同时进行更换，因为这会使原有储存的相关数据信息永久性地丢失。

法定的 CBS 维修保养项目如常规检查和废气排放分析，它们的内在间隔期限计算方式与表 2-5 中的项目是不同的，不是依据旅程距离计数器进行计算，而是依据当前时间和日期进行计算。这就是说，假如因蓄电池断电而使仪表板的时间和日期值发生了改变，那么法定的 CBS 维修保养项目的内在间隔期限就无法正确计算了。出现这种情况，可以通过 CD 显示器的控制器，重新输入当前正确的时间和日期。

综上所述，将所有的 CBS 维修保养项目集合起来，它们的间隔期限值见表 2-6。

表 2-6　CBS 维修保养项目的间隔期限值

CBS 维修保养项目	计算参数	里程/时间
发动机油	复合参数	20000～40000km(标准值为 30000km)或 2 年
空调滤清器	复合参数	30000～80000km(标准值为 40000km)或 2 年
前制动摩擦片	复合参数	25000～110000km(标准值为 40000km)
后制动摩擦片	复合参数	30000～120000km(标准值为 60000km)
火花塞	里程(基准)	100000km
可视性和功能性检查(车辆检查)	里程(基准)	60000km
制动液	时间(基准)	2 年
冷却液	时间(基准)	4 年
法定的常规检查	时间(基准)	根据相关国家法规
法定的废气排放检测	时间(基准)	根据相关国家法规

4. CBS 信息的显示方式

CBS 信息的显示方式有三种，具体内容如下。

(1) 通过仪表板的服务需求显示器（SBA）进行显示。服务需求显示器设置在仪表板车速表的下方，当每次打开点火开关之后，服务需求显示器中就会出现如“Service 21000km 12 Month”的信息。

(2) 通过仪表板的检查控制显示器进行显示。例如，当制动磨损超限之后，当打开点火开关，制动警告灯和变量控制指示灯就会激活点亮，点亮的颜色均为红色。制动警告灯的图形是一个带感叹号的制动蹄符号，变量控制指示灯的图形为举升机上的一辆汽车。同时，在发动机转速表上方的显示器中会出现简短的检查控制信息。

(3) 通过 CD 显示器的 CBS 显示器进行显示。CBS 显示器的操作路径是，在 CD 显示器的基本功能菜单的界面中，沿水平向“车辆数据”的菜单方向移动控制器，进入与车辆数据有关的菜单界面。然后旋转控制器，选中一个带车辆图形的菜单项目（Service），按下控制器，即进入 CBS 显示器的维修保养期限菜单。按照颜色进行划分，红色显示项目为已过期，黄色显示项目为将要过期，绿色显示项目为没有过期。

5. CBS 间隔期限的复位方法

CBS 间隔期限的复位是指保养信息归零。

（三）点火钥匙读取器

1. 功能概述

随着宝马 7 系 E65 车型投放市场，宝马公司开创了一种新的售后服务技术，就是通过一个称为“点火钥匙读取器”的新型通信连接器来读取储存在点火钥匙中的车辆数据信息。对于售后服务工作来说，这就意味着车辆数据的收集过程变得更加快捷而准确，服务顾问与车主的交流更具有优先权，最终体现出高度个性化的服务理念。点火钥匙读取器的外观结构如图 2-50 所示。

服务接收模块 SAM 的软件系统能够将点火钥匙读取器读取的车辆数据进行解码，然后自动地显示在 PC 计算的屏幕上。数据的传输与显示过程快捷，把点火钥匙插入读取器中，车辆的底盘号码就能够自动出现在 SAM 软件的相应空白表格中，而且读取器能够自动选择与维修保养相关的数据信息。

图 2-50　点火钥匙读取器的外观结构

点火钥匙中的车辆数据来源于 CAS 控制模块，CAS 控制模块安装在仪表台内侧，与启动/停止按钮和点火钥匙座孔集成在一起。当点火钥匙插入座孔中之后，CAS 控制模块将通过 K CAN 系统总线收集仪表板的相关资料，然后写入点火钥匙的存储器中，同时将最后的改写日期也记录在内。

当然，点火钥匙的数据储存是有条件的，必须满足三个条件：一是车辆处于静止状态（仪表板未接收到车速信号）；二是从最后一次数据储存之后的行驶距离至少为 10km；三是从最后一次数据储存之后的行驶速度至少为 10km/h。

对于后期取得的备用点火钥匙，可以通过特殊的操作方法将车辆数据写入该点火钥匙中。具体的操作步骤为，将点火钥匙插入 CAS 座孔中，按动中控锁按钮，令中控锁解除联锁，然后按动启动/停止按钮，打开点火开关，再按动启动/停止按钮，关闭点火开关即可。

根据车型和生产年款进行划分，点火钥匙储存的数据资料见表 2-7。

表 2-7　点火钥匙储存的数据资料

底盘型号	生产年款	数据资料
E46、E38、E39、E53	2000 年	车辆 VIN 码、行驶里程数、维修报警指示灯(SIA)状态等
E65	E65 的所有生产年款	车辆 VIN 码、行驶里程数、车型、车身颜色编码、内饰板编码、检查控制信息、CBS 数据等

在不久的将来，点火钥匙的数据存储功能还将进一步扩展，如储存故障码信息。加上检查控制信息，通过点火钥匙来完成的维修保养工作将变得更加便利。

2. 点火钥匙读取器的配备条件

对于所有的宝马售后服务经销代理商，为了满足售后服务最优化的要求，必须达到如下的硬件及软件配备条件。

（1）每个服务顾问的 PC 计算机配置级别应满足 300MHz 中央处理器、60MB 内存、2GB 硬盘、大于 15in 的 800×600 显示器、CD-ROM、Windows 95/98/NT/2000、网络连接。

（2）ETK 软件系统，即宝马零配件目录的电子文档。

（3）能够通过宝马商业经销网络系统自动获取资料。

在此基础上，可以对点火钥匙读取器进行安装。

3. 点火钥匙读取器的安装

将钥匙读取器与 PC 计算机的 USB 接口对接，然后打开 CD-ROM，放入点火钥匙读取器和 SAM 的软件光盘，按照对话框中的提示信息进行操作，即可自动完成点火钥匙读取器的系统安装工作。

（四）服务接收模块 SAM1

服务接收模块 SAM1 是一种运用在服务顾问工作区的软件系统，它能够兼容 17 种宝马操作系统语言。对于点火钥匙读取器来说，SAM1 能够完成点火钥匙读取器与 TPK（Due Date Capacity Planning System）管理系统或者与 DMS（Dealer Management System）管理系统之间的数据通信功能。具体的通信功能说明如下。

1. 接受从点火钥匙读取器传送过来的车辆数据

首先，在点火钥匙读取器读取点火钥匙储存的车辆数据过程中，将依据 SAM1 系统的数据可用性创建一个文件。随后 SAM1 将按照文件属性的设定状态，执行两种数据读取方式，一种是完全接受文件中的数据信息，另一种是自动搜寻指定服务任务的数据信息，如单独的车辆基本数据信息、CBS 数据信息等。这些数据信息由 SAM1 接收之后，通过 PC 计算机显示出来。与车辆数据有关的 SAM1 信息如图 2-51 所示。

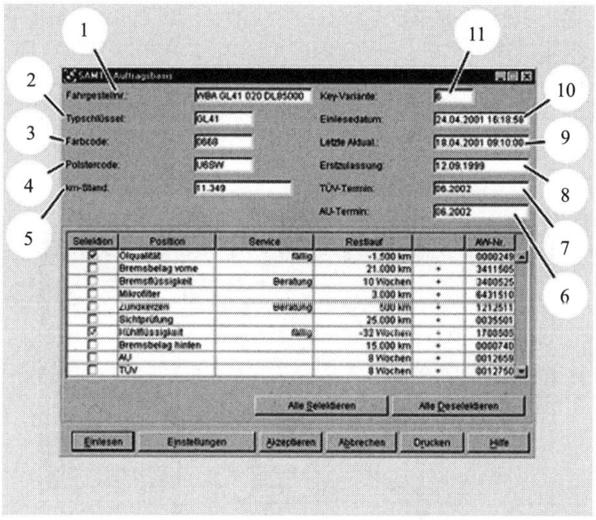

图 2-51 与车辆数据有关的 SAM1 信息

1—车辆 VIN 码；2—点火钥匙型号；3—车身颜色编码；4—内饰板编码；
5—行驶里程数；6—TU（办公）检查日期；7—TUV 检查日期；8—首次注册日期；
9—最后一次修正日期；10—数据读取；11—点火钥匙（变量）号码

2. 解读 CBS 维修保养数据信息

系统解读 CBS 维修保养数据信息并进行维修保养项目的分类。与 CBS 数据有关的 SAM1 信息如图 2-52 所示。

3. 数据资料传送

系统将数据资料传送至 DMS 管理系统或 TPK 管理系统。按下“设置”按钮，可以对 SAM 显示界面进行相应的设置，如图 2-53 所示。

4．打印

维修保养作业清单可通过打印机打印出来。

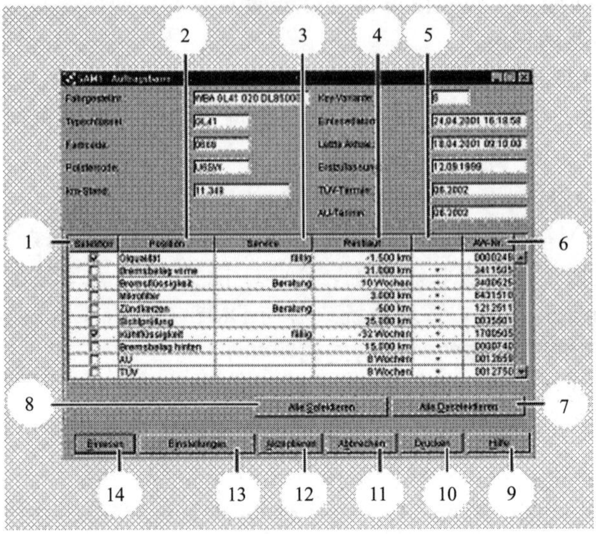

图 2-52　与 CBS 数据有关的 SAM1 信息

1—服务选项；2—车辆维修保养项目名称；3—维修保养状态；
4—剩余的维修保养期限（公里数或周数）；5—维修保养作业的联合选项区；
6—自动生成的服务号码；7—取消所有维修保养作业项目；8—选择所有维修保养作业项目；
9—帮助键（SAM 系统操作的帮助信息）；10—打印键（打印作业清单）；11—取消键（中断程序指令）；
12—接受键（将作业资料传送至 DMS 系统）；13—设置键（传送设置指令）；
14—输入键盘（读取所有从点火钥匙读取器传送来的数据信息）

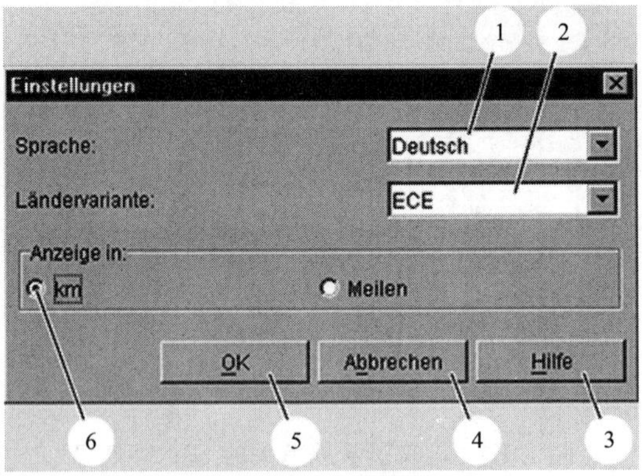

图 2-53　SAM 显示界面的设置项目

1—语音输入；　2—国家或地区；　3—帮助；　4—取消；　5—确认；　6—公里/英里

第三章 奥迪 MMI

第一节　奥迪 MMI 概述

奥迪的 MMI（多媒体交互系统）是所有信息娱乐部件的控制点，包括车载电话、手机、收音机、导航设备或电视，通过 MMI 系统可以轻松访问这些设备，使用它们的功能。

MMI（Multi Media Interface）是奥迪“多媒体交互系统”的英文缩写，该系统可以控制车上的每一个电子设备和功能装备，小到音响的音量调节，大到 GPS 导航功能，丰富的豪华和舒适功能都可以通过 MMI 系统完美实现。奥迪的 MMI 系统如图 3-1 所示。

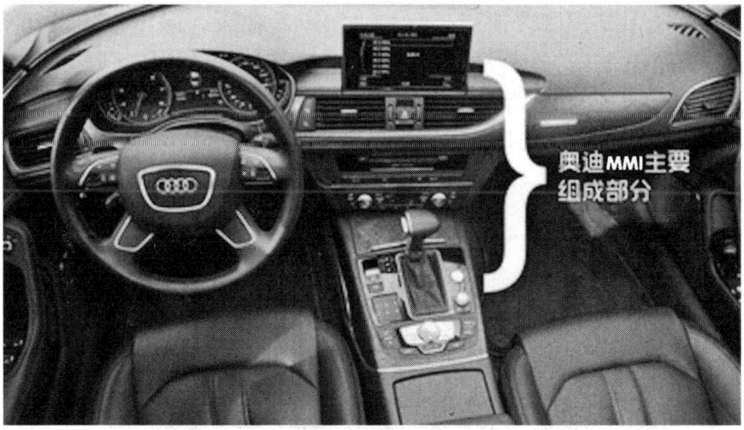

图 3-1　奥迪的 MMI 系统

组合式旋转控制器/控制按钮是 MMI 的核心部件，该按钮四周配备 4 个控制键。在控制单元两侧，共有 8 个功能键，可用于直接选择主菜单。在各个菜单下，驾驶者可通过旋转/按压控制键激活所需功能，菜单结构设计合理，采用直观操作逻辑。通过 8 个功能键可以对娱乐、通信、信息与车载系统进行控制。组合式旋转控制器如图 3-2 所示。

导航提供清晰地图显示的导航功能，以三维方式显示地形与城市模型，并显示名胜与景点的三维细节模型；提供三种建议路线；可使用操纵杆在地图上自由浏览；通过地图输入目的地：可通过指针在地图上直接选择导航目的地；存储最近系统曾经导航过的目的地。

电话功能目录最多可包含5000个条目，每个条目最多可存储5个电话号码和2个地址；目录条目也可用于导航系统的目的地。通过集成式语音对话系统即可拨打目录条目的电话。

媒体功能播放视频与音频DVD、音频CD和MP3、WMA和AAC格式的音乐文件（出于安全原因，视频图片只在汽车处于静止状态时才能播放）；可通过USB大容量存储设备、SD存储卡或CD/DVD光驱播放音乐文件，也可将文件复制到集成式硬盘，并通过硬盘播放。

语音对话系统能够识别命令与数字序列，自动为各个条目的目录创建语音标签。利用这些语音标签可以将联系人地址选作导航目的地。

新一代（第四代）MMI系统界面更加合理，取消老款中央旋钮周围众多按钮取而代之是6个快捷键。手写面板是第四代MMI系统新增加的配置，可以手写输入信息。第四代MMI系统如图3-3所示。

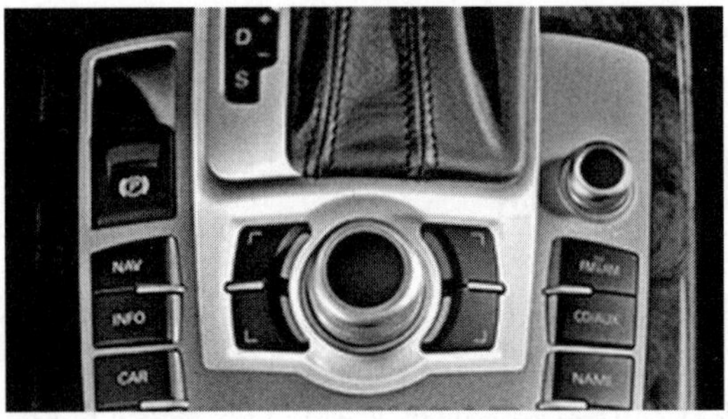

图3-2 组合式旋转控制器

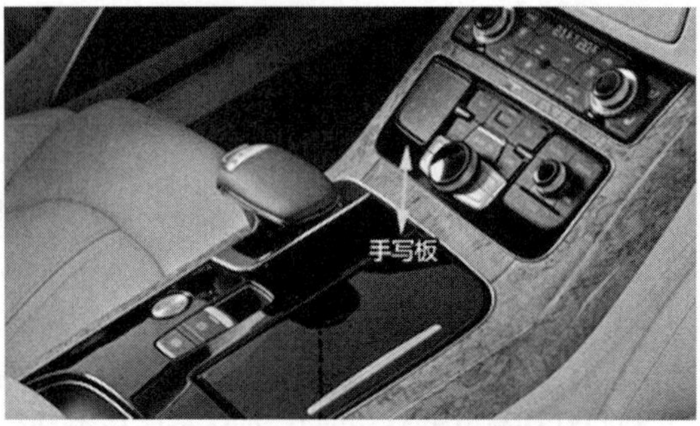

图3-3 第四代MMI系统

车内的所有功能操作几乎都可以通过MMI系统来完成，比如空调的部分功能设定、座椅调节等。进行导航操作时，可以使用手写板进行手写输入，触摸板的识别率很高。在手写板上有6个数字键，这就是选择电台的快捷键，只要开启了MMI系统，在任何情况下都可以点击数字键来切换电台。MMI系统的信息功能包括，信息中心会随时向车辆发送消息，并且可以支持无线上网功能。MMI系统显示屏如图3-4所示。

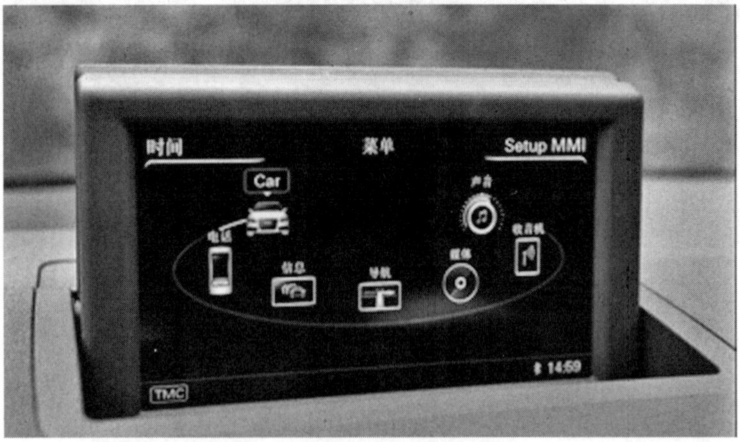

图3-4 MMI系统显示屏

第二节　奥迪 MMI 功能体验

奥迪的 MMI 系统自 2003 年推出，在国内首次面市则是在 2005 年的 A6L 车型，可以说是与宝马的 iDrive 在一个时间段内出现的车联网产品，不过在那个时候这种系统被称为车载多媒体系统。为了适应车联网潮流，第三代的奥迪 MMI 也在这套系统中加载了全新的联网功能——Audi Connect。

一、参数和功能

第三代 MMI 系统主要参数和功能一览表如表 3-1 所示。

表 3-1　第三代 MMI 系统主要参数和功能一览表

参数/功能	说明
操作系统(安卓/carpaly 等)	QNX 系统
屏幕类型(是否支持多点触控)	无触控功能(部分车型搭载触控板)
菜单语言	中文/英文等
接口	支持 SD 卡、AUX 等外部音频,无 USB 接口,可通过配件连接手机
产品尺寸	7.0 in
第三方地图	奥迪地图
网络运营商	中国联通(新 Audi Connect 配备)
APP 扩展(是否可以下载 APP)	不支持
蓝牙功能	支持
3G 上网	不支持(新 Audi Connect 支持)
公用 WIFI	不支持
导航键和影音一键切换	支持
查看车况	车辆诊断和保养信息服务
电话功能	带一键直拨功能
远程操控	不支持
语音控制	带一键语音控制键
防盗追踪	不支持
后台服务中心	无
紧急救援	只可手动通过语音呼叫功能寻求救助
倒车雷达	系统自带倒车雷达服务
地图更新	需通过奥迪更新光盘安装(更新较慢)
保养通知服务	有
实时路况	TMC 交通信息,国内暂不支持

通过插入中国联通 SIM 卡，可以实现道路救援呼叫和在线信息浏览服务等，这种合作是 2 年免费的，不过只能在紧急情况下将电话拨至附近经销商，并不能实现普通拨打，但是在线信息浏览等产生的流量也是不计费的，目前 Audi Connect 仅在 Q7 和 A8 两种车型上搭载，不过在随后的车型中将慢慢普及。

二、 硬件配置

MMI 系统在 Q7 上配备的是 7in 显示屏，显示很清晰。屏幕会稍稍向驾驶员的方向有一定的倾斜，便于驾驶员观看。同时为了驾驶安全的考虑，这块屏幕并没有采用触摸屏的设计。

MMI 系统的操作板放置于挡杆位置附近，和启动/关闭按钮设计在了一整块控制台上，如图 3-5 所示。

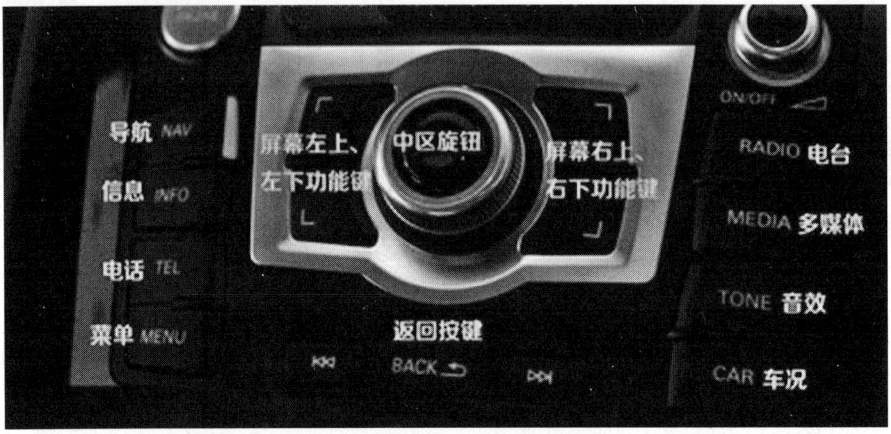

图 3-5 MMI 系统的操作板

按键部分可以分为两部分，中间区域可以对应显示屏上的旋转菜单进行旋钮和按键操作，同时旋钮附近的四个位置键则对应着屏幕四个角的功能。外部除了引擎开关之外，则是 MMI 系统中儿种重要功能的快捷键，包括导航、信息、电话、菜单、电台、多媒体、音响效果和车况检查，在按下外部操作按钮之后，对应按键旁边的指示灯还会亮起。此外，外部操作区域上方是音量开关旋钮，而在外部操控部分中下方则是返回键和快进/快退键。

三、 操作方式

MMI 系统进入之后是一个简洁的旋转菜单，分别包含了之前介绍的外部操作快捷键的诸多功能，此外，还有多出来的功能，包括 Audi Connect 和道路救援呼叫功能。MMI 系统旋转菜单如图 3-6 所示。

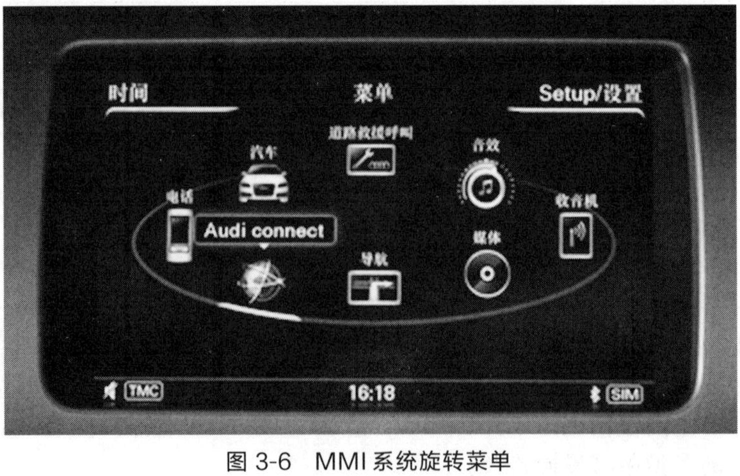

图 3-6 MMI 系统旋转菜单

屏幕四角的功能通过中间操作区域旋钮周围的 4 个按键来操控。

四、 导航功能

MMI 系统的导航是采用奥迪自己的地图内容，需要通过奥迪自带的地图光盘来升级，而不支持网络升级。在加入 Audi Connect 功能之后，有望可使用通过网络升级的地图版本。

不过在使用上，这套地图系统可以 3D 观看，同时还具备了白天模式和夜晚模式，具备了兴趣点搜索等功能，操作比较方便。MMI 系统的 3D 地图如图 3-7 所示。

图 3-7 MMI 系统的 3D 地图

在实时车况方面，MMI 系统是支持 TMC 交通信息查询的，但是在国内并不能实现这一功能。

同时这套系统是封闭的系统，不支持百度地图等其他地图的兴趣点发送，此外，由于没有后台服务中心，也不能通过话务员查询导航发送导航路线。不过在现有的地图上利用语音搜索是可以实现的。

五、 功能扩展性

目前 MMI 系统不具备扩展功能，也就是说，这套系统也是比较封闭的，不能安装 APP，不过现阶段这套系统可以通过车上的多媒体接口播放音乐文件，比如 SD 卡中的音乐，同时还可以通过一定的配件线缆来连接不同的手机，来实现播放音乐等功能。

MMI 系统可以通过蓝牙连接手机来进行电话操作，在连接过程中需要对码，在连接手机之后可以通过车载音响进行语音通话，同时拨号的时候既可以通过旋钮选择号码，也可以通过语音识别来通过语音拨打电话，语音识别率还可以。手机连接如图 3-8 所示。

图 3-8 手机连接

当连接到手机之后，不仅可以查看当前连接手机上的通话记录以及电话簿，还可以对手机中存储的音乐进行播放。不过奥迪的众多车型均不支持远程操控或者手机 APP 操控，这是因为考虑汽车的安全问题。

六、 语音识别功能

在方向盘的右手控制位置配备了 MMI 系统的语音控制按键，在按下之后就可以对 MMI 系统进行语音操控，可以实现 MMI 系统中的全部功能，导航语音搜索和语音拨号也是可以实现的。语音控制按键如图 3-9 所示。

七、 一键拨号功能

通过按键区域快捷键上的电话按键，可以快速地进入拨号功能，通过旋钮、电话簿、通话记录以及语音等方式均能实现语音通话，同时在手机与 MMI 系统通过蓝牙连接的时候，也可以直接通过车载音响进行接听。利用车载音响接听电话如图 3-10 所示。

图 3-9 语音控制按键

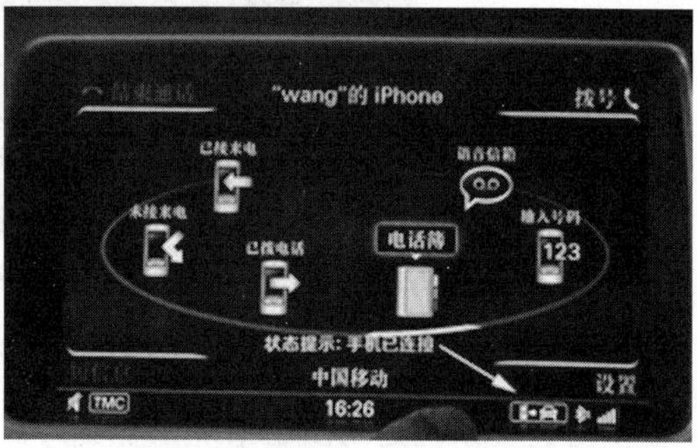

图 3-10 利用车载音响接听电话

在来电的时候，为了尽量降低对驾驶员的影响，在仪表盘中间位置还有便捷的接听或忽略选项，通过方向盘上的按钮可以进行操作。

八、 查看车况功能

当选择车况菜单后，MMI 系统首先出现的是空气悬架和汽车底盘的调整设置，包含高位、越野、舒适、自动和动态五种状态，这是奥迪 Q7、A8、S8、A7 等 C 级车都有的配置，而在其他车型上会根据不同车型而不同。车况菜单如图 3-11 所示。

查看车况功能主要包含了四种主要功能，即汽车设置、驾驶员辅助系统、空调、保养和检查。汽车设置中的菜单主要包含内部照明、车门锁的一些控制，驾驶员辅助系统包括超速警告和停车辅助系统等功能的设置，空调界面是针对车载空调的一些详细设置，保养与检查界面中则是对汽车维修保养的一些检测项目。

保养与检查界面中包括了轮胎胎压、机油更换、空气悬架等一系列检测和辅助功能的设置。机油更换则是由固定的千米数或时间来监测，分别是千米数或者天数。机油更换周期界面如图 3-12 所示。

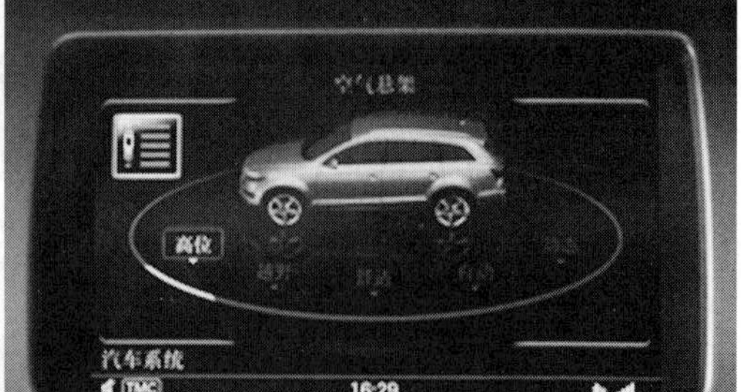

图 3-11 车况菜单

九、 多媒体系统

MMI 系统虽然不具备远程操控和 APP 扩展等功能，但是娱乐功能比较强大，配备蓝光光驱和多碟 CD 机，可以播放音/视频文件。蓝光光驱和多碟 CD 机如图 3-13 所示。

图 3-12 机油更换周期界面

图 3-13 蓝光光驱和多碟 CD 机

同时系统配备了一个车载硬盘来存储多媒体文件，此外，通过“电视调谐器”还可以利用天线观看电视节目。不过在进入驾驶状态之后，视频内容自动关闭，这是为了保证驾驶安全。

十、 在线信息服务

新增的 Audi Connect 功能可通过无线网络来实现资讯、天气等在线资讯的查询。Audi Connect 功能操作界面如图 3-14 所示。

可以调整多媒体、导航以及电话的音效，详细到音场定位、环绕声和降噪以及高低音的控制等。音效调整如图 3-15 所示。

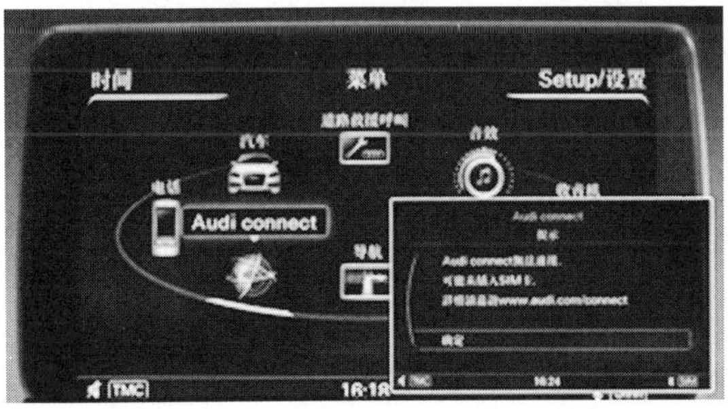

图 3-14 Audi Connect 功能操作界面

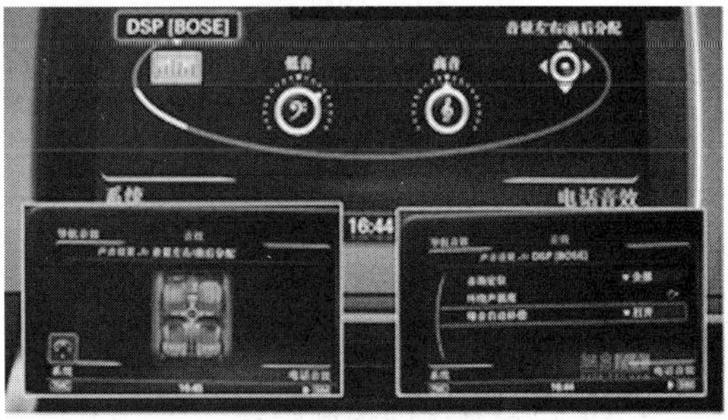

图 3-15 音效调整

十一、 费用

MMI 系统的收费涉及两个方面，即地图更新收费和新增的 Audi Connect 收费。对于地图更新收费，奥迪并没有一个固定的设置，这里的收费也多是 4S 店或汽修店收取的手工费。Audi Connect 配备的 SIM 卡是 2 年免费的，之后的费用价格未定，或许要高于普通手机流量套餐包。

第三节 奥迪 MMI 结构与工作原理

一、概述

在现代的商界和个人领域，移动信息和娱乐（Entertainment）系统越来越成为人们关注的焦点，也就是说，车辆乘员对现代媒体使用得越来越多。

为了满足人们的这个要求，在车辆上安装了信息娱乐系统（Infotainment）。信息娱乐系统向人们提供了丰富多彩的现代媒体应用，如图 3-16 所示。

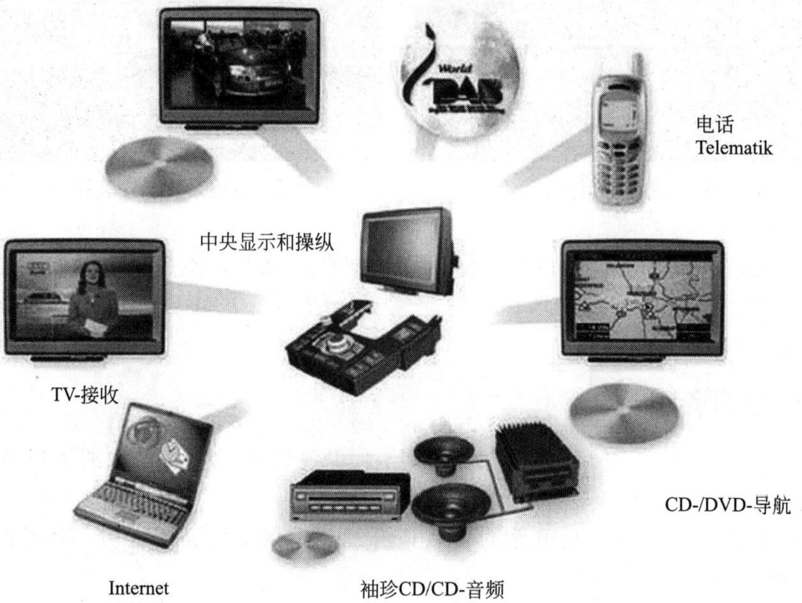

图 3-16 信息娱乐系统的应用

只有装上分配系统后才可以使用这些媒体。要想执行某项功能（如收听收音机），就需要将数个控制单元连接在一起工作才能实现这个功能。只有弄懂控制单元之间的连接以及分配功能，才有可能顺利完成故障检修工作。典型的信息娱乐系统网络结构如图 3-17 所示。

二、信息娱乐系统

（一）CAR 功能系统的控制模块

驾驶员可以利用多媒体界面（MMI）对车上的各种系统进行设定。CAR 功能系统的控制模块如图 3-18 所示。

（二）信息娱乐系统的控制模块

信息娱乐系统（Infotainment）的控制模块如图 3-19 所示。

（三）多媒体界面

多媒体界面（MMI）能够使用户借助中央操纵元件来完成很多信息娱乐系统功能和设定。

选择菜单和设定信息在仪表板上的一个附加显示屏上显示。使用者只需熟悉四个不同的操纵元件，就可以通过菜单来激活所选的功能。多媒体界面操作方式如图 3-20 所示。

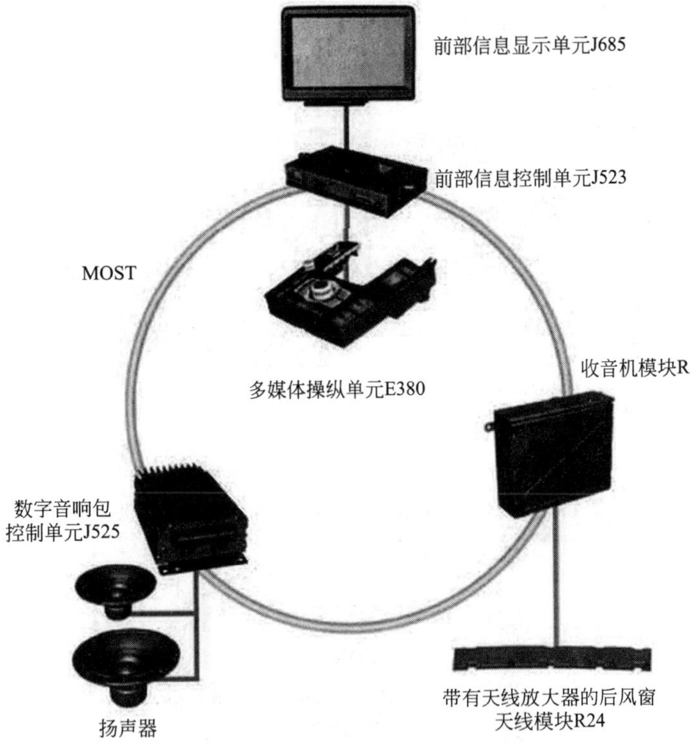

图 3-17 典型的信息娱乐系统网络结构

图 3-18 CAR 功能系统的控制模块

空调系统是由自动空调控制模块 J255 来控制的，其设定和选择菜单却是在 MMI 上显示的。

多媒体界面的网络结构如图 3-21 所示。

数据由方向盘的操作单元经转向柱电气控制模块和数据总线诊断接口传到各个控制模块。

1. 前部信息系统显示和操作控制模块 J523

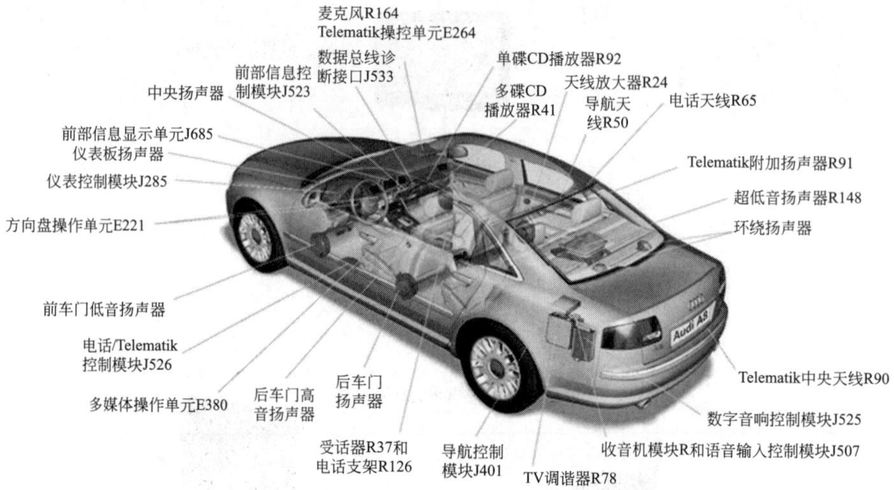

图 3-19 信息娱乐系统（Infotainment）的控制模块

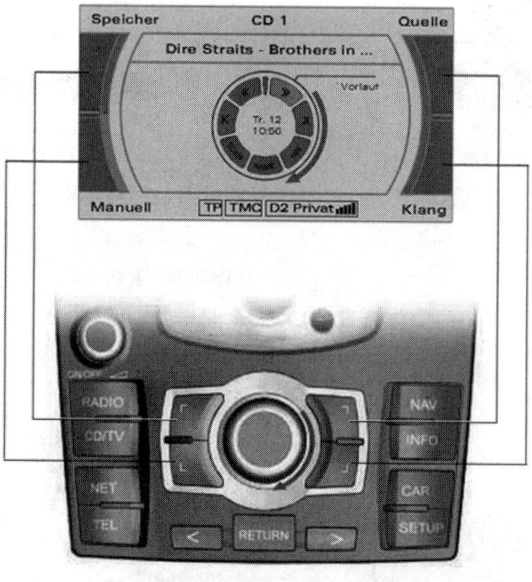

图 3-20 多媒体界面操作方式

前部信息系统显示和操作控制模块是信息娱乐系统的主控制模块，如图 3-22 所示。

前部信息系统显示和操作控制模块是 MOST 总线的系统管理器，它利用多媒体操作单元和语音对话系统来接收操作者的功能信息。

前部信息系统显示和操作控制模块启动前部信息显示和操作控制模块显示器，启动仪表板控制模块来显示多媒体界面信息。

前部信息系统显示和操作控制模块对多媒体操作单元及前部信息显示和操作控制模块显示器进行诊断。

前部信息显示和操作控制模块安装在杂物箱后的模块支架上，如图 3-23 所示。

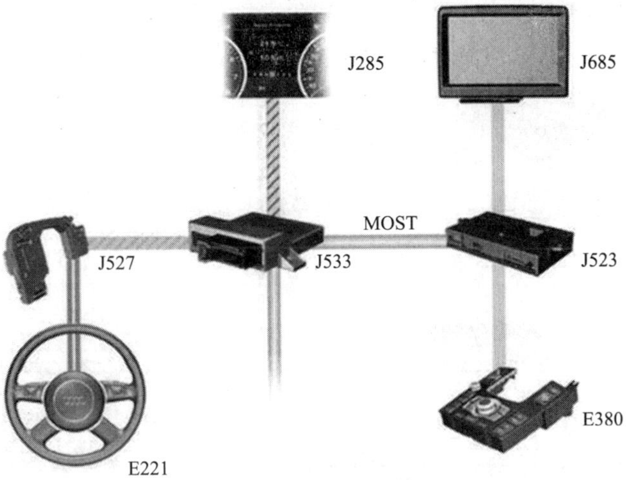

图 3-21 多媒体界面的网络结构

E221—方向盘操作单元；E380—多媒体操作单元；J285—仪表板控制模块；
J523—前部信息显示和操作单元；J527—转向柱电气控制模块；
J533—数据总线诊断接口；J685—前部信息显示和操作单元显示器；MOST—信息娱乐总线

图 3 22 前部信息系统显示和操作控制模块

图 3-23 前部信息显示和操作控制模块的安装位置

前部信息显示和操作控制模块的信号传输示意图如图 3-24 所示。

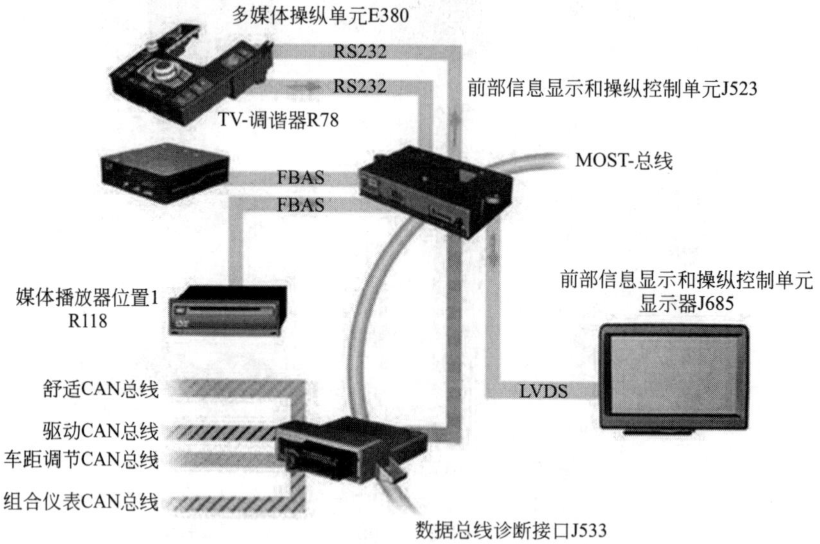

图 3-24 前部信息显示和操作控制模块的信号传输示意图

前部信息显示和操作控制模块的诊断地址码为 07，该控制模块诊断功能是，通过 MOST 总线/数据总线诊断接口的 CAN 总线与其他控制模块的通信情况、供电情况、光纤信号发射器（FOT）的温度。当出现功能故障时，前部信息显示和操作控制模块的故障存储器内会记录故障信息。

利用前部信息显示和操作控制模块的编码功能可以设定 MMI 的语言种类。在自适应模式下，可进行以下设定。

用于执行 CAR 功能的控制模块列表、右置/左置方向盘、信息菜单自动关闭的时间间隔、电视图像、CAR 菜单以及单触记忆自适应过程关闭时的车速极限值、降低光纤信号发射器（FOT）的功率（用于检测）。

前部信息显示和操作控制模块测量数据块显示的测量值有，供电电压、接线柱 S/15/X/50 的状态、MOST 地址（环路上的位置）、MOST 识别码（元件类型）、诊断线状态。

2. 前部信息显示和操作控制模块显示器 J685

前部信息显示和操作控制模块显示器在关闭状态时是看不见的，当接通 MMI 系统时，有一个电动机械机构会将该显示器转出来，处于仪表板中央位置。前部信息显示和操作控制模块显示器机械机构如图 3-25 所示。

在接通 MMI 后，或按下显示屏开/关按钮后，该显示器就会转出来。供电控制模块用一个可调电压来控制显示屏开启电机，从而打开显示屏，这个电压的大小会影响显示屏开、关的速度，该电压可在自适应模式下进行调整。供电控制模块通过终点开关来识别显示屏是否已经完全打开或关闭。

当显示屏打开后，两个弹簧加载的滚珠就会卡入到显示屏的支座内。当电机到达终点位置时，还会继续短时加载一个低一些的电压，这是为了使该机构牢固地靠在止点位置，从而可避免铰链发出噪声。电机内有一个牙嵌离合器，它在机构卡住时可起到保护作用。

拆下前出风口后，可以从侧面够着应急脱开机构的拉索，拉动该拉索就可以脱开电机内的牙嵌离合器，这时可以自由转动机械机构，从而进行应急脱开。

前部信息显示和操作控制模块显示器通过一根具有 22 根芯线的导线直接与前部信息显示和操作控制模块相连。这根导线不可以进行修理，损坏后必须整体更换。在布线时，一定要注意留有足够的间隙，以便机械翻转机构可以转动。前部信息显示和操作控制模块的线路连接如图 3-26 所示。

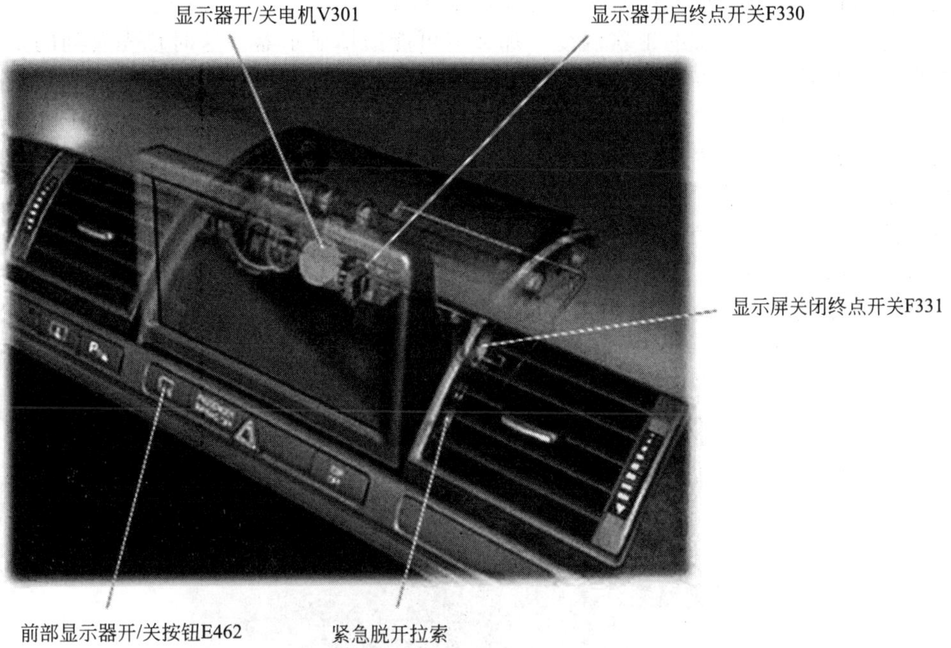

图 3-25 前部信息显示和操作控制模块显示器机械机构

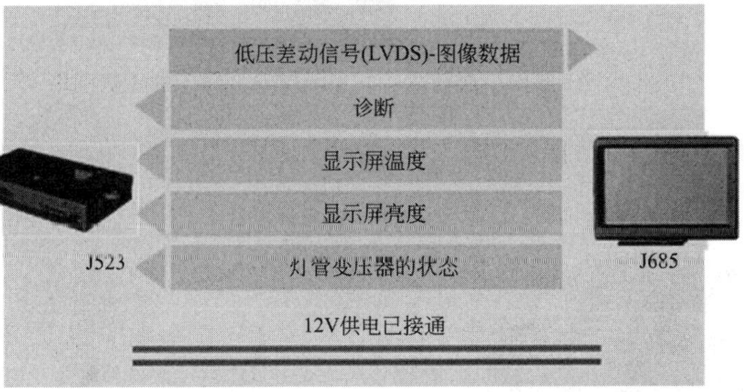

图 3-26 前部信息显示和操作控制模块的线路连接

J523—前部信息显示和操作控制模块； J685—前部信息显示和操作控制模块显示器

低压差动信号用于现代的通信设备中（如计算机），目的是以数字信号方式将图像数据从处理器传到显示屏。两根导线内的电压信号是反向的，因而就可以避免其他电子系统的干扰。信号隐性位和显性位之间的电压差只有 0.5V，因而称之为“低压差动信号（LVDS）技术”。

与 CAN 总线不同的是，在低压差动信号（LVDS）技术中并不传送数据包，数据的位是连续传送的，传输的频率是 210MHz，这些信号无法用现在使用的常规的测量仪器来检查。因此，低压差动信号由前部信息显示和操作控制模块的自诊断功能来监控。

每当系统进入待机模式时，前部信息显示和操作控制模块就会发送数据来检查与前部信息显示和操作控制模块显示器之间的低压差动信号是否正常。处理器会在显示器上计算接收到的数据，以便校验其完整性和可靠性。如果显示器确认低压差动信号有故障，那么它会利用诊断线将一个故障信息发送给控制模块。

显示屏内装有一个负温度系数温度传感器。利用该传感器就可以检查显示器当前的温度。该传感器在一个较大的温度范围内都能保证正常工作。

如果超过了显示屏正常的工作温度，那么就可能损坏显示器。这时首先看到的是显示屏角上有亮区，然后显示器彻底失效。

显示器内安装了2个灯管，以便照亮所有可视点。灯管上作用的电压高达1300V，这个高电压是由集成在显示器内的一个变压器产生的。另外，这个变压器还能识别是1个灯管坏了还是2个灯管坏了，然后显示器通过一条附加导线将该信息发送给控制模块。

前部信息显示和操作控制模块显示器的诊断地址码为07，以下故障会存入故障存储器。

低压差动信号故障、1个或2个灯管失效、超过了允许的最高温度值。当前温度值和亮度值在测量数据块中显示。可在自适应模式下在显示单元上显示各检测图形，如图3-27所示。

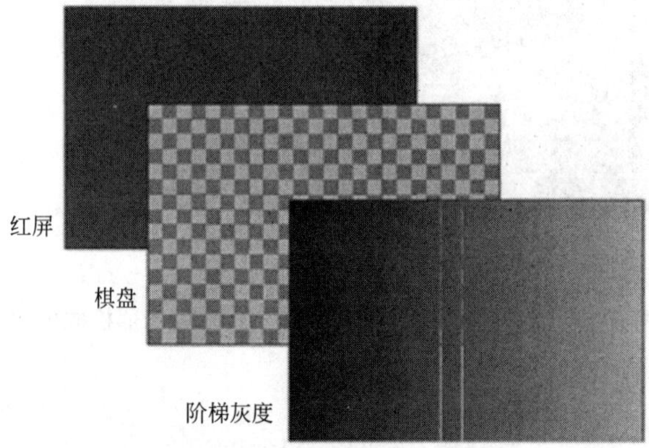

图3-27 在自适应模式下在显示单元上显示的检测图形

3. 多媒体操作单元E380

多媒体操作单元如图3-28所示。

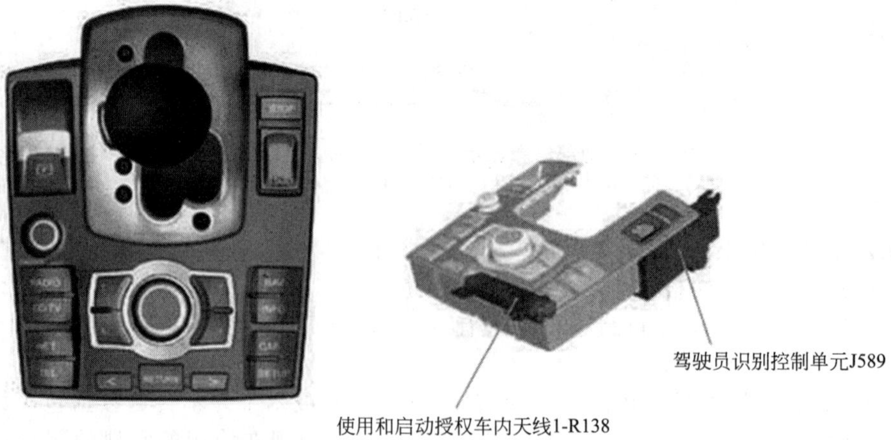

图3-28 多媒体操作单元

多媒体操作单元包含有按键和MMI操纵控制钮、将按键/调节器信号转换成数字数据的电子装置、MMI遥控装置天线（选装）、驻车制动器接触开关F321、使用和启动授权按钮F408、驾驶员识别控制单元J589（选装）、使用和启动授权车内天线1-R138。

多媒体操纵单元通过集成的电子装置，将按键/调节器信号转换成数字信息。这些信息经过一个串口（RS23）传到前部信息显示和操作控制模块 J523。

多媒体操作单元通信流程如图 3-29 所示。

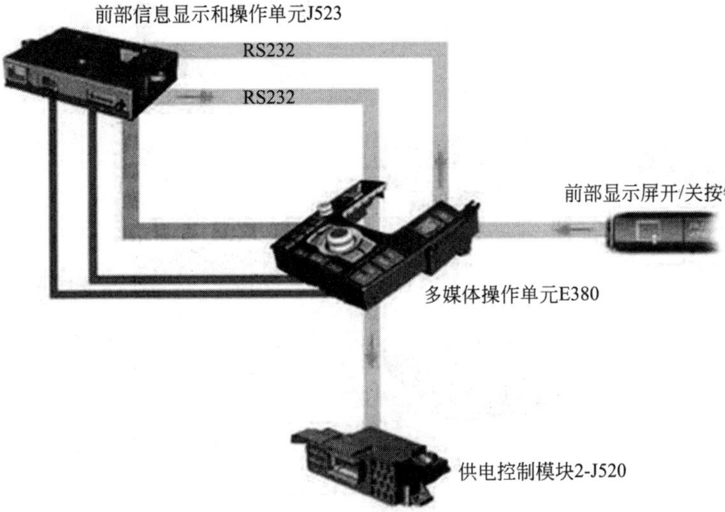

图 3-29 多媒体操作单元通信流程

“串口”这个名词是计算机技术中所用的，其含义是，数字信息是一个接一个（串行）传递的。每条导线上的信息是单向传递的，所以 2 个控制单元间就需要两条导线来进行数据交换。控制模块上的用于接收数据的插头上标有缩写字母 RX（表示接收）。控制模块上的用于发送数据的插头上标有缩写字母 TX（表示发送）。当操作按键或调节器时，串口由控制模块 J523 的自诊断功能来监控。如果数据交换出现问题，那么故障存储器内会记录故障。

4. 显示屏开/关按键 E462

该按键集成在前部中央副仪表板操作单元 E461 上。MOST 总线以及舒适 CAN 总线的唤醒过程大概需要 3～4s。因此若总线系统处于休眠状态，那么前部信息显示单元 J685 打开时会有延迟现象。

总线系统激活模式如图 3-30 所示。

总线系统休眠模式如图 3-31 所示。

唤醒导线是双向导线。当总线系统处于休眠模式时，操作按键，操作单元会将一个唤醒脉冲信号发送（只发送 1 次）给前部信息显示和操作控制模块 J523，以便启动系统。如果信息娱乐系统已由另一种唤醒过程激活了，那么控制模块会将一个唤醒脉冲发送给操作单元，以便激活其电子装置。

显示屏开/关按键的诊断地址码为 07，控制模块 J523 的故障存储器能够记录故障：操作单元和控制模块之间的数据传递有问题，操作单元上的一个或多个按键卡住或短路，显示单元开/关按键卡住或短路。

在测量数据块中可以显示以下信息：操作单元上按键和控制按钮的状态、显示屏开/关按键的状态。按键照明的亮度可在自适应模式下进行调节。

5. 多功能方向盘和仪表板上的显示屏

多功能方向盘和仪表板上的显示屏如图 3-32 所示。

多功能方向盘是标准装备。通过多功能方向盘可以操作 tiptronic、语音控制和音量调节，还可通过多功能方向盘来激活仪表显示屏上显示的各种功能。

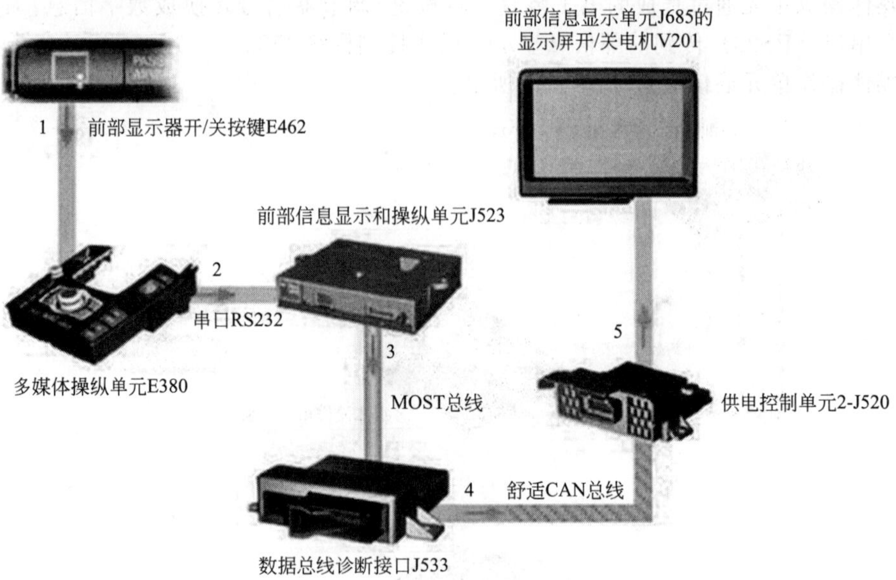

图 3-30　总线系统激活模式

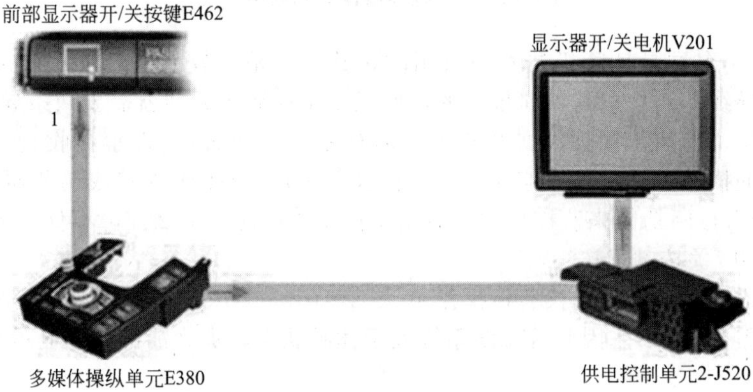

图 3-31　总线系统休眠模式

图 3-32　多功能方向盘和仪表板上的显示屏

方向盘上的操作单元是一个 LIN 总线从属控制模块。多功能方向盘的信号传输流程如图 3-33 所示。

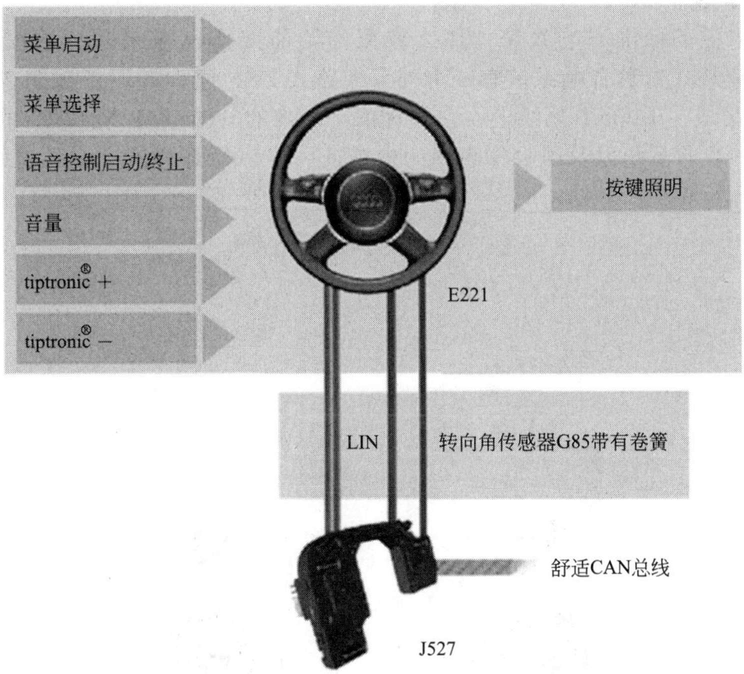

图 3-33 多功能方向盘的信号传输流程

E221—方向盘操作单元； J527—转向柱电气控制模块

方向盘操作单元 E221 接收方向盘上的按键和手轮信号，并将这些信号转换成数字信息。这些数字信息经 LIN 总线传到转向角传感器 G85 的卷簧，进而传到转向柱电气控制模块 J527。转向柱电子装置将这些信息从 LIN 总线传至舒适 CAN 总线。根据相关的功能，多功能方向盘信息由数据总线诊断接口 J533 分配到其他数据总线系统上。

方向盘操作单元的诊断地址码为 16。转向柱电气控制模块 J527 检查以下内容：LIN 总线与方向盘上操作单元 E221 的通信；tiptronic、MMI 按键和手轮以及其照明线路是否短路和断路。如果功能不正常，转向柱电气控制模块会记录相应的故障。

编码必须在转向柱电气控制模块的编码表中进行，此编码表说明方向盘的装备情况。

测量数据块能够显示以下内容：按键和手轮的信号输入，方向盘上操作单元 E221 的软、硬件版本，LIN 总线上的通信状况，加热式方向盘传感器 G428 的测量值。

可以通过执行元件检测功能来接通方向盘加热器及按键照明灯，从而检查工作是否正常。

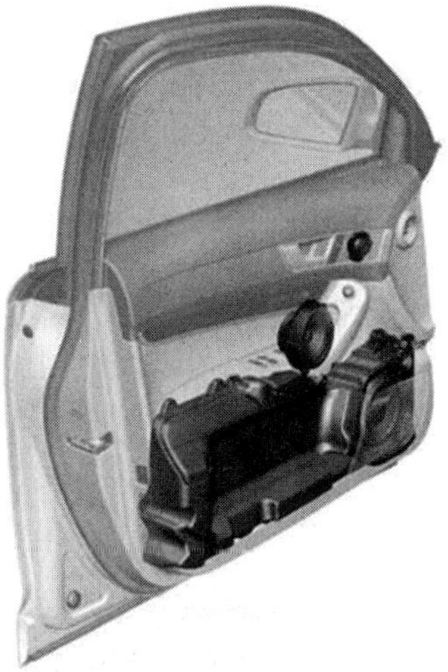

图 3-34 前车门上的超低音扬声器

三、 音响系统

配置不同，音响系统的类型也不同，但共同的特点是在前车门内安装了两个超低音扬声器，见图 3-34。

作为标准装备，前车门内装有双向扬声器系统，该系统的放大器集成在前部信息显示和控制模块 J523 上，放大器有两个各 20W 的输出级部件。这种标准的放大器模块的诊断地址码是 47。

（一）标准音响系统

如果车上装备了标准音响系统，那么就取消了前部信息显示和控制模块内的两个各 20W 的放大器模块。这种音响系统有一个外部七路式 DSP 放大器以及数字音响系统控制模块 J525。J525 集成在 MOST 总线上，它管理前车门内的三向系统、前车门的两个超低音扬声器、后车门的双向系统以及组合仪表内的中央扬声器。A6L 标准音响系统见图 3-35。

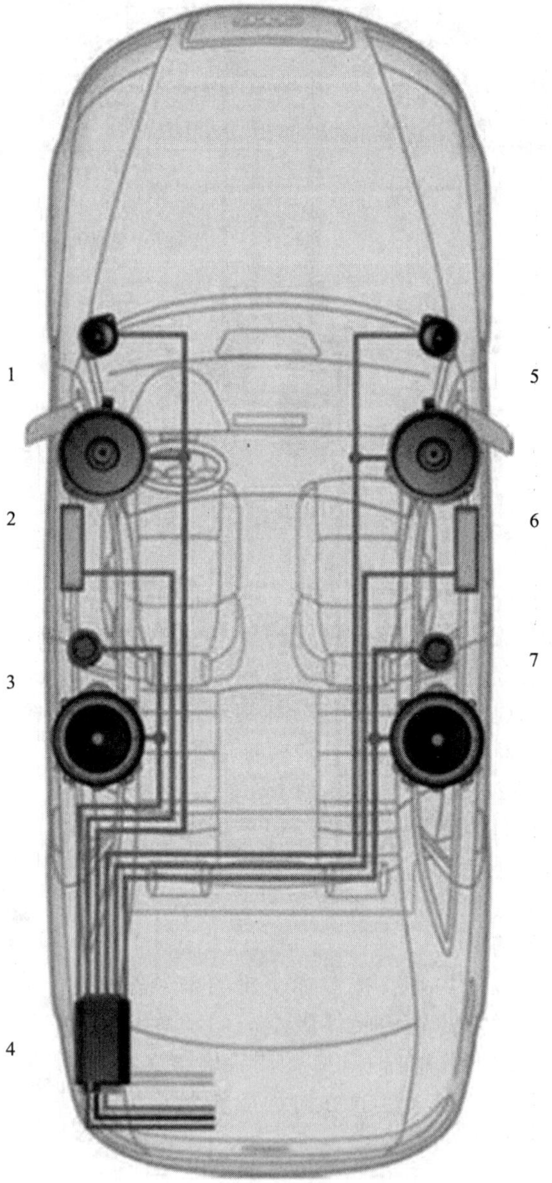

图 3-35　A6L 标准音响系统

1—左前中高音扬声器 R26；2—左前低音扬声器 R21；3—左后高音扬声器 R14 和左后中低音扬声器 R159；4—数据音响控制单元 J525；5—右前中高音扬声器 R27；6—右前低音扬声器 R23；7—左后高音扬声器 R16 和右后中低音扬声器 R160

标准音响系统的诊断工作可以通过诊断地址码 47 来完成。除了读取测量数据块和故障存储器外，还可以对所有的扬声器通道进行执行元件诊断。数字音响控制单元承担元件保护的任务。A6L 标准音响系统的测量数据块见表 3-2。

表 3-2　A6L 标准音响系统的测量数据块

测量数据块	说明
01	公共:蓄电池电压、接线柱状态
02	MOST:MOST 地址、POF 温度、光学下降
03	环形中断诊断线状态
04	系统:放大器模块、数字元件温度、转速表风扇
05	麦克风:麦克风输入电压
50	控制单元识别:生产日期、生产厂代码
51	控制单元识别:序列号

A6L 标准音响系统的执行元件诊断见表 3-3。

表 3-3　A6L 标准音响系统的执行元件诊断

序号	名称	顺序执行	选择执行
1	左前中高音扬声器 R26	○	○
2	右前中高音扬声器 R27	○	○
3	左后高音扬声器 R14	○	○
4	左后中低音扬声器 R159	○	○
5	右后高音扬声器 R16	○	○
6	右后中低音扬声器 R160	○	○
7	左前低音扬声器 R21	○	○
8	右前低音扬声器 R23	○	○

注:○表示诊断功能可执行。

（二）BOSE 音响系统

BOSE 音响系统有 8 个末级放大器。超低音装置分成两个单独的部分装在前车门内。在更换 BOSE 音响系统的元件时，一定要注意零件号和车型年款，这样才能保护系统正常工作。A6L 车型 BOSE 音响系统见图 3-36。

BOSE 音响系统的诊断工作也通过诊断地址码 47 来完成，不需要进行基本设定。执行元件诊断可以按顺序执行，也可以选择需要的元件来执行。A6L 车型 BOSE 音响系统测量数据块见表 3-4。

表 3-4　A6L 车型 BOSE 音响系统测量数据块

测量数据块	说明
01	公共:蓄电池电压
02	MOST:MOST 地址、POF 温度
03	环形中断诊断线状态
04	系统:放大器模拟、数字元件温度、转速表风扇

续表

测量数据块	说明
05	麦克风：Audio Pilot 麦克风和选装的语音操纵系统麦克风电压
50	控制单元识别：生产厂代码
51	控制单元识别：序列号

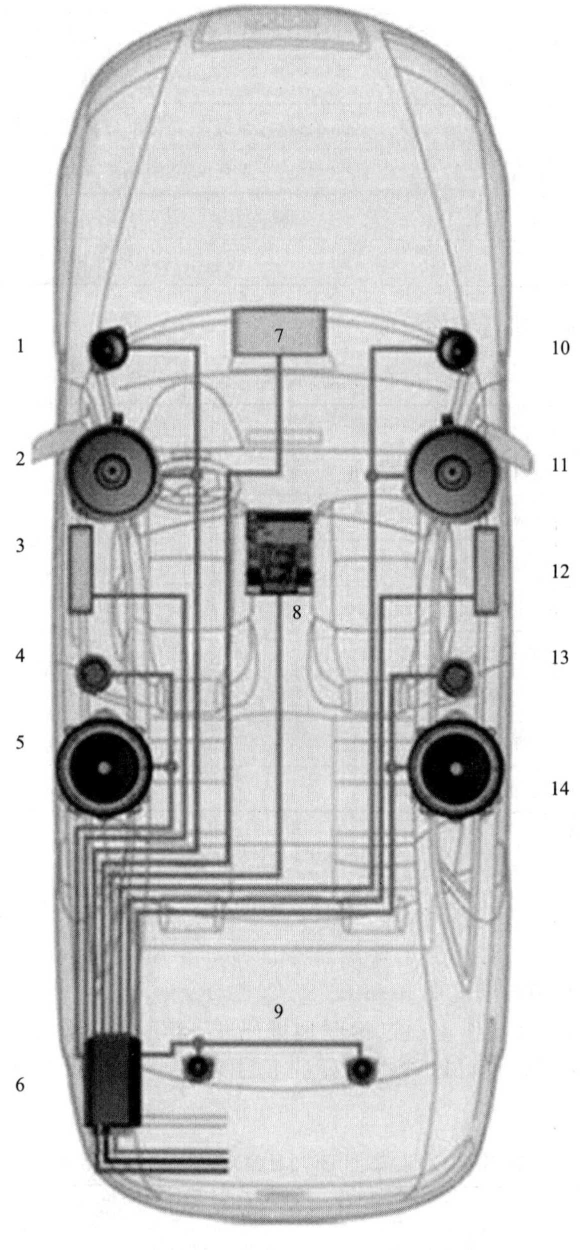

图 3-36　A6L 车型 BOSE 音响系统

1—左前高音扬声器 R20；2—左前中高音扬声器 R103；3—左前低音扬声器 R21；4—左后高音扬声器 R14；5—左后中低音扬声器 R159；6—数字音响控制单元 J525；7—中央中高音扬声器 R158；8—前部车顶内麦克风 R164；9—衣帽台内扬声器 R150；10—右前高音扬声器 R22；11—右前中音扬声器 R104；12—右前低音扬声器 R23；13—右后高音扬声器 R16；14—右后中低音扬声器 R160

A6L 车型 BOSE 音响系统的执行元件诊断见表 3-5。

表 3-5　A6L 车型 BOSE 音响系统的执行元件诊断

序号	名称	顺序执行	选择执行
1	左前低音扬声器 R21	○	○
2	右前低音扬声器 R23	○	○
3	左前高音扬声器 R20	○	○
4	右前高音扬声器 R22	○	○
5	左后高音扬声器 R14	○	○
6	右后高音扬声器 R16	○	○
7	左前中高音扬声器 R103	○	○
8	右前中音扬声器 R104	○	○
9	中央中高音扬声器 R158	○	○
10	衣帽台内扬声器 R150	○	○
11	左后中低音扬声器 R159	○	○
12	右后中低音扬声器 R160	○	○
13	控制单元内的风扇		○
14	数字音响控制单元 J525(自检)		○

注：○表示诊断功能可执行。

四、 收音机

奥迪 A3 收音机的诊断功能有了较大改进，它有用于诊断的 CAN 接口。当进行诊断仪测试时，可选择性地激活控制单元的测试功能。可以从组合仪表中读取收音机的四位收音机舒适编码，但该编码是不可用的。

杂物箱中的 CD 转换盒 R41 通过 Panasonic（松下）总线与收音机相连。该总线传递收音机的指令以及两个设备之间的同步化数据。

天线系统有三种配置方案：未安装收音机，仅在行李厢上安装了遥控中央门锁和防盗报警装置的天线 R47；自收音机 ChorusⅡ起，左侧天线模块 R108 安装在行李厢盖中，遥控中央门锁的控制装置也安装在其中；自收音机 Concert/SymphonyⅡ起，除了左侧天线模块 R108 外，天线放大器 R24 作为接收多样化信号的控制模块装在电路中。A3 后窗支架上的天线系统部件见图 3-37。

天线模块没有诊断能力，当它与天线放大器 R24 之间出现断路时，收音机可生成相关故障信息。例如，“控制输出天线 HF 中断”说明故障可能在天线放大器 R24 本身。

车顶后部的天线 R66 有三种接收方案：仅接收电话信息；接收电话信息和 GPS 信号（导航）；接收电话信息、GPS 信号和辅助加热装置 J364 的无线电信号。

五、 导航系统

例如奥迪 A3 车型，其带有 CD 驱动器的导航系统控制模块 J401 位于左后车轮罩处，系统的功能选择开关 E272 位于中控台中。A3 导航系统见图 3-38。

导航系统的诊断可通过 K 线来完成。在控制模块诊断中，可检查导航系统的扬声器和组合仪表的功能。在进行调整匹配时，通道 2 中的车轮脉冲值域调整范围为 0～49。通道 10

通过组合仪表的值 1 进行匹配，其他型号的导航设备在通道中的值为 0。若通道 10 的编码不是 1，则组合仪表的中央显示屏不显示导航信息。

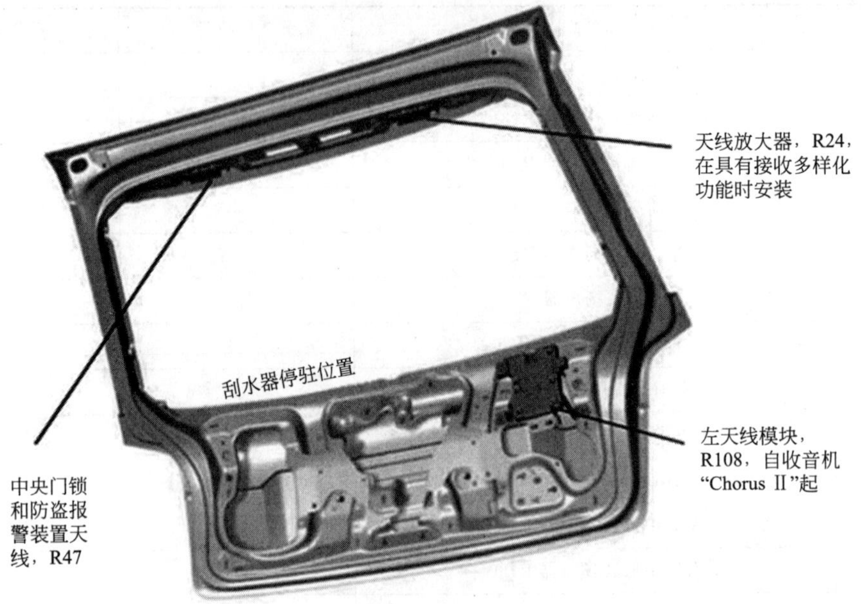

图 3-37　A3 后窗支架上的天线系统部件

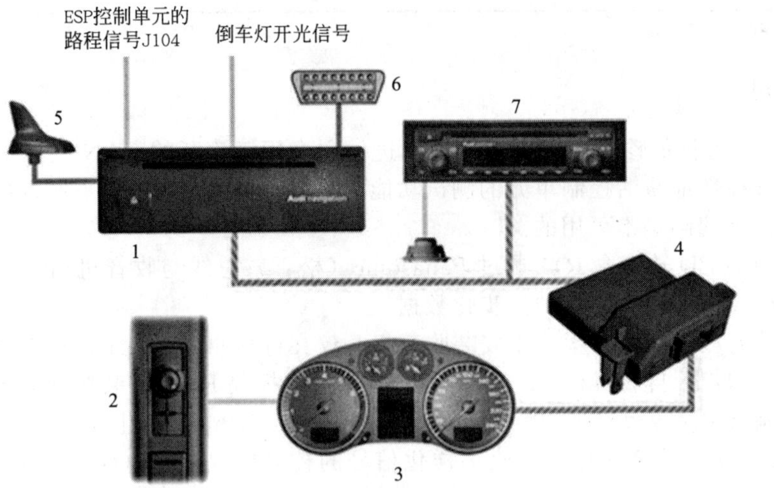

图 3-38　A3 导航系统

1—带 CD 驱动器的导航系统控制单元；2—多功能选择开关 E272；3—组合仪表；4—数据总线诊断接口；5—导航系统天线 R50；6—诊断插头（K 线）；7—收音机 R

六、电话系统

例如，奥迪 A6L 有两种电话系统，一种是固定电话系统，这种电话使用蓝牙受话器，只能配合高级型的 MMI；另一种是新开发的移动电话系统，这种手机准备系统合并在了信息娱乐系统的 MOST 总线上。A6L 电话系统见图 3-39。

手机准备系统通过 MMI 的“TEL”菜单来控制。电话发射和接收器 R36 作为一个标准装备与蓝牙模块装在一起。原则上蓝牙功能总是有的，即使没有连接手机座也是这样。但考虑到电磁兼容的原因，目前的蓝牙系统只有在手机放入手机座时才会工作。

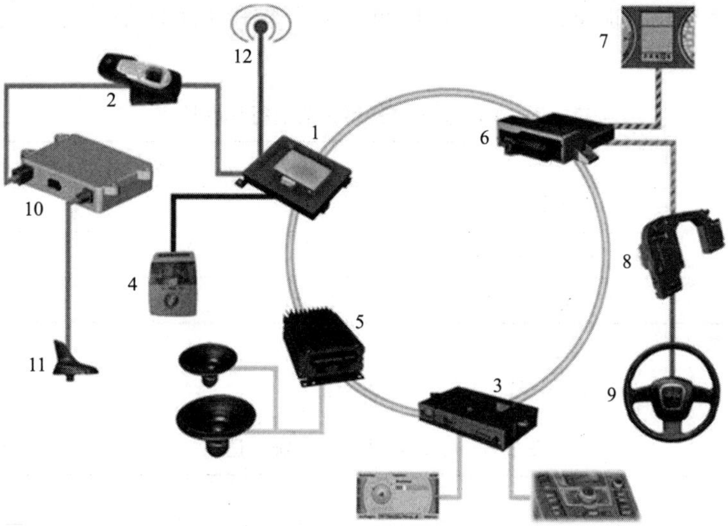

图 3-39 A6L 电话系统

1—电话发射和接收器 R36; 2—电话座 R126; 3—前部信息控制单元 J523; 4—麦克风 R140;
5—数字音响控制单元 J525; 6—音响系统; 7—数据总线诊断接口 J533;
8—转向柱电子控制单元 J527; 9—多功能方向盘控制单元 J453;
10—手机放大器(补偿器) R86; 11—导航系统 R50; 12—蓝牙天线 R152

每次将手机放入手机座时，存储在 SIM 卡上的电话簿会被读入到电话发射和接收器 R36 的存储器内。由于各种型号手机采用的数据格式不尽相同，因此可能出现无法读入手机内部电话簿的情况。

手机准备系统的诊断地址码是 77。可以通过执行元件检测功能来检查输出到音响系统、收音机静音的音频信号以及检测出系统是否识别到电话接通。A6L 手机准备系统测量数据块见表 3-6。

表 3-6 A6L 手机准备系统测量数据块

测量数据块	说明
01	公共:蓄电池电压
02	MOST:MOST 地址、POF 温度
03	环形中断诊断线状态
05	输入信号:手机已放好、手机已接通、通信正在进行
10	移动电话接受信号声强度
11	手机准备系统外部天线状态
14	当前连接的蓝牙装置
19	麦克风:麦克风电压、麦克风电流消耗
20	连接的蓝牙装置数量
48	电能管理控制单元 J644 的切断电压
80	控制单元识别:生产厂代码
81	控制单元识别:序列号
130	蓝牙天线状态

可以利用故障导航功能调出执行元件检测菜单。A6L 手机准备系统的执行元件检测见表 3-7。

表 3-7 A6L 手机准备系统的执行元件检测

序号	项目	顺序执行	选择执行
1	电话接通信号	○	○
2	适配器音频线		○
3	接适配器的通信线		○

注:○表示诊断功能可执行。

A6L 手机准备系统自适应见表 3-8。

表 3-8 A6L 手机准备系统自适应

自适应通道	说明
128	基本音频音量
129	手机随动时间,从 30s～30min 分成 7 个挡位
130	与音频部件同步的参考通道等待时间
131	麦克风灵敏度
133	蓝牙接通/关闭
134	蓝牙:只有在将手机放好后才有免提功能
135	修改蓝牙的 PIN
136	声响延迟值:按钮按下到确认声响起的时间间隔

七、 诊断

诊断仪使用的诊断地址码见表 3-9。

表 3-9 诊断仪使用的诊断地址码

诊断模块	前部信息显示和操作单元 J523	放大器（2×20W）	收音机 R	CD 机 R92	带 CD 机的导航系统控制模块 J401
地址码	07	47	56	0E	37

A6L 信息娱乐系统诊断模块具有的诊断功能见表 3-10。

表 3-10 A6L 信息娱乐系统诊断模块具有的诊断功能

诊断模块	前部信息显示和操作单元 J523	放大器（2×20W）	收音机 R	CD 机 R92	带 CD 机的导航系统控制模块 J401
控制单元识别	○	○	○	○	○
测量数据块	○	○	○	○	○
基本设定					
执行元件诊断					
编码	○	○			

续表

诊断模块	前部信息显示和操作单元 J523	放大器（2×20W）	收音机 R	CD 机 R92	带 CD 机的导航系统控制模块 J401
自适应	○			○	○
闪存编程	○	○	○	○	○
读取故障存储器	○	○	○	○	○
清除故障存储器	○	○	○	○	○

注：○表示诊断功能可执行。

八、 奥迪音乐接口

（一）概述

奥迪音乐接口（Audi music interface）可以将便携式媒体播放器（如 Apple iPod、USB 存储器）集成到奥迪的 MMI 中。利用诸如艺术家、专辑、曲目和类型等选项，使用者可以很方便地通过 MMI 控制面板或者多功能方向盘来浏览整个音乐合集的内容。

1. 接口功能

（1）播放存储在播放器内的所有曲目（不包括带有数字版权保护的文件）。

（2）利用 MMI 控制面板或者多功能方向盘来操纵移动的终端设备。

（3）在 MMI 显示屏上显示播放列表、艺术家、专辑、曲目和类型。

（4）自动搜索（SCAN）、随机播放（MIX/RANDOM）和重播（REPEAT）。

（5）选择上一个曲目和下一个曲目。

（6）快进和快退。

（7）通过适配电缆获得电源。

2. 支持的播放器

所有第四代及以后的 Apple iPod 和 USB 存储媒介都可以实现按艺术家、曲目、播放列表和类型来播放。如果连接移动和终端设备，那么需要使用一根专用的适配电缆。该电缆可作为奥迪原装附件来订购。

3. 电缆种类

目前的电缆有 Apple iPod 适配电缆、USB 适配电缆、Mini-USB 适配电缆、插塞适配电缆。

（二）安装位置

奥迪音乐接口就是外置媒体播放器与 MMI 之间的一个接插装置。外置的音频播放器可以通过各种不同的适配电缆连接到奥迪音乐接口上。

奥迪音乐接口由一个控制单元和一个装外置播放器的盒子组成，该盒子的大小为 1-DIN-CD 播放器的体积。奥迪音乐接口通过 MOST 总线与车上其他控制单元进行通信联系。在 MMI 中，可以利用按钮“MEDIA”和按钮“QUELLE”（播放源）来选择奥迪音乐接口。

在 A4、A5、A6 和 A8 车上，奥迪音乐接口安装在手套箱内。在 Q7 车上，奥迪音乐接口安装在中央扶手座下方的 1-DIN 支架上，见图 3-40。

（三）联网

奥迪音乐接口通过 MOST 总线与其他娱乐信息部件进行通信。可以利用多功能方向盘来操控奥迪音乐接口，并将显示信息发送到组合仪表的中央显示屏上。奥迪音乐接口的联网见图 3-41。

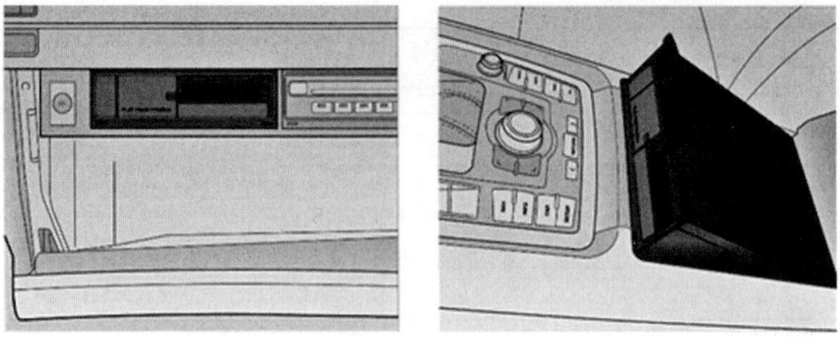

手套箱部位　　中央扶手座部位

图 3-40　奥迪音乐接口的安装位置

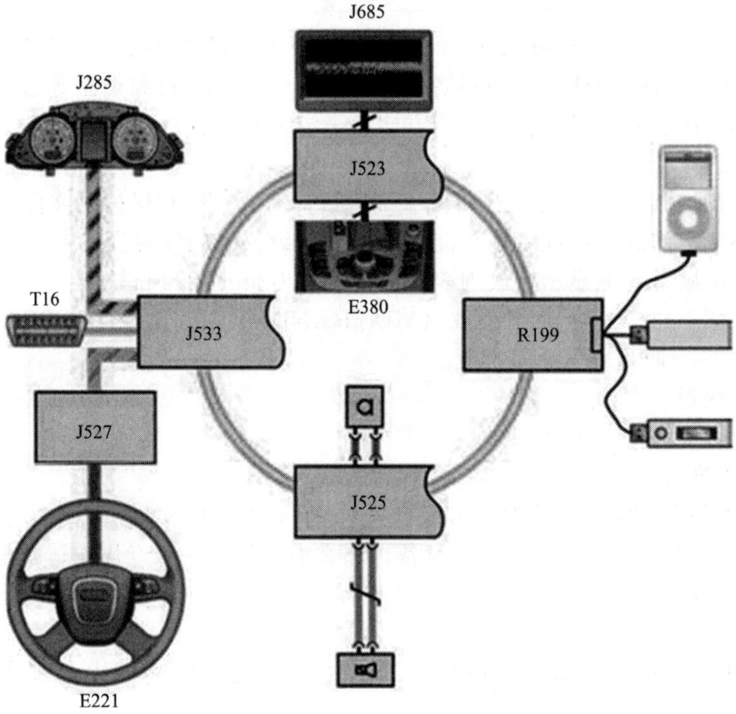

图 3-41　奥迪音乐接口的联网

E221—方向盘上的操作单元；E380—多媒体系统操作单元；J285—组合仪表；
J523—前部信息显示和操作单元；J525—数据音响控制模块；J527—转向柱电子控制模块；
J533—数据总线诊断接口；J685—前部信息显示和操作单元显示屏；R199—外接音频源控制模块；T16—诊断座

不能通过语音操纵系统（语音输入控制模块 J507）来操控奥迪音乐接口。外置音频播放器的数据格式是由用户自己确定的。由于有多种数据格式，通过语音对话来操纵奥迪音乐接口就比通过 MMI 面板操作要困难，因此就不采用语音来进行操纵了。

由于奥迪音乐接口（外接音频源控制模块 R199）需要前部信息显示和操作单元 J523 内的相应软件来实现操作和显示功能，因此目前奥迪音乐接口只能用在配备彩色显示屏的 MMI 车上。

（四）适配电缆和装置

1. Apple iPod 接口

奥迪音乐接口可以通过一根适配电缆与最新型的 Apple iPod 进行通信。这种适配电缆是选装附件，见图 3-42。

Apple iPod 与车辆连接之后，所有主要的音乐功能菜单都会显示在 MMI 显示屏上，并可通过 MMI 控制面板来操作。只要在车上接通 MMI，那么 Apple iPod 内的电池就可以通过适配电缆来充电。Apple iPod 的充电电压为 5V，这与 USB 装置的供电电压是相同的。

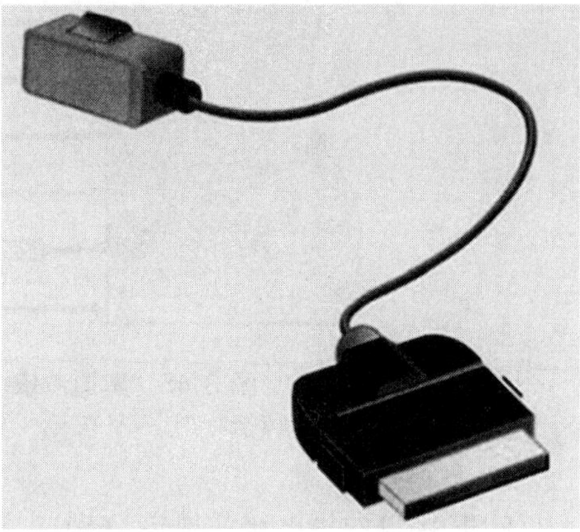

图 3-42 Apple iPod 适配电缆

奥迪音乐接口与 Apple iPod 之间的通信电路图见图 3-43。

奥迪音乐接口将前部信息显示和操作单元 J523 的指令传送至 Apple iPod，于是 Apple iPod 开始播放所选的曲目。这个曲目随后通过适配电缆以模拟信号的形式传送至奥迪音乐接口。因此从这个方面上讲，存储在 Apple iPod 上的曲目数据格式是没有什么意义的。这种播放方式还可以播放具有版权保护（DRM）且与 Apple iPod 兼容的曲目。

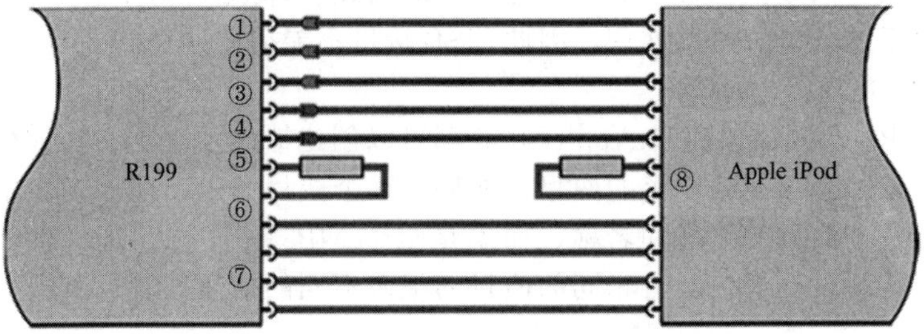

图 3-43 奥迪音乐接口与 Apple iPod 之间的通信电路图

R199—外接音频源控制模块；①—左声道；②—右声道；③—音频接地；④—5V 充电；⑤—31 号线（接地）；⑥—奥迪音乐接口识别电阻；⑦—数据总线；⑧—Apple iPod 识别电阻

曲目的文本信息以数字信号的方式被传送至奥迪音乐接口，然后再传送至 MMI 显示屏和组合仪表的中央显示屏。当播放视频文件和视频播客时，只能播放声音信号。Apple iPod 存储的图片是无法显示在 MMI 的显示屏上的。

2. USB 接口

USB 接口有两种规格：标准 USB 接口和 Mini-USB 接口。这两种 USB 接口适配电缆是选装附件，见图 3-44。

可以使用以下 USB 存储媒介：USB-Stick（便携式存储棒）、单读卡器、多读卡器（第一个使用的槽）、MP3-USB 播放器、MP3-USB-Player（使用媒体协议，软件版本在 700 021-003 以上）、外置 USB 闪存装置、外置 USB 硬盘（1in、1.8in、2.5in，最大电流为 800mA）。奥迪音乐接口与 USB 装置之间的通信电路图见图 3-45。

图 3-44 USB 接口适配电缆

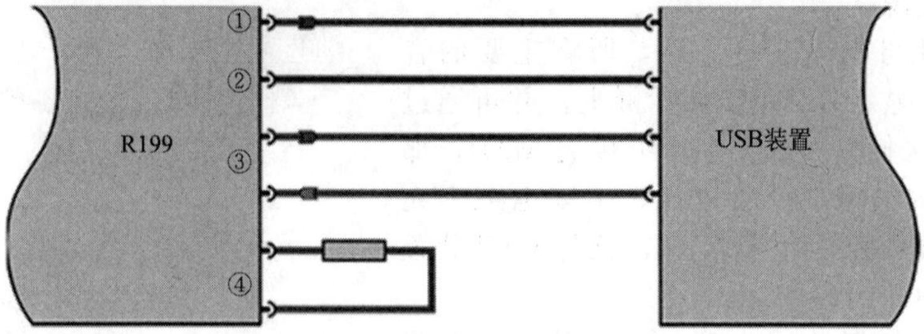

图 3-45 奥迪音乐接口与 USB 装置之间的通信电路图

R199—外接音频源控制单元； ①—5V 充电； ②—31 号线（接地）； ③—数据总线； ④—USB 电缆识别电阻

USB 接口的供电统一规定为 5V。奥迪音乐接口为 USB 接口提供的最大电流为 800mA。只要接通车上的 MMI 且 USB 装置的电池能通过 USB 接口充电，那么 USB 装置内的电池就能通过 USB 接口适配电缆进行充电。电流消耗较大的 USB 装置（如较大的 USB 硬盘）则无法通过 USB 接口适配电缆来获得足够的供电。

曲目由 USB 接口以数字信号的形式传送至奥迪音乐接口。奥迪音乐接口通过内部的解码器将曲目转换成音频数据。音频数据通过 MOST 总线来传送。对于有 DRM（数字版权管理）的曲目，由于进行了防拷贝处理，因此 USB 接口不能播放这样的曲目。

3. USB 媒介的播放列表

所有现行的 PC 音频播放器和 Apple iPod 都可以创建播放列表。在播放列表中，可以确定哪个顺序来播放某个数据载体上的曲目。如果将某个曲目加入到播放列表中，那么播放列表中包含的仅是这个曲目的路径和名称，而不是整个 MP3 文件。因此，播放列表的文件是非常小的。这样，就可以将包括有相同的曲目的很多不同的播放列表以节省空间的方式存储起来。

奥迪音乐接口可以用相对路径名或绝对路径名来使用列表条目。相对路径名是指不含驱动器字母的路径。如果 MP3 文件的路径名中含有驱动器的字母，那么它就是绝对路径名。

4. MIX 模式（随机播放模式）

在 MIX 模式下可以按随机顺序来播放曲目。可选的随机的曲目数目可以在设置菜单中的重放/随机项目中来确定。MIX 模式也可以用于播放列表。随机播放模式见表 3-11。

表 3-11 随机播放模式

重放/随机	启用随机播放模式
关闭	随机播放数据载体上的所有曲目
列表	随机播放数据载体上的当前所选曲目
曲目	取消随机播放模式，因为总在重复播放同一首曲目

5. 模拟信号的音频传送接口

有一种适配电缆用于模拟信号传输，该电缆有一个 3.5mm 的立体声插头。这个插头可以插到 Line-Out 插口上，也可以插到外接装置的耳机插口上，见图 3-46。

使用这个插头可以将很多移动装置连接到奥迪音乐接口上。通过这根外接音频电缆可以将曲目以模拟信号的方式传输到奥迪音乐接口上。外接装置无法通过这根电缆来充电，因为它只有接地、左声道和右声道这三根线。奥迪音乐接口与模拟信号音频适配电缆的通信电路图见图 3-47。

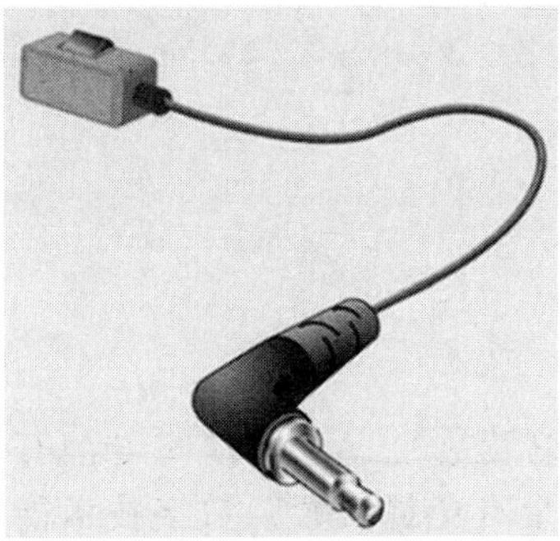

图 3-46　模拟信号的音频适配插头

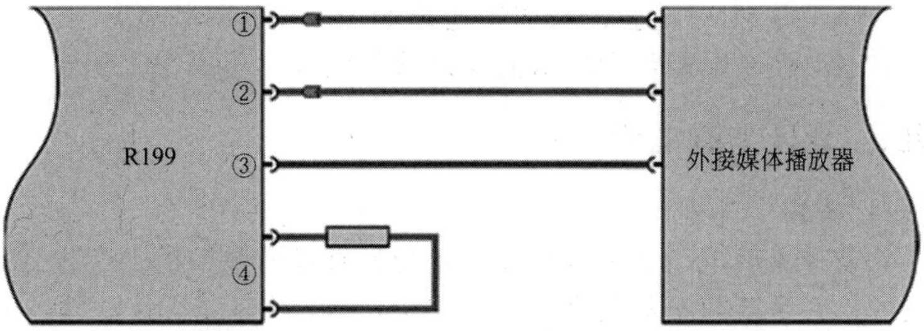

图 3-47　奥迪音乐接口与模拟信号音频适配电缆的通信电路图

R199—外接音频源控制单元；①—左声道；②—右声道；
③—音频接地；④—模拟信号音频适配电缆的识别电阻

外接装置不同，发送音频信号的音量也不同。如果使用耳机插口将外接装置连接到奥迪音乐接口上，那么可以在外接装置上来调节信号大小。当使用耳机插口时，建议将音量设置到约 70%。外接装置的音量可在奥迪音乐接口的设置菜单中与其他 MMI 装置（如收音机、CD 机等）的音量进行匹配。只有当采用 3.5mm 插头适配电缆来连接奥迪音乐接口时，才可以进行这种方式的音量匹配。

（五）软件升级

1. 通过 CD 进行升级

与其他控制单元一样，奥迪音乐接口也可以在 MOST 总线上通过 CD 来进行软件升级。当通过 CD 进行软件升级时，奥迪音乐接口的整个软件都被更新了。

售后服务中使用的升级 CD 一般不包含固件升级内容，因为固件升级内容是在升级 CD 生成后才出现的。因此，当通过 CD 完成升级后，可能需要通过 USB 存储棒来进行固件升级。

2. 通过 USB 存储棒来进行升级

外接音频播放器一般在很长一段时间内都会有新的且内容丰富的软件可供使用。为了使奥迪音乐接口总能保持最新状态以便与外接音频播放器兼容，需要使用 USB 存储棒来进行奥迪音乐接口的软件升级。

USB 存储棒只能对奥迪音乐接口软件的一部分进行升级。奥迪音乐接口的整个软件分成不同的模块，如驱动模块、诊断模块、用于与外接装置进行通信的各种接口模块等。此外，在整个软件中还包含一个软件防火墙，它可以保证外接装置上的软件不会影响奥迪音乐接口的驱动软件以及车上其他控制单元的软件。

当通过 USB 存储棒进行软件升级时，驱动软件和诊断软件保持不变，软件版本的主号也不变。

3. 奥迪音乐接口软件的版本

奥迪音乐接口软件和版本可以利用诊断仪在身份识别菜单中显示出来。软件版本自 700 021-003 以后才能在 MMI 中读取出来。读取奥迪音乐接口软件版本的操作步骤如下。

（1）插上 USB 装置。

（2）在 MMI 的设置菜单中关闭重播功能。

（3）拔下并再次插上 USB 装置。

（4）在开始播放第一首曲目的 10s 内，利用 MMI 的功能按钮将曲目跳至 USB 装置中的最后一首曲目处。

(5) 用 MMI 的控制按钮来启用 MANUELL 模式（手动）。

(6) 用 MMI 的控制按钮来选择 INFO 项目（信息）。

(7) 在专辑栏目中显示的就是软件版本。

九、 蓝牙车载电话

(一) 概述

蓝牙车载电话是选装装备，是为带有导航系统的 A4 和 A5 以及 A6、A8、Q7 车专门开发的。它是双频车载电话，使用 GSM-900 和 GSM-1800 网，还带有免提装置。数字技术能够排除行车时产生的干扰噪声。此外，这种电话使用新型 SIM 卡接入模式（SAP），因此就可以通过蓝牙来连接手机了，而不需要使用移动电话内的 GSM 模块（即不必使用手机适配器）。

可以通过 MMI 或者多功能方向盘来操纵蓝牙车载电话，也可以在车载电话上直接调用地址簿上的条目和电话号码。

蓝牙车载电话可以选装无绳手持话机，该话机配备了 SIM 卡阅读器和彩色显示屏，还可以通过自动识别功能来实现私密通话和短信发送。

(二) 安装位置

蓝牙车载电话是一个组合体，它包括固定电话和手机准备系统。它有一个通用的接口，各种不同的手机都可以通过蓝牙与这个接口相连。蓝牙车载电话可配备所有具有 MOST 总线的车。

A4、A5 的蓝牙车载电话装在右前座椅的前方。A6、A8 的蓝牙车载电话装在左前座椅的前方。Q7 的蓝牙车载电话装在右前座椅的下方。

(三) 联网

蓝牙车载电话通过 MOST 总线与其他信息娱乐部件进行通信。可以通过多功能方向盘来操纵蓝牙车载电话，并将显示信息发送到组合仪表的中央显示屏上。此外，还可以通过选装的语音对话系统（语音输入控制单元 J507）来操纵蓝牙车载电话。蓝牙车载电话的网络连接见图 3-48。

(四) 蓝牙装置

1. 蓝牙标准

蓝牙是一种短距离范围内的无线电通信方式。根据蓝牙通信协议，可以实现各种电子装置之间的通信，其信号发射频段有 79 个频道可供使用。在发射频率范围内工作的有 W-LAN、微波和电话。在传送无线电数据过程中，蓝牙模块转换无线电频道的次数可达每秒 1600 次。这就使得信号传送不受某一个频率的干扰影响，并且可以提高防窃听能力。

蓝牙技术既可支持语音通信，也可支持数据通信。如果需要将两种装置以蓝牙标准来进行通信，那么这两种装置就必须支持同一种蓝牙模式。蓝牙模式是指两种装置之间进行通信的语言。

蓝牙车载电话支持带有 SIM 卡接入模式和免提模式的移动电话。准许使用的电话列表可在奥迪网站上查到。手持话机在电话接入模式下与电话发射和接收单元 R36 相连。系统不支持其他的蓝牙模式。

2. SIM 卡接入模式（SAP 或 rSAP）

这种模式用于从手机中读取 SIM 卡数据。此后就可以使外接电话使用 SIM 卡中所有的相关数据，这样电话才能工作。

3. 免提模式（HFP）

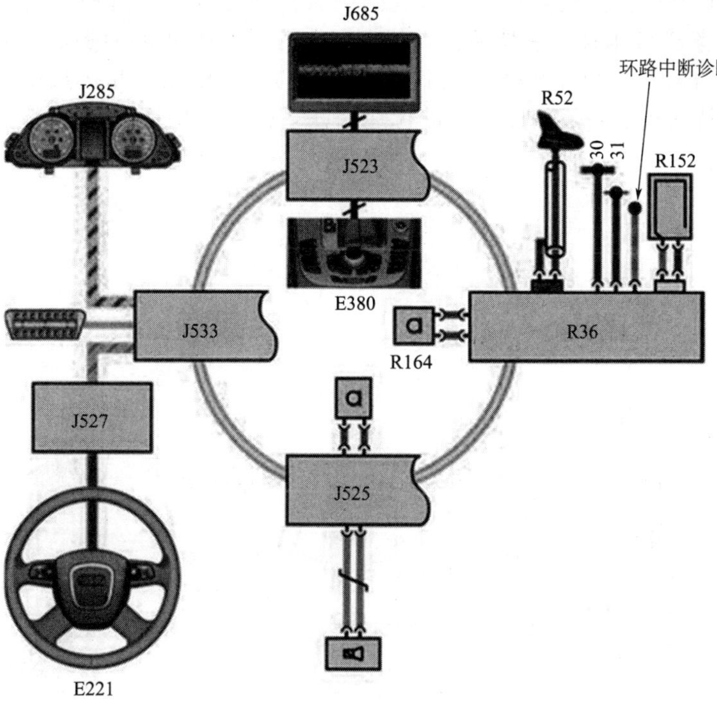

图 3-48　蓝牙车载电话的网络连接

E221—方向盘上的操纵单元； E380—多媒体系统操纵单元； J285—组合仪表； J523—前部信息显示和操纵单元；
J525—数字音响包控制单元； J527—转向柱电子控制单元； J533—数据总线诊断接口； J685—前部信息显示单元；
R36—电话发送和接收单元； R52—收音机、 电话和导航系统的天线； R152—蓝牙天线；
R164—前部车顶模块中的麦克风； 30—30 号电源； 31—接地

这种模式用于免提通话装置，它控制手机和免提通话装置或者耳机之间的通信。免提通话装置或者耳机对于手机来说，只是作为操纵、显示和通话单元来使用。在免提模式下，GSM 无线数据传送是通过手机来进行的。

4．匹配

两个蓝牙装置的首次连接被称为匹配。在匹配过程中，两个蓝牙装置相互交换蓝牙识别信号。如果成功地完成了这个匹配过程，那么连接上的蓝牙装置就会被记录到另一个装置的内部列表中。即使随后断开蓝牙连接，这个记录内容也仍然保留在这个列表中。

如果两个装置以前曾经匹配过了，那么以后再进行连接，就容易多了。

5．可见性

所谓“可见”，是指在进行蓝牙装置匹配过程中，另一个蓝牙装置在试图寻找本蓝牙装置时，本蓝牙装置会以蓝牙装置的身份出现。所谓“不可见”，是指本蓝牙装置对其他蓝牙装置的搜寻不作反应。

如果两个蓝牙装置彼此曾经匹配过，也就是说每个装置已经被记录在对方的蓝牙装置列表中了，那么它们也可以作为不可见装置来进行连接。

（五）工作模式

可以采用多种模式来使用蓝牙车载电话。每种工作模式都有自己的使用优势。蓝牙车载电话不能同时工作在多种工作模式下。蓝牙车载电话只能与 SIM 卡或者移动电话相连。

1．手持话机内插入 SIM 卡的工作模式

只有当车上装备选装的手持话机时，才能使用这种工作模式。手持话机内插入 SIM 卡

的工作模式具有最高的优先权。在手持话机已接通且已与电话发送和接收单元 R36 连接好的情况下，如果将 SIM 卡插入手持话机，那么现有的所有移动电话的蓝牙连接都将被中断。

在手持话机内插入 SIM 卡的工作模式下，使用的是电话发送和接收单元 R36 的电话接收器。R36 与手持话机之间是通过蓝牙进行通信联系的。手持话机内插入 SIM 卡的工作模式见图 3-49。

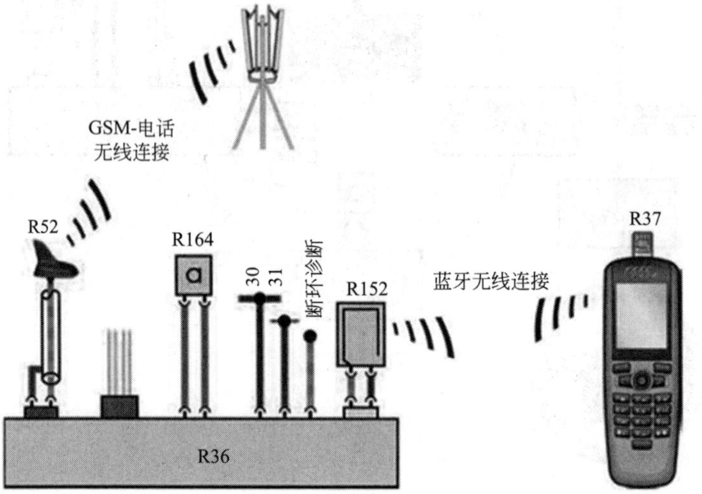

图 3-49　手持话机内插入 SIM 卡的工作模式

R36—电话发送和接收单元；R37—手持话机；R52—收音机、电话和导航系统天线；R152—蓝牙天线；R164—前部车顶模块中的麦克风；30—30 号电源；31—接地

（1）手持话机与电话发送和接收单元 R36 的连接。要想使用手持话机，就必须将手持话机通过蓝牙与电话发送和接收单元 R36 进行匹配，见图 3-50。

只能有一个手持话机与电话发送和接收单元 R36 进行匹配。如果因测试目的而想将另一个手持话机与电话发送和接收单元 R36 进行匹配，那么必须先从蓝牙装置列表中清除当前的手持话机。

（2）短信息（SMS）。通过手持话机可以写和读短信息。MMI 显示屏上只能读短信息。所有的短信息都存储在 SIM 卡中。如果 SIM 卡满了，那么就必须使用 MMI 或者手持话机来清除短信息（单个或所有），然后才能再次发送短信息。

当 MMI 显示屏的下行中出现一个带斜杠的信封符号时，表示 SIM 卡已经满了。

（3）手持话机插入 SIM 卡后的可执行功能。可以通过多功能方向盘、MMI 和手持话机来操纵电话；可以打电话；可以通过手持话机来发送短信息；可以通过 MMI 或手持话机来读取短信息；可以将短信息存储到 SIM 卡上；可以拒接来电、保持通话和继续通话；可以进行电话会议；可以启用个人模式（关闭车上的扬声器）。

2. SIM 卡接入模式

在 SIM 卡接入模式下，蓝牙车载电话可以借助蓝牙通信来使用具有蓝牙功能的移动电话的 SIM 卡。这个移动电话必须能够支持这种蓝牙模式。

当启用 SIM 卡接入模式后，蓝牙车载电话就等同于一个固定电话。移动电话只起 SIM 卡基座的作用。SIM 卡信息通过蓝牙以无线电通信方式被传送到蓝牙车载电话中。只有当电话发送和接收单元 R36 与移动电话之间已经建立起蓝牙连接后，才能通过 MMI 来打电话。当建立起蓝牙连接后，移动电话就关闭其 GSM 信号接收器。GSM 信号由电话发送和接收单元 R36 内的 GSM 信号接收器来接收。SIM 卡接入模式见图 3-51。

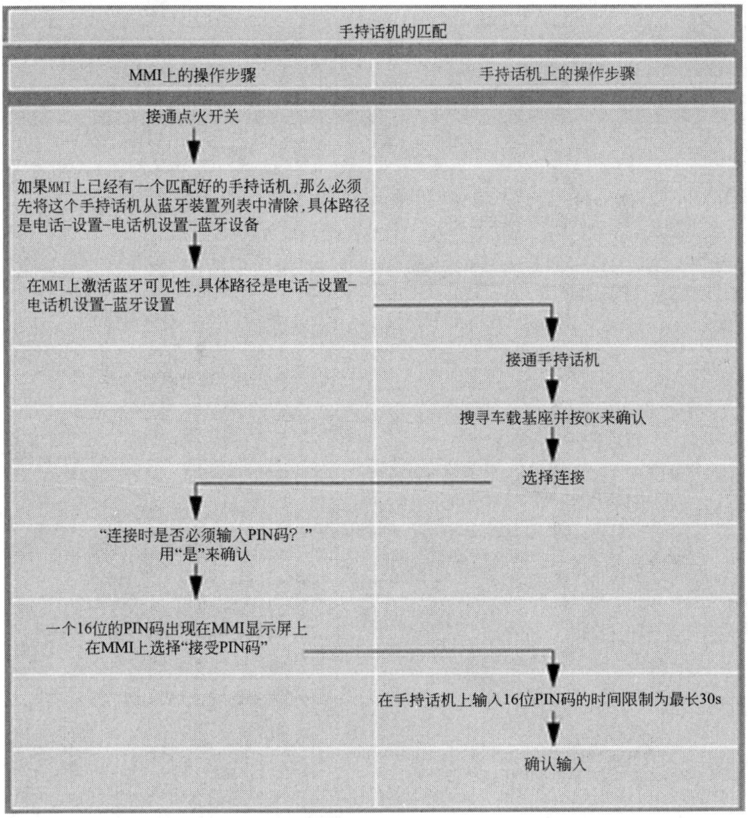

图 3-50 手持话机与电话发送和接收单元 R36 之间的匹配流程

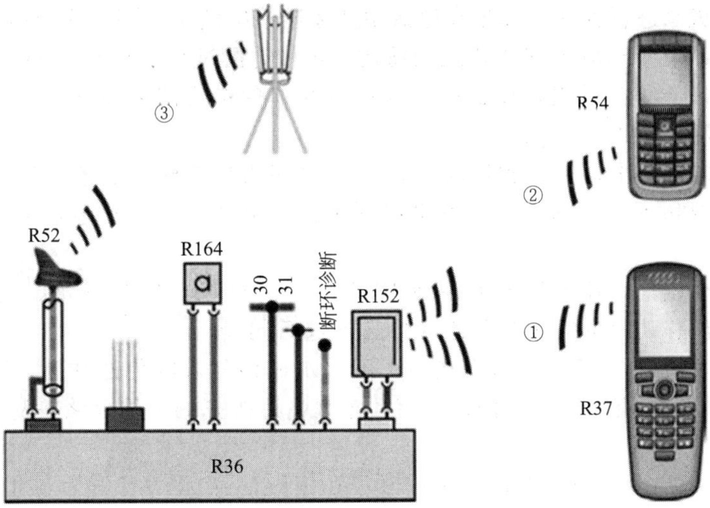

图 3-51 SIM 卡接入模式

R36—电话发送和接收单元； R37—手持话机； R52—收音机、电话和导航系统天线；
R54—移动电话； R152—蓝牙天线； R164—前部车顶模式中的麦克风； ①—电话接入模式下的蓝牙连接；
②—SIM 卡接入模式下的蓝牙连接； ③—GSM（电话）连接； 30—30 号电源； 31—接地

当正在建立蓝牙连接时，移动电话是无法输入任何操作指令的。这时需使用 MMI 或者

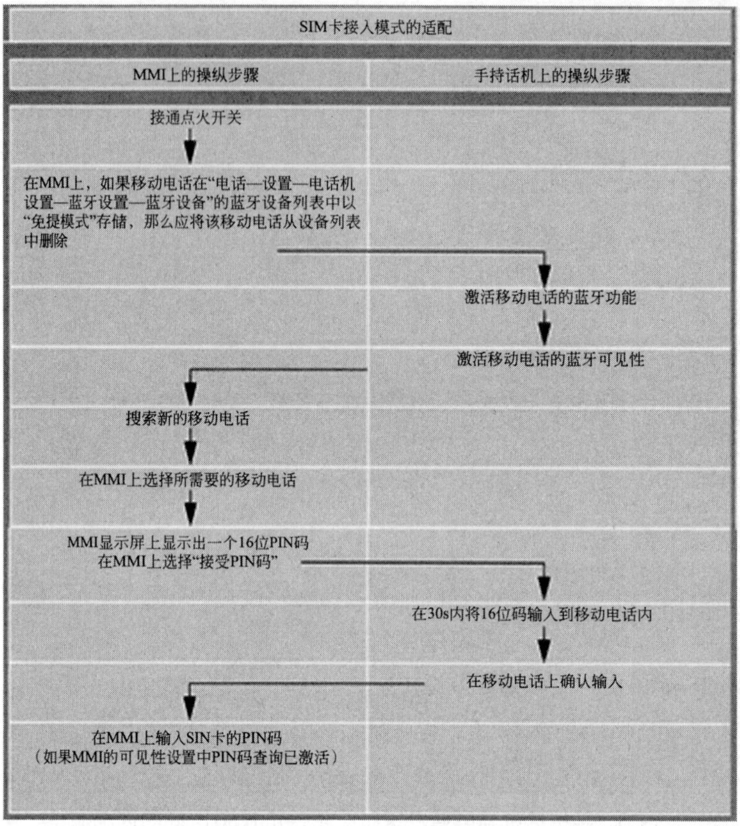

图 3-52　移动电话针对 SIM 卡接入模式的适配流程

选项中的手持话机来进行操作。如果在通话中蓝牙连接中断了，那么这个通话就被终止。

（1）移动电话针对 SIM 卡接入模式的适配。这种适配过程必须在 MMI 上进行。如果在移动电话上进行这个适配过程，那么蓝牙连接总线以免提模式来建立。移动电话针对 SIM 卡接入模式的适配流程见图 3-52。

（2）当移动电话与电话发送和接收单元 R36 之间成功地建立起连接后，SIM 卡上的电话本就被拷贝到 R36 中了。对于某些移动电话来说，可能会将移动电话的内部电话本也拷贝到 R36 中。

对于每部移动电话，R36 最多可存储 1255 个电话号码。在 MMI 的“电话机设置”菜单中，可以选择让移动电话的哪个电话本与 R36 进行同步。

（3）通话列表。在 SIM 卡接入模式下，不提供通话列表的传送功能。因此，移动电话和 MMI 的通话列表不能进行同步操作。蓝牙车载电话拨打的电话存储在蓝牙车载电话的通话列表中。

（4）短信息（SMS）。通过手持话机可以写和读短信息。MMI 显示屏上只能读短信息。所有的短信息都存储在 SIM 卡中。如果 SIM 卡满了，那么就必须使用 MMI 或者手持话机来清除短信息（单个或所有），然后才能再次发送短信息。当 MMI 显示屏的下行中出现一个带斜杠的信封符号时，表示 SIM 卡已经满了。

存储在移动电话内部存储器中的短信息无法在 SIM 卡接入模式下被传送到电话发送和接收单元 R36 中，MMI 显示屏和手持话机上都不能读出这些短信息。

3. 免提模式

在免提模式下，移动电话借助蓝牙通信将蓝牙车载电话当作免提通话装置来使用。这种蓝牙连接在通用手机准备系统上就曾经使用了。蓝牙车载电话的免提模式见图 3-53。

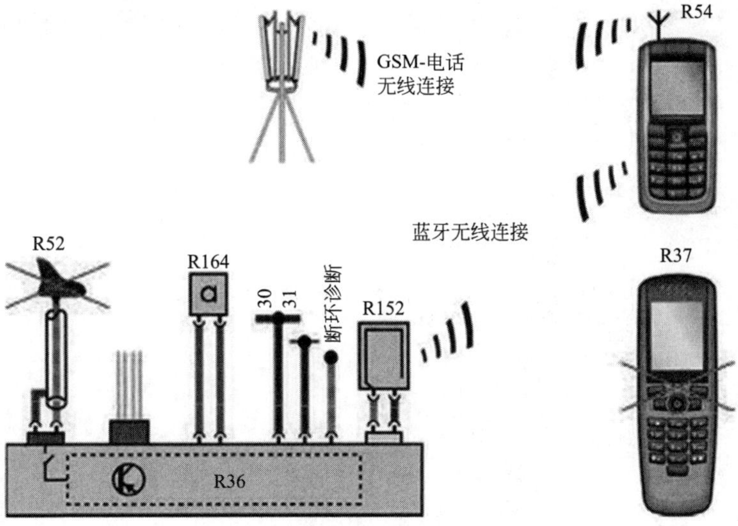

图 3-53 蓝牙车载电话的免提模式

R36—电话发送和接收单元； R37—手持话机； R52—收音机、 电话和导航系统天线； R54—移动电话； R152—蓝牙天线； R164—前部车顶模式中的麦克风； 30—30 号电源； 31—接地

启用免提模式后，MMI 可作为操纵、显示和通话单元来使用。由于 GSM 信号通过移动电话来传送，因此需要使用移动电话中的 GSM 天线，但不使用蓝牙车载电话中的 GSM 部件和车上的电话天线。

在蓝牙连接已经建立的情况下，仍可用移动电话来打电话。如果正在通话时蓝牙连接中断了，那么可以直接在移动电话上继续这个通话，这就像拔下了移动电话的带线耳机（受话器）。

（1）移动电话针对免提模式的适配。该适配过程必须在移动电话上进行，其适配流程见图 3 54。

（2）免提模式下移动电话与控制单元之间的同步。当移动电话与电话发送和接收单元 R36 之间成功地建立起连接后，SIM 卡上的通话列表和电话本就被拷贝到 R36 中了。对于某些移动电话来说，可以将移动电话的内部电话本也拷贝到 R36 中。

在 MMI 的“电话机设置”菜单中，可以选择让移动电话的哪个电话本与 R36 进行同步。是否能读取内部电话本的内容，取决于移动电话。如果 MMI 的“电话机设置”菜单已经激活了相应的装置，但无法读取移动电话的内部电话本内容，那么基本上就是移动电话的问题。

（3）短信息（SMS）。只能通过移动电话来写和读短信息。MMI 不显示短信息，因为在免提模式下不支持短信息的传送。

（4）免提模式下的手持话机。当蓝牙车载电话在免提模式下工作时，手持话机（选装）就被关闭了。手持话机在免提模式下不能用来在 MMI 上操纵电话功能菜单或者打电话。

对于某些旧型号的移动电话来说，在将其以免提模式与蓝牙车载电话相连前，需要在 MMI 的蓝牙设备菜单中删除手持话机。

（六）一般特点

1. 与多个装置或者其他装置进行蓝牙连接

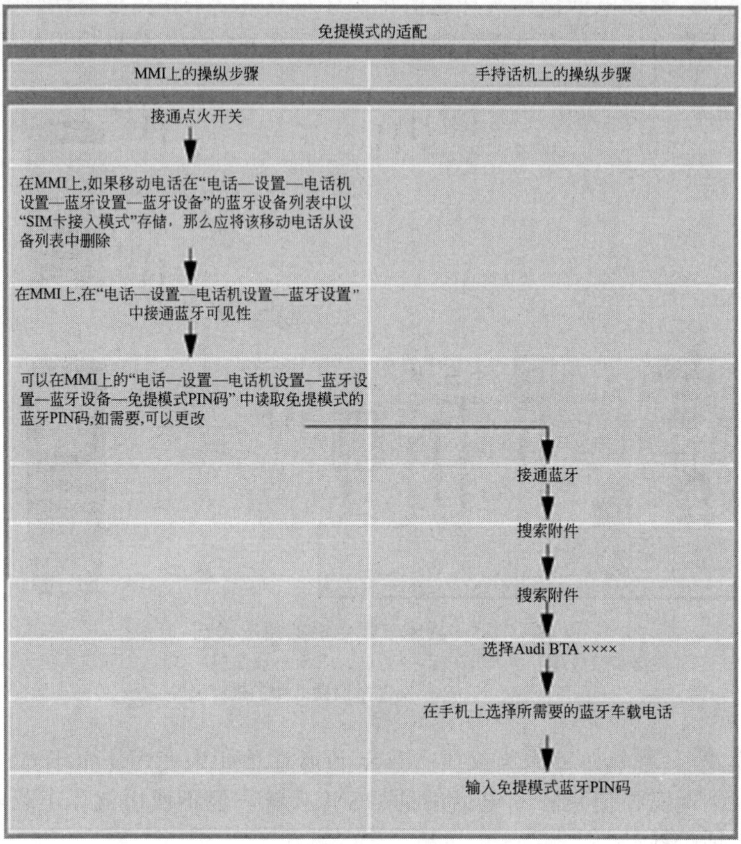

图 3-54　免提模式的适配流程

蓝牙连接是一种点对点的连接。当移动电话通过蓝牙与电话发送和接收单元 R36 连接后，其他的蓝牙移动电话就找不到 R36 了。也就是说，一次只能将一部移动电话与电话发送和接收单元 R36 相连。通过蓝牙无法与其他装置（如耳机、笔记本电脑等）进行连接。

2. 移动电话电池和充电

当移动电话在 SIM 卡接入模式下工作时，电池放电量是最小的。移动电话只是通过蓝牙与电话发送和接收单元 R36 进行通信，移动电话内的 GSM 发射器是关闭的。因此，蓝牙车载电话没有为移动电话充电的装置。

如果需要在车上为移动电话的电池充电，那么可以使用市场上出售的手机充电器。充电供电插头需要插在点烟器上。

3. 在车外为手持话机电池充电

手持话机下面有一个充电接口。利用这个接口可以连接手机的充电器。

第四章
通用 OnStar

第一节　通用 OnStar 功能体验

一、 参数和功能

通用 OnStar（安吉星）是在美国使用许久的一款车联网产品，是通用汽车研发的一套汽车安全信息服务系统，2008 年年底北美上市的 95%的通用汽车产品都安装了该系统。中国是北美之外首个导入安吉星系统的市场，自 2009 年 12 月在中国推出业务，最早搭载于凯迪拉克赛威车型，如今在上海通用的多个车型中均搭载了安吉星系统，包括凯迪拉克 XTS、SRS、CTS 等，别克新君威、新君越、昂科雷以及雪佛兰科鲁兹、爱唯欧等多种车型。

上海通用安吉星主要参数和功能一览表如表 4-1 所示。

表 4-1　上海通用安吉星主要参数和功能一览表

参数/功能	说明
操作系统(安卓/car paly 等)	—
屏幕类型(是否支持多点触控)	因车型而异,安吉星系统并无屏幕
菜单语言	中文
接口	无外接接口
产品尺寸	安吉星三个按键,位置因车型而异
第三方地图	安吉星后台运营维护
网络运营商	中国电信
APP 扩展(是否可以下载 APP)	不支持
蓝牙功能	支持
3G 上网	不支持
公用 WIFI	不支持
导航键和影音一键切换	支持

续表

参数/功能	说明
一键导航	一键语音导航
查看车况	车辆诊断月度报告、实时按需检测
电话功能	一键直拨功能,语音拨号
语音控制	一键语音控制
防盗追踪	被盗车辆定位,被盗车辆启动限制
道路救援	碰撞自动求助,紧急救援系统
后台服务中心	安吉星拥有强大的呼叫后台
紧急救援	支持
事故提醒	支持
远程操控	车门上锁解锁,汽车启动,位置提示
远程目的地	目的地、兴趣点、手机应用地址
多平台操作	安吉星手机应用
实时路况	北京、上海、杭州、广州、深圳等
客服电话	400-820-1188
服务费用	480～1580 元之间五档

二、 硬件配置

安吉星系统的材质以及操控比较便捷，根据不同的车型有着细微的安装位置的不同。常见的安吉星操作面板位于后视镜的下方，只有三个按键，功能分别是白色电话按钮、蓝色安吉星按钮、红色紧急按钮。不同车型也有安装于驾驶室顶灯控制位置附近。安吉星操作面板如图 4-1 所示。

别克君威 GS 纵情运动版车辆配置了别克 IntelliLink 系统，因此还可以通过这套系统的方向盘和触控板对安吉星进行操作。别克君威 GS 纵情运动版车辆的方向盘如图 4-2 所示。

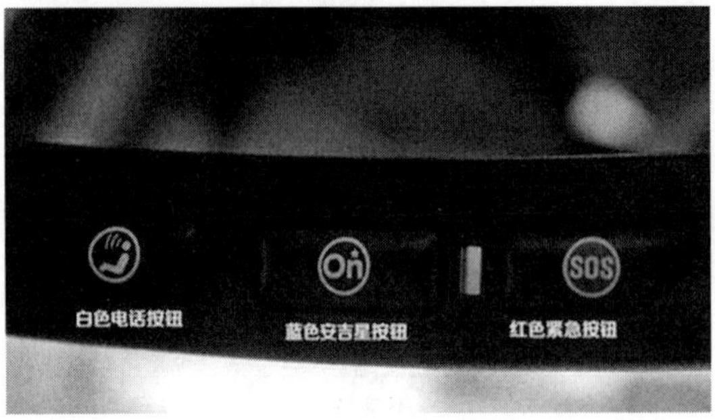

图 4-1　安吉星操作面板

图 4-2　别克君威 GS 纵情运动版车辆的方向盘

根据不同的车型配置，有些车型在方向盘上也设有安吉星的控制按键。此外，别克君威 GS 纵情运动版车辆还配置了触摸板，位置在变速杆的后侧，可以实现触摸和手写两种功能，如图 4-3 所示。

别克的 IntelliLink 系统配有 8in 的显示屏，可以通过屏幕触摸、触控板以及方向盘按键对安吉星进行操作。8in 的显示屏如图 4-4 所示。

图 4-3 别克君威 GS 纵情运动版车辆配置的触摸板

图 4-4 8in 的显示屏

三、 导航功能

安吉星的导航功能是通过安吉星客户服务中心的全程语音导航实现的。虽然在部分有显示屏的车型中会有相应的显示设置，但安吉星系统的导航功能主要是通过提供语音导航来实现的。

点击蓝色安吉星按钮，将目的地以及路径等相关要求告诉安吉星客服顾问，系统就可以自动下载语音导航数据到车辆中，即时进行语音导航。安吉星的导航地图是由安吉星公司进行更新维护的，同时也支持实时路况导航，在北京、上海、杭州、广州、深圳等地区可以实现。蓝色安吉星按钮如图 4-5 所示。

不过在实际驾驶中，这种语音操控的及时性以及不可视化操作不是那么让人满意，与服务中心人员沟通导航时，由于不同城市的情况不同，服务人员需要与车主多次语音沟通，才能完成目的地的设定。

四、 远程目的地

安吉星的远程目的地除了语音导航功能之外，还可以通过兴趣点、手机应用来实现。语音导航的通话界面如图 4-6 所示。

图 4-5 蓝色安吉星按钮

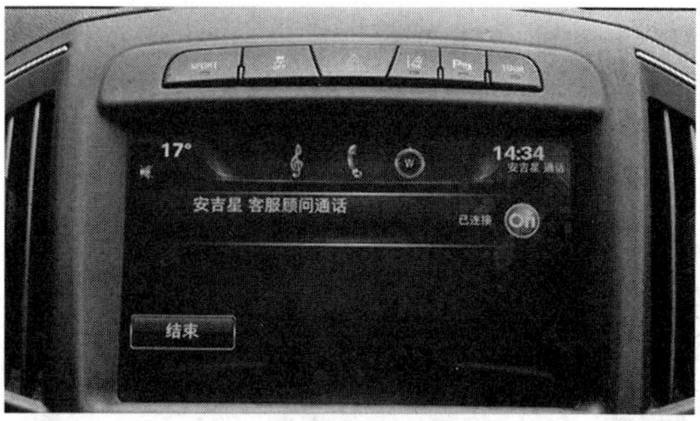

图 4-6 语音导航的通话界面

兴趣点即是现在比较常见的“地图查找周边”功能，根据兴趣点，可以找到身边便利的生活设施。安吉星储存的兴趣点包括医院、超市、加油站、餐馆等。兴趣点查询界面如图 4-7所示。

图 4-7 兴趣点查询界面

通过安吉星手机应用，也可以将地图查询的地点发送到车上，或进行保存、分享。

五、 功能扩展性

安吉星系统包含了传感系统和语音系统。语音系统基本是从蓝色按钮和红色按钮中发出信号直接到达安吉星服务中心的，从而与客服专员进行语音交流沟通。传感系统在车辆各个部分布置有相应的传感器，从而实现诸如防盗、远程开车门、车况监控、碰撞预警等功能。

安吉星系统并不具备扩展功能，而 USB、SD 卡等一系列扩展功能的实现，则是通过其他车载系统，如别克 IntelliLink 或者凯迪拉克 CUE 系统来实现的。

别克 IntelliLink 智能车载交互系统是伴随昂科拉 ENCORE 的上市被首次引入国内的，IntelliLink 由智能车载蓝牙系统、高清触摸显示屏等部件组成，能通过蓝牙对接拨打电话及播放手机里收藏音乐，同时带有 USB 和 AUX 接口，可以通过 USB 进行音乐、图片的播放。

IntelliLink 系统还具备多媒体、电话、导航等功能。在液晶屏幕的最上方，有 3 个快捷键，分别是音乐、电话和导航的快捷按键。IntelliLink 系统的操作界面如图 4-8 所示。

别克 IntelliLink 系统除了初始配置的功能外，还会有后续的 APP 提供，以实现更多功能。

别克君威 GS 纵情版上，具备 USB 插口和耳机插口，可以实现蓝牙连接手机的功能，如图 4-9 所示。

图 4-8 IntelliLink 系统的操作界面

图 4-9 手机蓝牙连接

六、 互动功能

安吉星的主要功能是强大的后台服务系统，所以接下来先介绍互动功能中的服务中心。

(一) 服务中心

安吉星有上海和厦门两个呼叫中心，在车主按下安吉星按钮之后，可以在数秒内就连接到安吉星服务中心，进行一对一人工语音沟通，解决导航、汽车远程操控等一系列问题。安吉星服务中心如图 4-10 所示。

图 4-10 安吉星服务中心

安吉星的服务中心是由 4 个环节完成的，即车主按下蓝色安吉星按钮；连接至安吉星服务中心；沟通车主问题；达成目标（导航或远程操作）。

(二) 语音识别功能

安吉星的语音识别可以对导航信息进行语音操控，包括重复收听最近几条导航线路以及在实际行车过程中对导航信息的重复、重新规划等语音操作。此外，还可以实现“交通信息”的查询，包括之前介绍的北京、上海、广州等地的实时路况的语音播报。

语音识别功能操作如图 4-11 所示。

安吉星系统的语音识别功能还可以实现安吉星服务中的“全音控免提电话”功能，通过语音操作就可以进行手机号码的拨打，配合方向盘上的操控按键，还可以进行手机上历史通话的查看。

(三) 一键呼叫

一键呼叫功能的实现除了安吉星的白色电话按钮可以实现语音操作外，还可以进行电话号码的拨打和存储，同时在不同车型的方向盘上也会有相应的设计。利用白色电话按钮实现语音识别功能如图 4-12 所示。

一键呼叫功能可通过车载蓝牙与手机的匹配实现，进行电话号码的拨打和存储以及进行手机的拨号，如图 4-13 所示。

蓝牙电话通话菜单如图 4-14 所示。

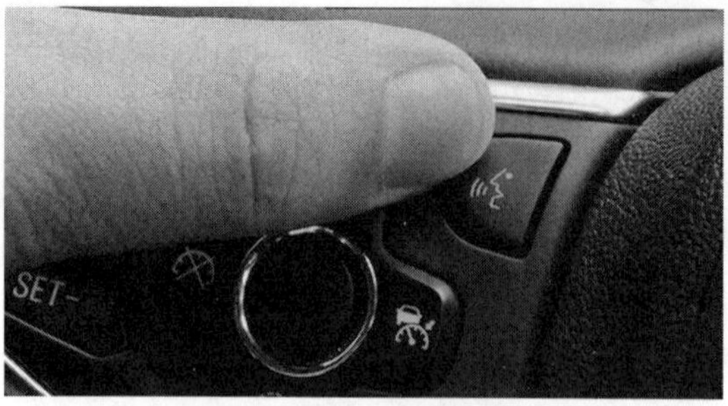

图 4-11　语音识别功能操作

图 4-12　利用白色电话按钮实现语音识别功能

图 4-13　一键呼叫功能操作

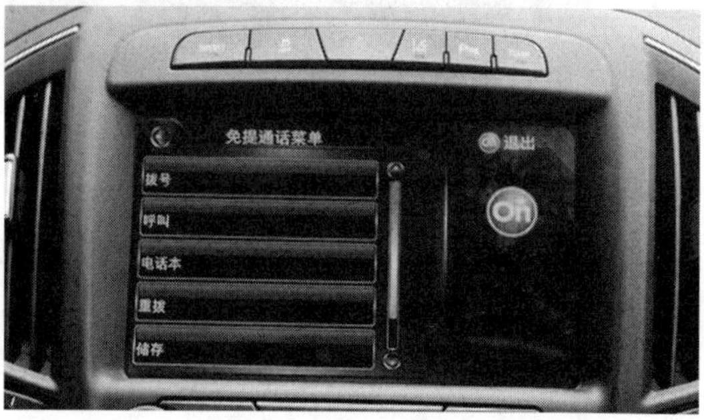

图 4-14　蓝牙电话通话菜单

安吉星的全音控免提电话在车主购车第一年时会有每月 20 分钟的免费通话时间，而之后则是根据车主购买的安吉星套餐不同提供不同时长的通话时间。安吉星的免提通话是通过中国电信所提供的，所以从车上拨打出去的电话给对方的显示为“上海市电信”。

七、 查看车况

由于有了安吉星的手机客户端，因此车况查看功能可以通过两种方式实现。实时车况可以通过手机客户端查看，同时安吉星还会每月为用户发送一个月度报告。车况查看功能操作如图 4-15 所示。

实时车况的查看可以实时了解车辆的油量、机油寿命、总里程和轮胎压力情况。安吉星月度报告则可以查看本月车辆行驶里程，车辆系统的发动机、气囊、制动等多种车况的报告。安吉星月度报告如图 4-16 所示。

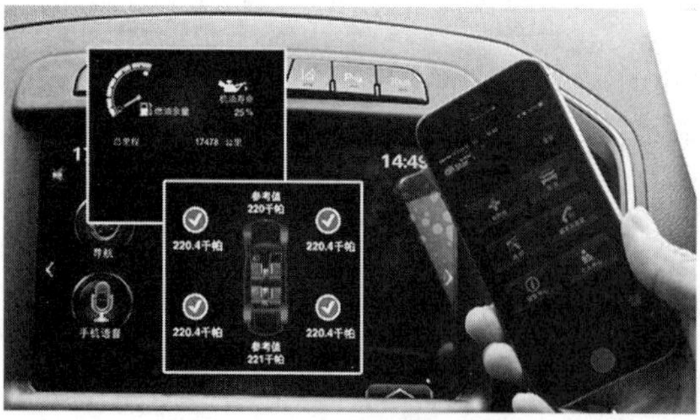

图 4-15　车况查看功能操作

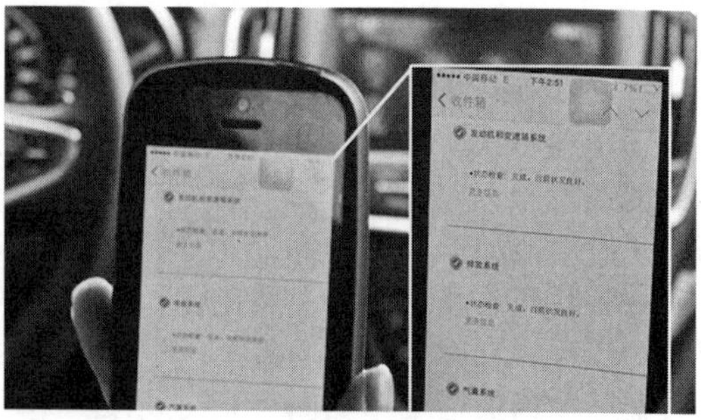

图 4-16　安吉星的车况查看月度报告

八、 远程操控

安吉星的远程操作可以实现远程开关车门、远程点火和车辆位置提示，如图 4-17 所示。

远程操作功能也可以通过手机客户端和电话客服两种方式实现。手机客户端每次进行这些操作之前都会要求车主输入 PIN 码来保证车辆的安全。通过客服电话也可以实现这些，不过同样需要经过客服的一系列验证信息。

通过安吉星客服直接对车门遥控，经过十几秒钟的等待，远在上海的安吉星中心实现这一遥控操作。当提示位置车辆时，客服还会询问是否有不方便鸣笛或照明的情况。远程车门锁控制如图 4-18 所示。

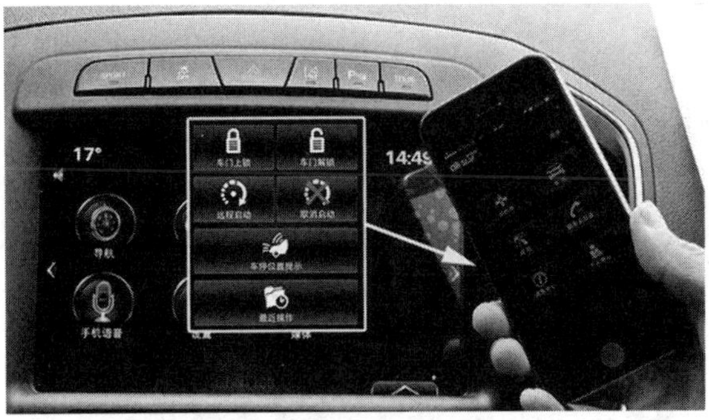

图 4-17 远程操作界面

图 4-18 远程车门锁控制

九、 防盗追踪

如果车辆被盗，安吉星会在确定警方立案并审核车主身份之后，采用定位系统找寻实时位置，并提供给警方。安全保障系统菜单如图 4-19 所示。

图 4-19 安全保障系统菜单

同时安吉星还可以远程操控被盗车辆进行远程锁死，在车辆熄火之后就不能再启动。

十、 碰撞自动求助

当汽车发生严重碰撞时，车辆会自动发出求救信号呼叫安吉星，安吉星也会自动与车辆取得联系，询问车主的情况，并在必要时联系公共紧急救援机构。

而当汽车安全气囊爆开时，安吉星客户服务中心也会与车辆取得联系，主动询问车主情况，及时报警。碰撞自动求助菜单如图 4-20 所示。

图 4-20 碰撞自动求助菜单

十一、 紧急救援协助

在紧急情况下，可以按下红色紧急按钮与安吉星联系，安吉星红色紧急按钮的通话级别最高，同时安吉星也会根据情况与公共紧急救援机构联系。紧急救援系统菜单如图 4-21 所示。

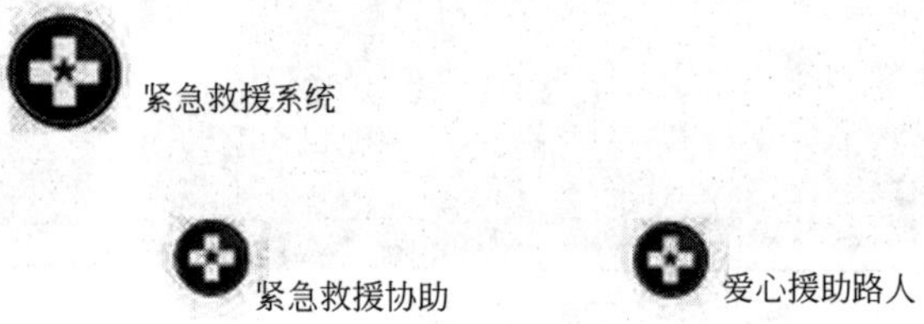

图 4-21 紧急救援系统菜单

如果在行车途中看到他人发生紧急情况，也可以使用这一功能，按下红色紧急按钮通报安吉星，安吉星将根据情况联系相关机构。

十二、 道路救援

如果在行车过程中，遭遇没油、爆胎或拖车服务，也可以通过蓝色按钮联系安吉星，寻求道路救援。

十三、 费用

安吉星系统在车主购车的第一年时间内是免费体验全部十四项功能的，1 年之后则需要续约才能继续使用。而续约的费用从 480～1580 元每年不等，分为五档，即关怀、无忧、领航、畅行、尊贵。安吉星续约套餐如图 4-22 所示。

套餐名称	尊享套餐	畅行套餐	领航套餐	无忧套餐	关怀套餐
一年套餐价	1580元	1280元	980元	780元	480元
二年套餐价	2880元 立省280元	2380元 立省180元	1880元 立省80元	—	—
三年套餐价	3980元 立省760元	3380元 立省460元	2680元 立省260元	—	—
碰撞自动求助系统	✓	✓	✓	✓	✓
紧急救援系统	✓	✓	✓	✓	✓
安全保障系统	✓	✓	✓	✓	✓
车况检测系统	✓	✓	✓	✓	
导航系统	✓	✓	✓		
全音控免提电话	500分钟/月 ✓	200分钟/月 ✓		100分钟/月 ✓	

图 4-22 安吉星续约套餐

第二节　通用 OnStar 使用说明

一、 安吉星服务

为了保证能够更好地为您服务，在您与安吉星的首次通话中，安吉星客户服务顾问需要您配合完成以下事宜。

（1）安吉星客户服务顾问需要向客户验证车主信息以及车辆信息。

（2）安吉星客户服务顾问将协助客户设置客户密码（PIN 码）。

（3）为了在客户开通车况检测报告服务后，报告能定期以电子邮件的方式准确发送至客户邮箱，安吉星客户服务顾问将会建议客户提供有效的电子邮件地址。

（4）安吉星客户服务顾问将向客户介绍主要服务是如何运作的。

二、 安吉星系统指示灯概述

安吉星系统操作十分便捷，仅需通过车内后视镜上白、蓝、红三个按钮，即可获取安吉星提供的相关服务。安吉星系统提示语中的“白色按钮”“蓝色按钮”“红色按钮”，即为“白色电话按钮”“蓝色安吉星按钮”“红色紧急按钮”。

后视镜上的其他按钮属于整车其他配置，会因车型不同而有所差别。

（一）蓝色安吉星按钮

按下蓝色安吉星按钮，客户将与安吉星客户服务顾问进行通话，安吉星客户服务顾问会根据需要验证客户的账户信息，并解答客户提出的相关问题以满足您的需求。

（二）红色紧急按钮

在以下紧急情况发生时，按下红色紧急按钮，客户将获得安吉星客户服务顾问的专业帮助。

（1）车辆发生紧急故障或交通事故。

（2）目击到其他车辆发生紧急故障或交通事故。

（3）其他紧急情况。

（三）白色电话按钮

按下白色电话按钮，全音控免提电话功能启动，客户在行车途中的通话将变得更为安全和便捷。免提通话设备已经内置在车辆中。按下按钮即可实现以下功能。

（1）拨打电话或结束通话。

（2）接听来电或结束通话。

（3）发出免提通话语音指令。

（4）发出导航语音指令。

三、 红色紧急按钮

（一）需要按下红色紧急按钮的情况

在紧急情况下如您需要帮助，请按下红色紧急按钮。您的求助信号连同您的车辆位置信息将立即发送至安吉星客户服务中心，随时待命的安吉星客户服务顾问将为您提供及时有效的帮助。

在按下红色紧急按钮后，您会听到提示音以及“正在连接安吉星紧急救援协助部门”的提示语。安吉星客户服务顾问会确认您的当前位置，并询问您所需的具体救援帮助。安吉星客户服务顾问会协助您联系事发地的公共紧急救援协助服务机构，以便救护车、消防车、警车或其他紧急救援服务车辆和人员立即赶往您所在的位置。如果您需要，在救援到达之前安吉星客户服务顾问可随时与您通话。

注意，红色紧急按钮仅限于紧急情况下使用，如果您在无意中按下此按钮，请立即按下白色电话按钮以终止呼叫。

（二）安全气囊爆开自动求助

如果车辆碰撞导致安全气囊爆开，那么车辆会自动与安吉星客户服务中心取得联系。同时车辆的当前位置也将由全球定位系统（GPS）确定，并发送至安吉星客户服务中心。安吉星客户服务顾问会与您建立最高优先级的通话，并确认您及其他乘客的安全状况。若您无法应答，安吉星客户服务顾问将主动联系事发地的公共紧急救援协助服务机构，以便救护车、消防车、警车或其他紧急救援协助服务车辆和人员立即赶到事发地。

（三）碰撞自动求助

当车辆发生了较为严重的碰撞时，即使安全气囊没有爆开，车辆也会自动呼叫安吉星，并提供以下信息。

（1）碰撞方向和碰撞力度。

（2）是否发生了多次碰撞。

（3）是否发生了翻车事故（如果您的车辆拥有翻车传感器）。

（4）是否有安全气囊爆开以及爆开的安全气囊的数量及位置。

注意，车辆所搜集信息的详尽程度取决于您的车辆配置情况。安吉星将会把这些信息提供给当地的公共紧急救援协助服务机构，以便准备相应的救援设备。

在驾驶某些车辆时，如果您操控过于激烈，也有可能会触发对安吉星客户服务中心的自动呼叫。如果发生这种情况，只需告诉客户服务顾问您并没有遇到撞车事故即可。

（四）爱心援助路人

在您行车途中如发现他人遇到紧急情况，可按下按钮即可向安吉星告知该情况。安吉星将根据情况联系相关机构。

（五）其他紧急救援协助

在紧急情况下，按下红色紧急按钮，您会听到以下提示语："正在连接安吉星紧急救援协助 部门"。如果您在无意中按下此按钮，请立即按下白色电话按钮以终止呼叫。

当您按下红色紧急按钮时，安吉星将优先接听您的电话，并确认您车辆的位置。安吉星客户服务顾问可以对各种紧急情况做出响应，并联系当地的紧急救援协助机构，如警方、医疗、消防等，以便救援队伍迅速抵达您所处的确切位置。

建议您通过 www. OnStar. com. cn 及时更新您的紧急情况联络人、车牌号码等信息。一旦车辆被盗，或您遇到碰撞事故时，安吉星客户服务顾问就可以更快速地为您提供援助。

四、 蓝色安吉星按钮

（一）车况检测报告

此项服务会自动对车辆核心部件进行检测检查，然后通过电子邮件的方式将车况检测报告发送给您，报告内容涉及发动机和变速器、安全气囊系统、防抱死制动系统、安吉星设备终端、里程表读数和机油寿命、轮胎压力（如果您的车辆配备有轮胎压力监控系统）、车辆保养提醒。

（二）实时按需检测

如果您想及时了解车辆状况，或您车上有任何故障灯亮启，请及时按下蓝色安吉星按钮，呼叫安吉星，客户服务顾问将告诉您当前的车况以及相应的解决建议。如果该故障需要立即解决，或安吉星客户服务顾问无法确认是何种故障，安吉星客户服务顾问会帮助您寻找就近的上海通用汽车经销商，并指引您前往该经销商处。

（三）路边救援协助

如果您遇到困难，如爆胎、燃油耗尽、蓄电池没电、需要拖车牵引等，均可向安吉星寻求协助。只需按下蓝色安吉星按钮，安吉星客户服务顾问将获取车辆的准确位置，从而指引道路援助人员及时到达并提供帮助。

（四）车门远程应急开启

当您不慎将车钥匙锁在车内时，只需致电安吉星 24 小时客户服务热线 400-820-1188，在您的身份被验证后，安吉星客户服务顾问就会帮助您进行远程车门应急开启。为确保此项功能的正常使用，您的车辆必须配备有原厂安装的中控门锁。

（五）被盗车辆定位

安吉星不仅能保护您的人身安全，还能保护您车辆的安全。如果您的车辆被盗，请立即致电公安部门报告您的车辆被盗，然后致电安吉星 24 小时客户服务热线 400-820-1188。安吉星客户服务顾问会与当地公安部门紧密配合，尽力帮您查找被盗车辆的位置。

（六）车停位置提示

当您忘记车辆停放地点，请致电安吉星 24 小时客户服务热线 400-820-1188，安吉星可以发出信号让您车辆鸣号或启动双闪灯。根据您的需要，安吉星可以仅启动双闪灯，也可以鸣号同时启动双闪灯。

（七）服务录音及回放

您可以通过安吉星系统的服务录音及回放功能，录制安吉星客户服务顾问与您通话时所提供的信息，如导航路线或使用说明等，以便您稍后回放录音。

1. 如何录音

（1）在您通过安吉星系统与客户服务顾问进行通话过程中，按下蓝色安吉星按钮。您会听到系统发出的蜂鸣提示音，即为开始录音。

（2）若想停止录音，请再次按下蓝色安吉星按钮。您会听到系统再次发出蜂鸣提示音，即为停止录音。

2. 如何回放

（1）按下白色电话按钮。在提示语“安吉星就绪”和提示音后，说出“信息回放”。

（2）系统提示：“信息回放，请说播放或继续播放”。

（3）在用户说出“播放”之后，您录制的信息将开始播放。

（4）若想暂停回放，再次按下白色电话按钮。

（5）若想继续播放，按下白色电话按钮并说出“信息回放”。安吉星系统将会回应，“请说播放，或继续播放”。

（6）说“继续播放”将从中断的地方继续播放录音，说“播放”将从头回放信息。

（八）安吉星车窗贴

安吉星随用户手册附赠两张安吉星警示车窗贴。如果您不慎将钥匙锁在车内，安吉星的电话号码就在您的眼前，不用费力寻找。建议您将车窗贴贴在驾驶座一侧的后角窗上，如图 4-23 所示。

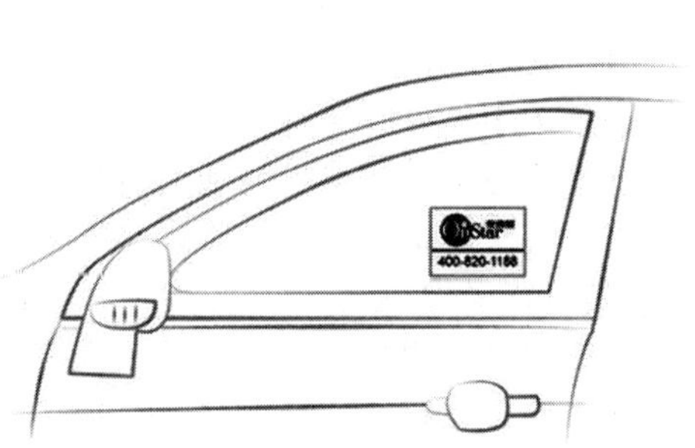

图 4-23 安吉星车窗贴

（九）全程音控领航

您只需按下蓝色安吉星按钮，将目的地告

诉安吉星客户服务顾问，安吉星即可将语音导航数据直接下载到您的车辆。在行驶过程中，系统会自动分析判断您需要驶过的每个路口，并在接近下一个路口时给出语音提示。

（十）人工语音导航

当无法使用全程音控领航时，安吉星客户服务顾问将为您提供人工语音导航服务。您可以使用车载终端方便地录下导航信息，并在需要的时候回放。

（十一）兴趣点向导

您可以通过咨询安吉星客户服务顾问，查找到1300万个以上的兴趣点信息。例如，加油站、医院、大型购物中心、ATM/银行、餐馆、停车场、超市、经销商信息。

您可以随时按下蓝色安吉星按钮，查询所需要的兴趣点信息。安吉星可以根据您当前的位置和行驶方向进行查询，同时也能为您提供导航，从而节省您的时间和精力。

五、 全程音控领航

（一）规划行车路线

（1）按下按钮：按下蓝色安吉星按钮，接通安吉星客户服务中心。

（2）说出地点：说出目的地，或者要求安吉星客户服务顾问为您查找。

（3）导航行驶：听取系统语音导航提示。

（4）顺利抵达：到达目的地。

安吉星客户服务顾问会将完整的规划行车路线发送至您的车辆。在导航开始时，系统会播放三条提示信息。例如，导航信息接收中；您的目的地在10km处；沿中山路向北行驶。

如果您无法辨别方向，安吉星路线导航系统可以自行判断您当前位置。在行驶中，如果您偏离了导航路线，车载终端将自动发出提示，帮助您返回正确路径。

注意，安吉星客户服务顾问向您的车辆发送行车路线后，如果您想预先浏览行车路线，可以按下白色电话按钮并发出“路线预览”指令。

（二）语音导航提示

在每一次转向前，您都会提前得到语音提示。语音提示经由您的车载音响自动播放，您可以通过音量控制旋钮或按键来调节语音导航的音量，此操作只在语音提示播放时有效。

自动语音导航信息范例如下。

（1）500m后，右转驶入锦绣路。

（2）250m后，右转驶入锦绣路。

（3）右转驶入锦绣路。

当您到达应转向的路口时，转向提示音“哔哔”声会自动响起。如果您的行车路线上有连续数个紧接转向路口，则可能在每个转弯只收到一条提示信息。

注意，由于导航设备都受GPS全球定位系统的精度限制，因此有些时候导航设备只能将您指引至目的地附近，此时可能还需要观察并确定您的目的地位置。

（三）目的地设置协助

如果车辆出厂时配有带屏幕的导航仪，您可以在行驶中致电安吉星客户服务中心，要求安吉星客户服务顾问将目的地信息发送至您的车载导航系统。在目的地成功下载后，请按照车载导航系统的提示进行操作。

（四）偏离路径提醒

当您偏离了规划路径，车载终端会自动以语音形式提示：“您已离开了规划路线，您是否要返回原导航路线？请说‘是’或者‘不是’。”如果您暂时驶离规划路径，请说“不是”。当您重新驶回原规划路径时，全程音控领航将恢复。如果您确认已经偏离规划路径，请说“是”。系统会自动为您重新规划路径。

（五）重新启动车辆后导航恢复

如果您在导航过程中停车熄火，当重新启动车辆时您会听到："安吉星导航系统已运行"。此提示语提醒您之前规划的路径依然有效，全程音控领航将继续为您服务。

（六）到达目的地的提醒方式

当您到达目的地时，路线导航系统会发出如下提示语："您的目的地在前方"或"锦绣路 300 号在您的右侧"。当您听到类似提示，意味着行车导航就此结束。如果您已经在目的地附近，想提前结束导航，可以按下白色电话按钮，发出语音指令"取消导航"，提前结束导航。

（七）全程音控领航语音命令

语音识别是全程音控领航服务的人机交互方式。在全程音控领航的使用过程中，您可以通过语音命令得到您所需要的路径信息。

（1）按下蓝色安吉星按钮，启动语音识别功能。

（2）在提示语"安吉星就绪"和提示音结束后，您就可以发出语音命令。

（3）使用标准语音命令。

（八）停止当前导航

当播放导航提示语音时，按下白色电话按钮，并说"导航静音"，系统将停止播放导航语音提示，恢复收音机功能。但这只是取消语音提示，系统仍保留您的规划行车路线。

（九）全程音控领航系统使用注意事项

由于道路及交通规则的临时更改、临时交通管制、市政工程建设、突发事件、自然灾害等因素，您可能无法按照规划路径行驶，此时请您务必遵照正确的交通规则、临时交通管制要求以及道路客观情况进行行驶，系统会自动识别出您已偏离了规划路径，同时给出相应的提示，为您重新规划新的行驶路径。如有其他的问题，请按下蓝色按钮咨询安吉星客户服务顾问。

由于道路实际情况的变更，所有导航系统的数据更新均需要一定的周期。安吉星将尽快、及时地为您更新地图数据信息，以保证更准确的导航服务。

六、白色电话按钮

（一）全音控免提电话

安吉星系统具有可用语音操控的免提通话功能，可让您在车内轻松拨打和接听电话。

按下白色电话按钮，启动安吉星的全音控免提通话功能。安吉星全音控免提电话服务包含了免提通话、语音拨号等功能，此项服务要求您的车辆已经开启全音控免提电话功能。其中语音拨号是全音控免提电话服务的一个主要功能。当您想拨打电话时，可使用语音命令。

按下白色电话按钮，启用语音识别，使系统进入听取模式。

（二）拨打电话

（1）按下白色电话按钮，在"安吉星就绪"和提示音之后，说"拨号"。

（2）听到"请说号码"和提示音之后，连续说出号码。如果您停顿过长，您可以在系统重复完所有的数字后继续说出其余数字。

（3）在听到提示音后，请您说出"拨号"。

（4）安吉星提示"好的，正在拨号＜号码＞"，然后拨打您呼叫的电话。

当您听到提示音后，表示系统已经准备就绪，您可以说出号码或发出语音命令。如果您说错了号码，您可以在提示音之后说"清除"或"纠正"。当电话接通后，系统将开始计算通话时间。如果您听到"无法获得您的号码"，表示您的全音控免提电话功能尚未激活。

（三）存储快速拨号的名称标签

（1）按下白色电话按钮，听到提示语“安吉星就绪”和提示音之后，说“存储”。

（2）当听到提示语“请说号码”和提示音之后，说出整个号码并进行存储，中间请尽量不要停顿。

（3）安吉星系统重复号码，听到提示语“请说出该联系人名称或目的地”和提示音后，选择您要储存的名称标签，例如“我家”。

（4）听到提示语“即将存储＜我家＞，此效果是否满意”和提示音后，说出“是”（或“不是”，再试1次）。

如果您在说出整个电话号码过程中停顿，安吉星系统会重复您所说的号码，然后播放提示音。请继续说出您未报完的号码。您最多可储存30个名称标签和目的地名称标签。尽量使用多字或多音节名称标签，如用“我家”来代替“家”。尽量避免使用发音类似的名称标签（例如“老王”和“老黄”）。

（四）用存储的名称标签拨打电话

按下白色电话按钮，当听到提示语“安吉星就绪”和提示音之后，说“呼叫××”。安吉星系统提示“好的，正在呼叫××”，并存储您最近拨打的号码。

（1）按下白色电话按钮，当听到提示语“安吉星就绪”和提示音之后，说“存储上一个号码”。

（2）系统提示“存储上一个号码 ，请说出该联系人名称或目的地”。

（3）听到“请说出该联系人名称或目的地”和提示音后，说出您要储存的联系人名称，如“妈妈”。

（4）“即将存储＜妈妈＞，此效果是否满意？请说是或不是？”。

（5）说“是”确认，完成号码存储；或者说“不是”，重新再试1次。

（6）按下白色电话按钮，听到提示音后，说“呼叫＜妈妈＞”，即可拨打您存储的号码。

（五）存储最近拨打的号码

（1）按下白色电话按钮，听到提示语“安吉星就绪”和提示音之后，说“存储上一个号码”。

（2）系统提示“存储上一个号码 ，请说出该联系人名称或目的地”。

（3）听到“请说出该联系人名称或目的地”和提示音后，说出您要储存的联系人名称，如“妈妈”。

（4）“即将存储＜妈妈＞，此效果是否满意？请说是或不是？”。

（5）说“是”确认，完成号码存储；或者说“不是”，重新再试1次。

（6）按下白色电话按钮，听到提示音后，说“呼叫＜妈妈＞”，即可拨打您存储的号码。

（六）获取车辆电话号码

（1）按下白色电话按钮，听到提示语“安吉星就绪”和提示音之后，说“我的号码”。

（2）安吉星提示“您的安吉星免提电话号码是＜××××＞”。

（七）接听来电

当有人呼叫您时，您的车载收音机会自动静音，您将听到响铃音。这时按下白色电话按钮即可接听来电。在有些车型中，可以使用方向盘上的按钮接听或拨打电话。可以用收音机音量控制钮调节通话音量。

（八）语音识别提示

听到提示语“安吉星就绪”和提示音之后，语音识别功能开始等待您发出语音命令。如果系统提示“请稍候一会儿，再说话”，表示您在系统切换到听取模式之前发出了其他语音指令。请暂停片刻，然后发出语音指令。如果系统提示“请再说一次”提示，通常是指系统尚未获取您所呼叫电话号码的全部数字。您可以暂停片刻后，重新发出语音指令。背景噪声会干扰语音识别系统。如果系统提示“对不起，背景噪声太大，无法听清”，表示车内或车外噪声在干扰语音识别系统。

常见的车辆噪声源有空调风扇、高速行驶产生的引擎噪声和强风、打开的车窗或天窗、强暴风雨、乘客谈话。

（九）免提电话提示

（1）系统不能识别例如“百”“千”或“二十”这类字词，在您报号码时请正确并连续说出号码。例如，电话号码“400-820-1188”应该发音为“四-零-零-八-二-零-壹-壹-八-八”。

（2）紧急情况下，可以直接说“拨打 110”来联系 110。但是安吉星建议您使用红色紧急按钮，以便安吉星客户服务顾问能立即向您提供帮助。

（3）有时在拨打数字相同并连续的号码如“95555”“1330＊＊＊1111”“95599”等类似号码时，虽然您认为您的发音已经足够清晰，可是系统还是无法正确识别。考虑到系统的准确识别，我们建议您在听到提示音之后，尽可能清晰有力地发音，必要时提高音量。

（4）如果您在提示音之前报出号码，可能导致系统不能接收到您全部的语音指令。

（5）在拨号时建议使用以下方法。

① 将电话号码分成几部分，每部分为 3～4 个数字，如“1-2-4-7-5-5-5”，可以分成“1247-555”的方式报出号码。您也可以清晰有力地说出全部号码，中间不要停顿，如“1-2-4-7-5-5-5”。

② 使用“名称标签”。您遇到某些较难识别的号码，如“95555”，您可以利用“逐位存储”来预先将此号码存为名称标签。系统会提示您给此号码标识一个语音标签，您可以说＜招商银行＞。这样，下次您就可以直接通过语音命令“呼叫招商银行”来拨打此号码。

③ 使用“逐位拨号”。您可以在系统的提示下逐位将号码报出，系统会在您报出每一个数字后给您反馈，以保证识别的正确率。

（十）逐位拨号和逐位储存

如果语音识别系统在识别您所说出的连续号码时有困难，您可以使用“逐位拨号”的功能，一次说出一位数字。

（1）按下按钮，听到“安吉星就绪”和提示音之后，说“逐位拨号”（要存储名称标签，说“逐位存储”）。

（2）当安吉星提示“请说出您要拨打（存储）的第一位数字”时，说出待拨打（或存储）号码的第一个数字，并等待系统向您重复。

（3）继续说出数字（一次一位）直到输入所有的数字。用“井号”表示＃键，“星号”表示＊键。如果您在输入数字时出错，说“清除”删去上一位数字。

（4）完成之后，说“拨号（或存储）”。安吉星提示“好的，正在拨号（存储）”，然后您可以通话（如果您正在存储，将要求您提供名称标签）。

（十一）通过方向盘上的按钮拨打电话

有些车型可以通过方向盘上的按钮来拨打电话，其中有一个按钮可用来连接安吉星功能服务，您也可以按下语音按钮接听来电。该按钮是脸形加上声波图案。如果您的车辆配有该设备，您可以按下语音按钮，确认车辆是否有这项连接安吉星的功能。如果您听到“就绪”，表示您可以利用方向盘上的语音按钮进行相关操作（在某些车型，您可能需要按住语音按钮达几秒钟）。如果您的车辆装有导航系统，您可能需要按住语音按钮，然后松开并说出“安吉星”的指令（对于凯迪拉克 CTS，说“免提通话”），之后您将听到“就绪”提示。听到“就绪”和提示音之后，您可以使用任何适用的语音指令。

如果您有带有蓝牙功能的话机设备，并且已与您的车辆进行了电话配对，那么也建议您使用安吉星的免提免拨电话功能来实现通话，您只要按下白色电话按钮即可实现语音拨号和通信，免去手工操作，全面保障驾驶中的安全。

（十二）拨打电话分机号码

对于方向盘上有电话操作按钮的车辆，一旦拨号至自动应答系统，就可借助方向盘上的按钮拨打电话分机号码，也能通过它来拨打商务电话系统中要求的“按1键或按2键”功能键来选择所要的功能。

（十三）通话静音

有些车型配备这种功能，即在您拨打电话之后让您的声音保持静音，如在您开电话会议时。

（1）按下白色电话按钮拨打电话，在接通之后，按下语音按钮。

（2）在听到“就绪”和提示音之后，发出指令“通话静音”。

（3）系统提示“通话被静音”，在车内的谈话将听不见。

（4）要解除静音，按下语音按钮并再次说出“通话静音”。系统提示“正在恢复通话”。

七、其他信息

（一）续订服务

为了保证可以继续使用安吉星服务，请在服务期满前联系安吉星客户服务中心续订服务。具体方式，请按下蓝色安吉星按钮，向安吉星客户服务顾问咨询。如果服务期满后未及时续订，那么将不再享有安吉星的所有服务。

（二）安吉星客户密码

部分安吉星服务需要您提供密码（PIN码）方可使用，如车门远程应急开启和被盗车辆定位。在您注册激活服务时，安吉星客户服务顾问会告知您密码设定方式，您可以在注册完成时设定自己的PIN密码。如您要更改密码，请呼叫安吉星并向安吉星客户服务顾问提供旧密码。如果您忘记了密码，请联系安吉星。

（三）保修

安吉星终端作为整车部件，相关保修条款请参考随车的《车主手册》。

（四）车辆连续停放五天后

安吉星终端由车辆蓄电池供电，因此当车辆连续停放5天后，安吉星将无法提供部分服务（如车门远程应急开启、车停位置提示或帮助定位被盗车辆等）。如需要帮助，请致电安吉星24小时客户服务热线400-820-1188。一旦您重新启动车辆后，服务将自动恢复。

（五）全球定位系统

当按下蓝色安吉星按钮、红色紧急按钮或者在车辆碰撞后自动呼叫安吉星时，车辆位置将被自动发送给安吉星客户服务中心。全球定位系统（GPS）通过接收卫星信号来确定车辆位置。如果卫星信号受阻，全球定位系统可能暂时失效，如大城市的高大建筑物群、停车库、机场周围、隧道、高架路桥下等。此时，安吉星终端系统仍可联系安吉星客户服务中心，然而您的确切位置将很难被确定。在此类情况下，如果发生紧急事件，安吉星客户服务中心可使用信号丢失前最后存储的车辆位置，并发送给公共紧急救援协助服务机构以便提供相关救援服务。

在全程音控领航的使用过程中，全球定位系统能帮助您按照规划路径行驶。如果因为上述原因导致全球定位系统暂时失效，安吉星客户服务中心将无法为您规划全程音控领航路线，但可以要求安吉星客户服务顾问向您提供目的地设置协助或人工导航服务。如果车辆停放在车库内，请在驶离车库几分钟之后再请求全程音控领航服务。

第三节 通用 OnStar 工作原理

一、 通用 OnStar 系统组成及输入输出信号

上海通用的车载多媒体服务系统称为 OnStar（安吉星）。安吉星所提供的服务就类似于我们经常拨打的 12580 或者是 10086，当您按下呼叫按钮之后，就会通过无线网络接通呼叫中心的服务顾问，之后您把问题直接提给服务顾问，他通过后台系统来实现您所提到的需求（前提是合理合法的需求），如导航目的地的设定、车辆检测报告、紧急救护等。

通用 OnStar 系统由以下主要部件组成。

（1）车辆通信接口模块（VCIM）。

（2）按钮总成。

（3）OnStar 麦克风。

（4）车载电话天线。

（5）导航天线。

（6）蓝牙天线（若装备）。

（7）后备蓄电池（BUB）（若装备）。

OnStar 系统的输入及输出信号如图 4-24 所示。

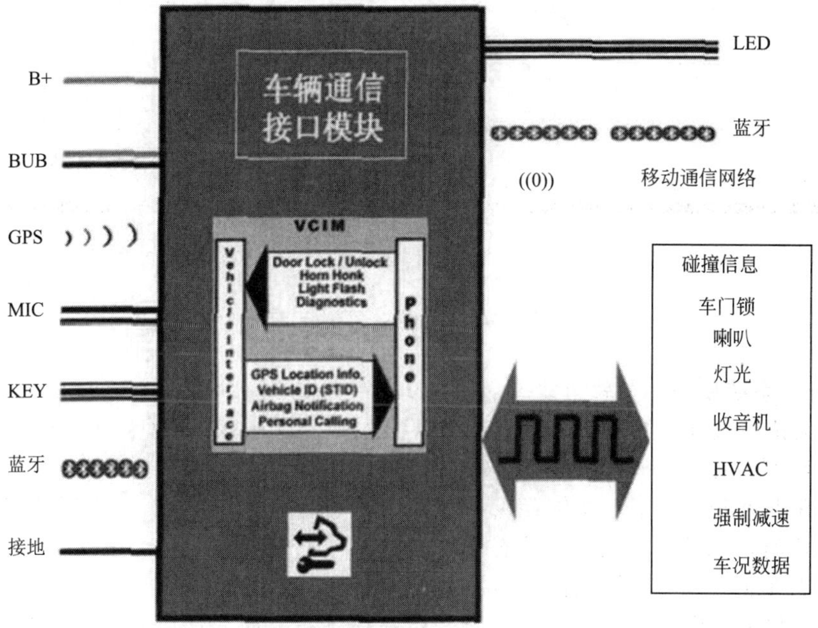

图 4-24 OnStar 系统的输入及输出信号

通信接口模块连接至 OnStar 麦克风、按钮总成，并且控制 LED 的状态。通信接口模块通过串行数据总线与车辆的其余部分通信。

通信接口模块配有 2 个技术系统，一个用于处理全球定位系统数据，另一个用于处理车载电话信息。车载系统通过与通信设施基站相连接，将 OnStar 系统连接到车载通信运营商的通信系统上。通信接口模块通过车载电话天线发送并接收所有的车载通信信息。

OnStar 系统使用全球定位系统信号提供请求所在位置。通信接口模块还可通过串行数

据电路来启动喇叭、车门的锁止/解锁或外部车灯。这些功能由客户对 Onstar 呼叫中心的请求来指令。

二、车辆通信接口模块

车辆通信接口模块（VCIM）使用两个号码来识别车载通信设备，一个移动识别号（MIN）和一个移动目录号（MDN）。移动识别号代表车载通信运营商用于呼叫而使用的号码，而移动目录号则代表拨到每个车载设备上的号码。

更换车辆通信接口模块后，需要进行编程及初始化设置，一旦进行初始化设置后，车辆通信接口模块将不能再用于其他车辆。

OnStar 系统使用一个特殊的休眠周期，允许系统在点火开关置于 OFF 位置且固定式附件电源(RAP)模式结束时接收车载呼叫。该周期能够使通信接口模块执行解锁车门等遥控功能，并且将蓄电池电流维持在一个可接受的水平。OnStar 系统的 4 种状态如图 4-25 所示。

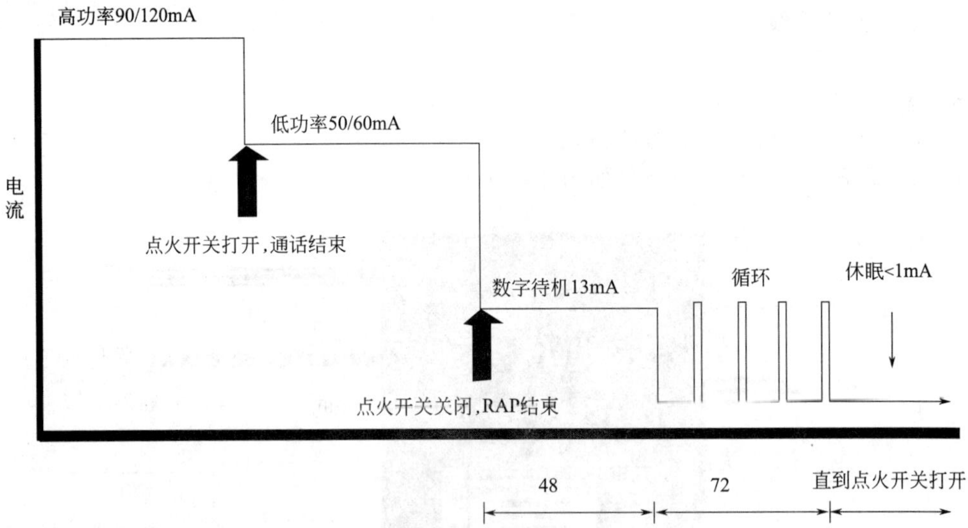

图 4-25　OnStar 系统的 4 种状态

OnStar 系统使用 4 种就绪状态，即高功率、低功率、休眠、数字待机。

（1）无论点火开关置于 ON 位置还是 RUN 位置，是否启用了固定式附件电源，是发送还是接受呼叫，在 OnStar 系统执行功能时将进入高功率状态。

（2）在点火开关置于 ON 位置或 RUN 位置，或启用固定式附件电源的情况下，OnStar 系统未使用时，系统进入低功率状态。

（3）在车辆关闭且固定式附件电源超时后即进入数字待机电源状态。

（4）在数字待机模式下，OnStar 模块可在持续 48h 内的任何时间执行 OnStar 服务人员指令的所有远程功能。48h 后的 72h，系统每 10min 进入低功率状态 1min 以接听来自 Onstar 呼叫中心的呼叫。如果在 1min 间隔内发出呼叫，那么 OnStar 系统将接收该呼叫并立即启用高功率模式，从而执行任何请求的功能。若在这 1min 的间隔中没有接收到任何呼叫，则系统返回到休眠状态，再等待 9min。这一过程持续 72h 之后，OnStar 系统将关闭，直到点火开关置于 ON 位置或 RUN 位置。

三、OnStar 按钮及 LED 总成

3 个 OnStar 按键及 LED 总成是用户和 OnStar 系统对话的窗口，一般安装在中央控制

台、头顶控制台或后视镜上。

对于别克英朗，OnStar 按钮及 LED 总成安装在后视镜上，按钮总成包含 3 个按钮及 1 个 LED 状态指示灯。当系统开启并且运行正常时，LED 指示灯为绿色。当 LED 状态指示灯为绿色并闪烁时，表示正在呼叫中。当 LED 指示灯为红色时，表示系统中有故障。在系统存在故障的情况下，Onstar 系统仍然能够进行呼叫，在呼叫的过程中 LED 指示灯呈红色闪烁状。如果 LED 不点亮，这可能表示用户 OnStar 账户服务未启动或者过期。车辆通信接口模块通过专用 LED 信号电路控制每个 LED。OnStar 按钮及 LED 总成电路如图 4-26 所示。

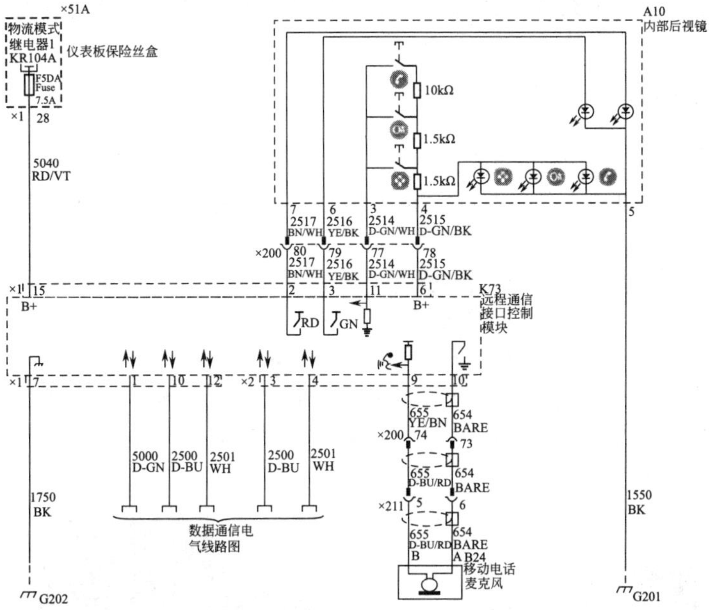

图 4-26　OnStar 按钮及 LED 总成电路

车辆通信接口模块通过键盘电源电压电路向 OnStar 按钮及 LED 总成提供 10V 电压，当按下某一个按钮时，系统都通过一个电阻器完成一个回路，这个电阻器允许特定电压返回到车辆通信接口模块。车辆通信接口模块根据返回的电压值范围辨别哪一按钮被激活。

四、 OnStar 麦克风

OnStar 麦克风可能被设置在内部后视镜、头顶控制台或 A 柱上，如图 4-27 所示。

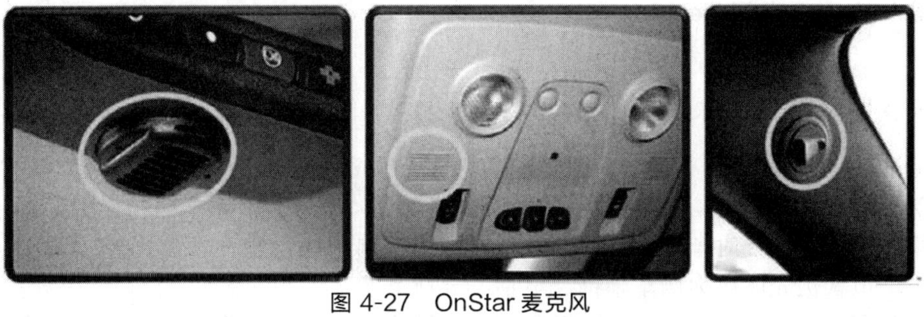

图 4-27　OnStar 麦克风

车辆通信接口模块向车载电话麦克风信号电路上的麦克风提供大约 10V 电压，用户的语音数据通过同一个电路传送至车辆通信接口模块。车载电话麦克风低电平参考电压电路或一条屏蔽线为麦克风提供搭铁。

五、 车载电话和全球定位系统天线

车载电话和导航天线连接到车辆通信接口模块，该模块向车载电话和导航天线提供5V电压，为内部放大器供电。当车辆配置导航收音机时，则需要安装导航信号分流器，从而将全球定位系统信号分配至车辆通信接口模块和导航收音机。

导航收音机通过全球定位系统天线的同轴电缆向导航信号分流器提供5V电压，为内部导航收音机信号放大器供电。车载电话和全球定位系统天线如图4-28所示。

车载电话和全球定位系统天线为典型的组合式天线，其中蓝色为导航天线，栗色为电话天线。

六、 备用蓄电池

一些装备了OnStar系统的车辆需要配有备用蓄电池（BUB）。备用蓄电池用于车辆发生撞击后，在车辆蓄电池失效的情况下向通信接口模块提供辅助电源。车辆是否配置备用蓄电池取决于实车碰撞实验结果。

七、 蓝牙

蓝牙无线技术是一项短程通信技术。为使用车辆蓝牙系统，需要一个装备蓝牙的车载电话。蓝牙天线是一小段固定天线，直接连接至车辆通信接口模块上，用于发送和接收来自蓝牙启用的车载电话的信号。当更换车辆通信接口模块时，需要拔下蓝牙天线装到新的车辆通信接口模块上。蓝牙无线如图4-29所示。

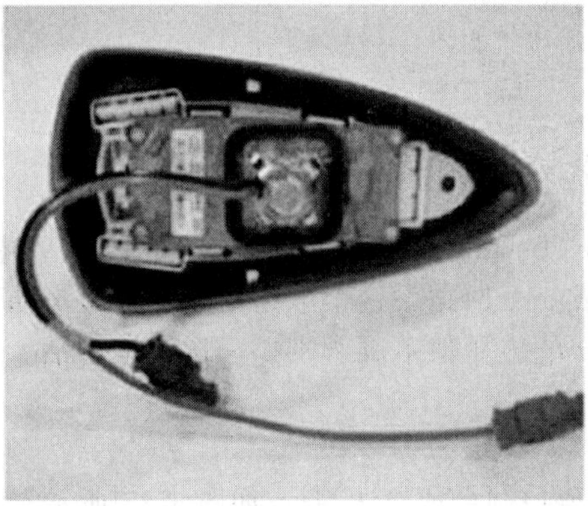

图4-28 车载电话和全球定位系统天线

图4-29 蓝牙无线

八、 车载网络的其他系统支持

当Onstar系统需要音频输出时，将向音响系统发送一条串行数据信息，使所有收音机的功能保持静音，并通过信号电路传送Onstar音频。

如果在收音机打开时车辆收到一个呼叫，那么音响系统会处于静音状态，扬声器中传出电话铃声。声音优先顺序为倒车辅助、电话、导航。

在某些车辆上，当Onstar系统启动时，空调鼓风机转速将降低，从而减小车内噪声。当Onstar系统不再启动时，空调鼓风机转速将恢复原来的设置。

其他系统如中控锁、喇叭、灯光、动力总成以及用于生成诊断报告的相关系统，需要协助完成Onstar系统的相关功能。

第五章
福特 SYNC

第一节　福特 SYNC 系统功能体验

一、 SYNC 系统概述

SYNC 是集成于整车的多媒体网关（Multimedia Gateway Module）模块并由 Ford（福特）和 Microsoft 基于 Windows Mobile for Automotive 操作系统合作开发的通信和娱乐系统。

SYNC 系统通过蓝牙、WIFI、USB 等有线无线技术与绝大多数用户多媒体播放器（iPod、Zune 等）、手机等互连操作，实现诸如语音拨号、语音播出短信内容、语音控制 MP3 播放（如播放某支歌曲），并提供诸如动态导航、远程车辆诊断等驾驶员服务。SYNC 系统部件如图 5-1 所示。

SYNC 系统通常采用 8in 触摸屏作为操作和信息显示界面，如图 5-2 所示。

图 5-1　SYNC 系统部件

图 5-2　SYNC 系统的 8in 触摸屏

二、 主要功能

SYNC 系统的主要功能包括电话、娱乐、空调控制、行车导航。

(一) 电话功能

电话功能包括免提电话、下载电话簿、语音短信播报、生日提醒、通过蓝牙的互联网连接等。电话功能界面如图 5-3 所示。

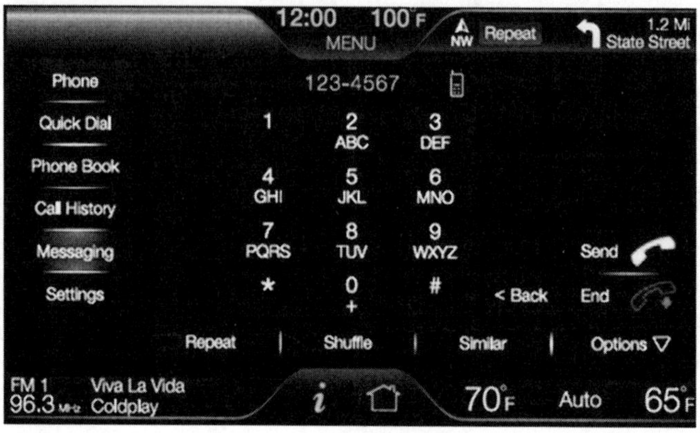

图 5-3　电话功能界面

(二) 娱乐系统功能

娱乐系统功能包括语音控制，视频、音频、图片文件播放，无线蓝牙音乐播放、多媒体设备如 SD 卡、RCA 输入等。娱乐系统功能界面如图 5-4 所示。

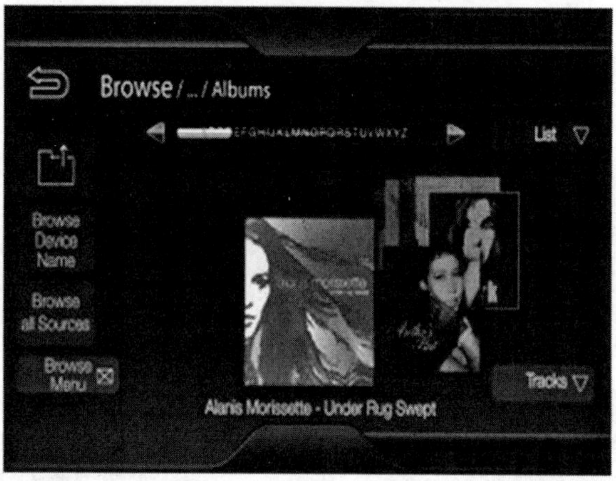

图 5-4　娱乐系统功能界面

(三) 空调功能

空调功能包括驾驶/乘客侧温度控制、风速大小控制、个人温度设置保存、座椅加热/冷却等。空调功能界面如图 5-5 所示。

(四) 导航功能

导航功能包括 SD 卡存储地图及语音数据，通过语音、POI、触摸屏等输入，提供基于地理位置的附加信息服务，地图内容本地化，地址簿与照片标签定制等。行车导航界面如图 5-6所示。

三、 功能扩展性

(一) 蓝牙功能

SYNC 系统体现人机交互的操作特点，可通过手机与汽车同步连接，蓝牙是实现同步的

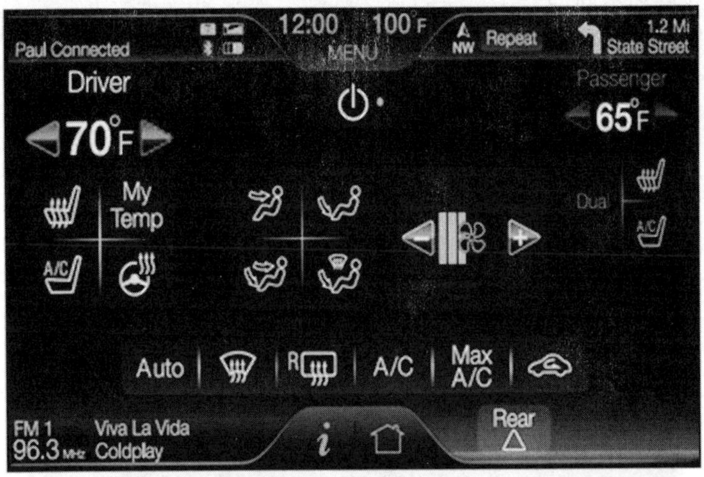

图 5-5　空调功能界面

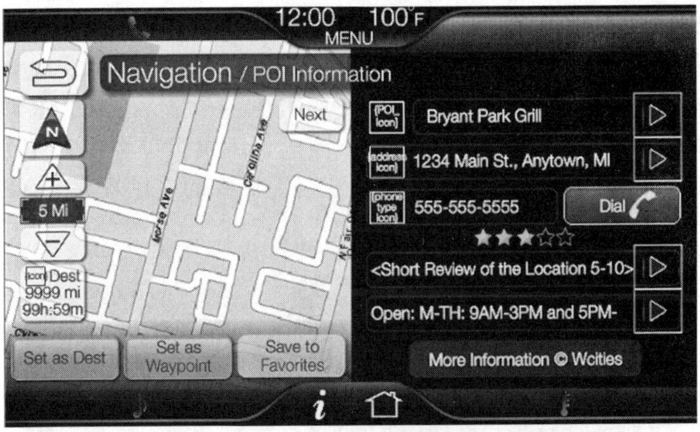

图 5-6　行车导航界面

主要方式。在蓝牙手机匹配过程中，需要匹配 PIN 码，从而保护隐私性。蓝牙手机匹配界面如图 5-7 所示。

图 5-7　蓝牙手机匹配界面

SYNC 系统支持和不同型号手机进行蓝牙连接，不仅可以进行同步手机中的电话，还可以同步音乐。连接上蓝牙后，车辆与手机自动同步，无需进行选择操作，即可播放手机的音乐，如图 5-8 所示。

图 5-8 蓝牙音乐界面

（二）WIFI 和 APPLINK

SYNC 系统有连接 WIFI 的功能，但在某些车型如新蒙迪欧中，SYNC 系统没有 WIFI 功能的互联网连接和应用，这是因为其装有 APPLINK 系统。APPLINK 应用功能可以实现 SYNC 系统与手机 APP 互联的功能。在某些车型上，手机可以控制汽车的某些功能，而通过 APPLINK 系统，在车中同样也可以控制和使用手机中的应用程序。APPLINK 系统连接如图 5-9 所示。

图 5-9　APPLINK 系统连接

APPLINK 在 SYNC 的基础上实现了汽车语音控制手机软件的功能，提高了行车安全性。目前，已经有十几个应用端支持 APPLINK，比如百度语音、新浪微博、气候通、高德导航、豆瓣 FM 等。所有支持福特 APPLINK 功能的应用都会带有 Ford 的可支持标志，如图 5-10 所示。

四、 互动功能

（一）语音识别控制

SYNC 系统的语音控制功能很强大，常用的功能都有相对的语音指令，最常用的比如打电话、收短信、调节车内温度、听音乐等。据了解，SYNC 系统能够识别超过 10000 条语音命令。

点击一键语音控制按键，进入语音控制界面，系统可识别操作者发出的语音命令，如图

5-11 所示。

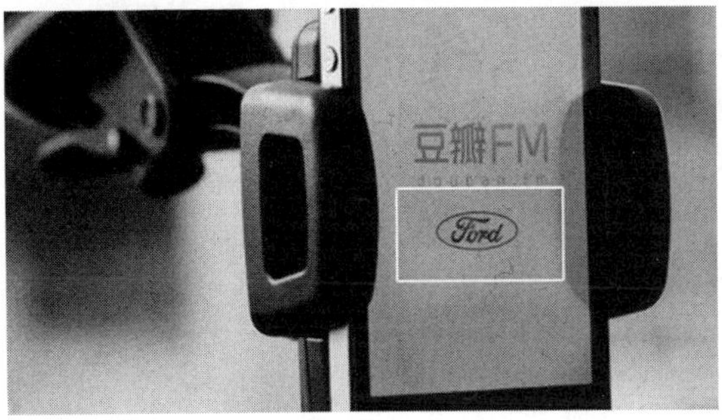

图 5-10 Ford 的可支持标志

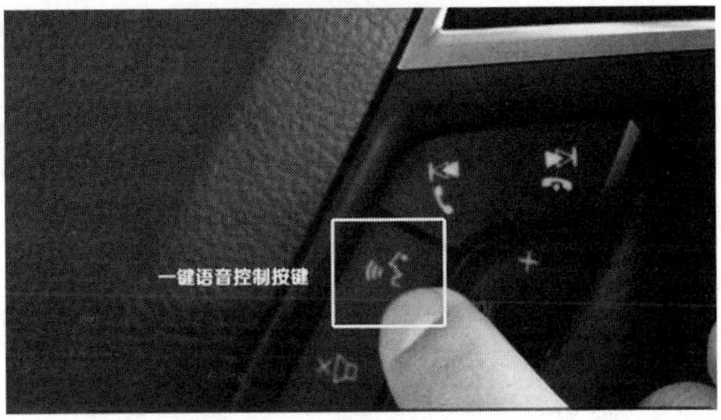

图 5-11 语音控制界面

语音控制操作方法如图 5-12 所示。

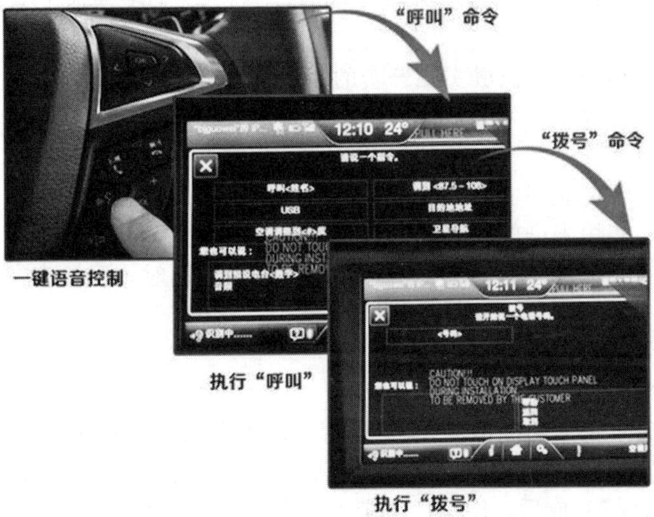

图 5-12 语音控制操作方法

（二）服务中心

福特 SYNC 系统不配备后台人工服务中心。虽然 SYNC 系统的人机交互比较出色，但是在一定程度或者时间内，还是没有人工服务来得实在和方便。

五、 紧急救援

因为没有人工服务中心，所以福特 SYNC 的紧急救援系统依靠其较为强大的人机交互来完成。当车辆在行驶过程中发生严重事故的时候，系统会自动通过与汽车相连的手机向福特后台发出救援电话。紧急救援界面如图 5-13 所示。

如果当时没有和手机连接的话，那么紧急救援无法实现。

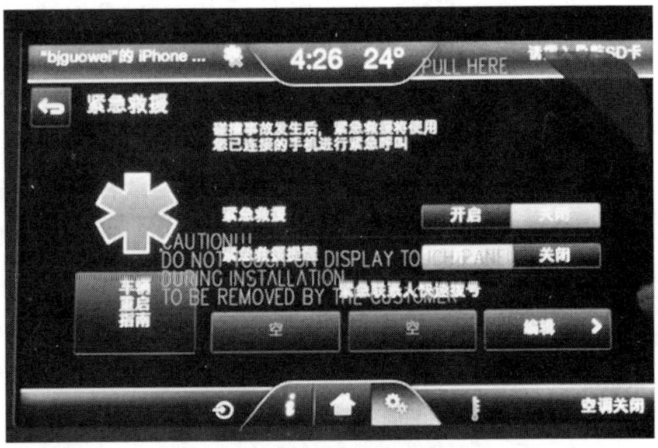

图 5-13 紧急救援界面

六、 费用

SYNC 系统目前涉及联网的功能基本没有，也没有人工后台服务。因此，SYNC 系统及 APPLINK 功能是不需要付费的，而在应用程序的使用过程中，也不需要缴纳使用费用。这是针对免费软件来说的，厂家并没有提及应用软件的购买费用，所以如果需要使用付费应用的话，需要支付 APPSTORE 上的购买费用。

第二节 SYNC 系统使用说明

一、 概述

2007 年引入的 SYNC 系统是一个独特的、全集成和声控的通信和娱乐系统，它改变了移动电话与车辆的连接方式，给客户带来令人激动的新功能。此后 SYNC 系统增加了紧急救援辅助报警和车辆健康报告功能。在 2009 年末，SYNC 系统增加了交通报告、导航和信息服务功能。

由于声控技术的运用，当驾驶员在开车的时候，SYNC 系统能让驾驶员保持与车载娱乐和通信系统的连接。它改变了驾驶员以前在车上操作个人音乐播放器和通过蓝牙系统使用手机的方式。

SYNC 系统让驾驶员能够使用各种带蓝牙功能的手机、数字播放器和其他电子存储设备与车辆保持连接。它使用先进的技术来连接和控制这些设备。其中最重要的部分是声音命令控制技术，它允许驾驶员保持他们的眼睛始终在道路上的同时，手一直在方向盘上。

二、 SYNC 的电话使用

（一）配对带蓝牙功能的手机

配对意味着开启带蓝牙功能的手机与 SYNC 系统之间的连接关系。它只需要完成一次配对，在配对完成后，SYNC 系统可以连接上带蓝牙功能的手机。SYNC 系统可以配对多达 12 部蓝牙手机。当连接完成后，SYNC 系统可以跟手机通过无线功能进行通信。

不是所有手机都支持 SYNC 的呼叫功能。关于手机的兼容信息，请访问 syncmyride. com。

（二）如何配对带蓝牙功能的手机

下面的步骤是告诉你如何配对一个带蓝牙的手机和下载通讯簿，只需简单地根据提示的引导进行操作。

（1）确保车辆的点火开关和收音机开关是打开的，同时车辆是处于 P 挡位置。

（2）按下，进入电话菜单。SYNC 将尝试建立连接，同时收音机的显示屏上会指示没有手机被配对。

（3）按 OK 键，这时显示屏上会出现“添加设备”。

如果显示屏上一开始没有显示“添加设备按”，重复按▲/▼键。

（4）按 OK 键来确认你选择进入“添加设备”菜单。

（5）当显示屏上出现“搜索 SYNC”，按 OK 键。根据手机的使用说明，将手机设定为蓝牙搜索模式。一个 6 位的 PIN 将出现在显示屏上。

（6）当你的手机显示屏上出现提示时，输入由 SYNC 提供的 6 位 PIN 码。

（7）当配对成功后，音响的显示屏会显现“连接”。

（8）SYNC 会提示你是否将这个手机设定为你的首选。如果确认是，就按 OK 键。

（9）如果你的手机支持电话簿和通讯记录通过蓝牙下载，你可以在这个时候下载电话簿到 SYNC 或者退出配对手机的过程。在音像显示屏上出现“下载电话簿?”时，按 OK 确认下载。

如果你不想下载电话簿与通讯记录，按向下选择的箭头按钮一直到“否”显示出来，按 OK 键。

这个部分的 SYNC 的功能操作指导适用于不带导航功能的车辆。

（三）如何接听电话和结束通话

接听来电，按下。结束通话，按下并保持住。方向盘上的电话按键如图 5-14 所示。

图 5-14　方向盘上的电话按键

（四）如何拨打电话

当需要拨打电话时，可以告诉 SYNC 去拨一个电话号码或电话簿里人的名字。

（1）按或者 VOICE 按键，然后说“电话”。

（2）当 SYNC 发出提示后，说“呼叫”《电话号码》或者说“拨”；当 SYNC 再次发出提示后，说出想呼叫的号码。当 SYNC 确认号码后，再次说“拨打”。

当清除上个说的数字时，说“删除”或者按◀。当清除说过的数字时，说“清除”或者按◀。

（五）如何在已完成配对的手机之间进行切换

（1）按，进入电话菜单。

（2）向下移动直到显示屏上出现“系统设定”菜单。

（3）按 OK 键确认进入“系统设定”菜单。

（4）向下移动直到“BT 设备”出现在显示屏上。

（5）按 OK 键确认进行选择，进入 BT 设备菜单。

（6）向下移动直到“连接设备”出现在显示屏上。

（7）按 OK 键确认，同时观察先前已经完成配对的手机清单。

（8）选择你要连接的手机，按 OK 键连接手机。

（六）上车或下车时如何保持手机通话

当你上车时还在打电话，没有必要先挂断电话再上车。如果上车时你的手机先前已经配对过，SYNC 将马上连接你带蓝牙功能的手机，同时自动将你的通话转移到免提状态。当你下车时，这个系统能将你的通话转移到你的手机。

三、 SYNC 的多媒体功能

（一）如何将数码播放器与系统连接

（1）打开点火开关和收音机。

（2）将播放器通过 USB 接口与车辆连接上。如果播放器有 ON/OFF 开关，连接车辆时要将它开到 ON。

（3）按或者发出声控命令。

如果播放器里存储了非常多的媒体文件，文件的搜索过程可能会显示在收音机显示屏上。当搜索过程完成后，就可以通过声控命令进行操作。

（4）当有提示完成的时候，发出声控命令“USB”。

（5）当需要播放音乐时，发出一个声控命令即可。

在任何情况下，都可以按[声控键图标]或者发出声控命令“帮助”，以获得更多选项。

（二）如何对已与车辆相连的数码播放器进行声控操作

（1）打开点火开关和收音机，将播放器通过 USB 接口与车辆连接，如图 5-15 所示。

图 5-15　通过 USB 接口连接播放器

（2）按方向盘上的[声控键图标]按钮或声控键。

（3）当音响准备完毕后，发出声控命令“USB”。接下来就可以通过发出声控命令来对播放器进行控制。

四、紧急救援辅助报警功能和车辆健康报告

从 2008 年第三季度开始，福特 SYNC 系统新增加了两个功能，即紧急救援辅助报警功能和车辆健康报告功能。这些附加的配置使得更多的客户选择配备 SYNC 系统的福特、林肯和水星品牌的车辆。尚未配备此功能的车辆，可以通过软件升级来实现。

辅助报警功能在事故发生后自动拨通当地的紧急救援呼叫台，其触发原因包括安全气囊启动或部分车型上紧急切断燃油泵。

（一）如何设置紧急救援辅助报警功能

为了使紧急救援辅助报警功能可以正常使用，客户需要有一台配备有蓝牙功能的手机，并使之与 SYNC 系统绑定，并在车上完成紧急救援辅助报警功能的设置。

当完成手机与 SYNC 系统的绑定后，SYNC 会显示相关的提示信息。在系统里选择打开紧急救援辅助报警功能。一旦开启了此功能，SYNC 系统就会存储这些设置并将它应用于所有绑定的并连接上的手机里。

（二）紧急救援辅助报警功能如何工作

车辆点火开关必须打开，SYNC 系统必须有足够的电量来进行工作。

必须有一部已与 SYNC 系统绑定的手机在车内，蓝牙已经打开并与 SYNC 系统相 连。当手机与 SYNC 系统相连后，显示屏上会简单地显示出手机的名字，当紧急救援辅助报警系统关闭时，也会显示相关的警告信息。

如果以上条件均已满足，若气囊已经引爆或者燃油泵（部分车型）已经停转，那么紧急救援警告辅助功能就会激活。

SYNC 允许用户在误拨紧急救援的情况下及时取消通话。用户可以长按方向盘上的电话按键来取消通话。配有导航系统的汽车，可操作界面上的取消按键来结束通话。未取消，则 SYNC 将会通过用户连接好的蓝牙手机进行通话。

在拨通紧急救援后不久，SYNC 将自动向电话接线员播放该车发生车祸的录音。当录音播完后，SYNC 会打开麦克风和音响系统，以便用户可直接和接线员对话。

如果需要报告事故地点而用户不能提供确切地点，那么接线员可以通过手机 GPS（如有配备）或手机信号来确定位置。

若手机不是初始配置的手机或已连接的手机不可用，SYNC 将会自动寻找其他曾配过的手机。

（三）车辆健康报告功能

在 SYNC 的车辆中，车辆健康报告（VHR）集成了多种途径的数据，包括定期维护、经销商检查项目、召回和异地服务、制动系统和悬挂系统诊断、发动机和变速箱的排放诊断、安全气囊系统和驾驶辅助系统诊断。

（四）如何使用车辆健康报告

在 syncmyride. com 网站上注册用户，设置车辆健康报告参数以激活服务。

当激活该服务时，非强制性选项设置是，车辆健康报告运行完后，系统接收 SYNC 紧急诊断结果。可以设置里程间隔提醒，也就是进行定期维护。

SYNC 会利用手机记录车辆数据并将其传到 Ford 公司。

(五) 如何启动车辆健康报告

发动机处于运转状态，且蓝牙手机连接上 SYNC。按下声音按键，等待 SYNC 出现连接提示后，即可发出口头指令“车辆健康”。SYNC 将会执行指令，收集车辆 VIN、里程数和诊断信息，然后通过手机将数据传递给 Ford 汽车公司。

(六) 如何查看车辆健康报告

在 syncmyride. com 网站上设置参数成功后，将会有邮件或文本信息提醒你，邮件中包含车辆健康报告的链接。

(1) 登录 syncmyride. com，输入用户名及密码。

(2) 进入“VEHICLE HEALTH REPORT”，点击“VIEW REPORT”，即可查阅每部分的详细报告。

五、 SYNC 升级注意事项

经销商可以通过 PTS 网站升级不带紧急救援辅助报警功能和车辆健康报告功能的 SYNC 系统，详细的升级信息请联系服务经理。

经销商应帮助用户在 syncmyride. com 注册用户、完成升级，设置好车辆健康报告参数以激活服务。

六、 交通信息、 导航和信息功能

2009 年，Ford 再次扩展 SYNC，使用行业领先的声音识别软件，服务项目增加了实时路况、道路导航和信息服务。这是由 Microsoft、Tellme、TeleNav、INRIX 和 Airbiquity 等公司提供的技术支持。目前仅在 2010 SYNC 中装配，且无导航模块。该系统提供简单的语音控制即可获得道路状况、行驶方向、业务清单、体育赛事、天气预报、新闻等信息。

SYNC 系统配备了先进的车辆传感器，整合了 GPS 技术和广泛的地图和交通数据，交通状况、导航和各种信息包括以下内容。

(1) 个性化的交通报告，通知驾驶员交通警示。

(2) 依据实时的交通状况和碰到不利的交通状况，比如交通事故或建筑施工时，找到可以替换的行驶路线来保证准确的行车路线。

(3) 商业搜索、新闻、体育和天气，只需要口头表述的信息即可实现搜索。

(4) 可以在任意一辆配备了 2010 SYNC 系统的福特、林肯和水星汽车上使用该服务。

(5) 商业信息和地图数据不断在免费更新，不必另外购买包含这些信息的 DVD。

七、 激活 SYNC 服务

车辆在制造过程中或者经过升级后已经存储了交通状况、导航等各种信息。客户激活账号后，连接在车上即可使用此功能。

(1) 客户通过登录 syncmyride. com 网站注册来激活服务。

(2) 客户通过按下汽车上的声音按键，然后发出语音命令“服务”来连接服务系统。

(3) 包含了交通状况、导航和各种信息的二手汽车的车主或者在把该服务连接到其他移动电话上的客户，可以在 syncmyride. com 网站上购买认证，按照指示在线激活服务。

八、 如何激活 SYNC 服务用户账户

（1）在 syncmyride. com 网站上创建 SYNC 用户账户。

（2）输入车辆识别号（VIN），然后在可供填写的地方给车辆命名。接着点击“下一步”继续。

（3）通过点击“选择”按键来确定汽车的收音机和方向盘。

（4）在可供填写的地方填上所有的日志和用户个人信息 。然后点击“下一步”继续。

（5）在可供填写的地方输入移动电话号码并确认。然后点击“下一步”继续。

（6）认真阅读条款和条件，点击“接受”来继续完成操作。

九、 个性化的 SYNC 服务

客户在 syncmyride. com 上激活账号后，SYNC 系统可以为用户提供个性化服务，从而使客户更快捷地接收感兴趣的信息。

SYNC 系统可以保存和处理“已存途经点”和交通警告。系统最多可支持 25 个已存途经点的路径规划，让交通状况和方向导航个性化，从而使用户更便捷地获得实时交通信息。

1. 设定保存点

（1）在 syncmyride. com 网站的用户账户页面上，选择“个性化您的服务”。

（2）在“个性化您的服务”页面，选择“管理保存点和警报点”。

（3）在“创建新保存点”区域输入一个名称，比如“家庭”。为该地址点命名，它就有了一个独特的声音，以便用户容易发音。

（4）根据自己的需要输入其他保存点，比如“孩子的学校”和“祖母的房子”等。

（5）通过“已存途经点”，如“去上班”或者“去孩子的学校”，客户可以获得路线信息以及路径上交通情况预测。

2. 设定交通警示点

（1）在保存点比如“家”处，点击“交通警示”。

（2）在“添加交通警示”区域选择如下模块。

① 状态：开/关。

② 来源：选择一个位置比如“工作”或者创建一个新保存点。

③ 天数：选择 1 周中要发送交通警示的天数。

④ 出发时间：选择某个时间来发送交通警示。

⑤ 行程：估算行程的预期时间。

此后，可以打开、编辑或删除任何一个保存点或警示点。

3. 如何使收藏夹个性化

SYNC 系统可以为已在 syncmyride. com 上激活了账号的客户提供收藏夹管理功能。客户通过收藏夹可以更便捷地获得诸如体育、新闻和天气等个性化信息。

（1）在 syncmyride. com 网站中的“SYNC 服务”处点击“收藏夹管理”。

（2）选择“添加体育收藏”“添加新闻收藏”或者“添加天气收藏”。

（3）在运动方面，可以选择一种具体的运动项目或球队；对于新闻来说，可从一系列项目中选择，包括“前沿分析”“商业”“技术”“环境”或“体育更新”；在天气方面，选择一个具体的省市和邮编。

此后，可以重新设定、添加或删除任何一个收藏夹。

第三节 SYNC 系统结构与工作原理

一、 SYNC 系统分类

SYNC 系统是福特（Ford）与微软（Microsoft）和索尼（SONY）联合研制开发的专为手机和数字媒体播放器配备的车载多媒体娱乐系统。硬件的配置不同，SYNC 系统的功能和组成也各有不同。SYNC 系统商标如图 5-16 所示。

图 5-16 SYNC 系统商标

早期的 SYNC GEN Ⅰ（一代）主要致力于通过蓝牙（免提拨打电话）、USB 等方式将用户的手机、播放器等设备集成到车载信息终端上来，此后增加了车辆健康状态检测和自动接通紧急救援电话的功能。目前最新的 SYNC GEN Ⅱ（二代）集成了交通监测、导航与讯息以及 WIFI 路由功能，为驾驶者连接驾驶途中所需要的信息。

(一) SYNC GEN Ⅰ系统

SYNC GEN Ⅰ系统通常称为 SYNC 系统，其外观典型的特征是多功能的 LCD 显示屏，如图 5-17 所示。

图 5-17 SYNC GEN Ⅰ系统外观

在功能上，SYNC GEN Ⅰ包括拨打电话、语音接收短消息、播放音乐、紧急救援、常用的语音指令以及进行系统更新。SYNC GEN Ⅰ系统功能如图 5-18 所示。

(二) SYNC GEN Ⅱ系统

SYNC GEN Ⅱ系统通常称为 SYNC with MyFord Touch 系统，其外观典型特征是互动式彩色触摸屏，如图 5-19 所示。

在功能上，SYNC GEN Ⅱ系统除包括 SYNC GEN Ⅰ系统所具有的功能外，还进行了以下改进。

（1）增强原有的功能，如增加了发送预存短信进行回复、语音控制收音机、语音控制 CD、语音控制蓝牙播放等功能。在语音指令上，增加了数千条语音指令，使得语音识别更加准确。

（2）增加了新的功能，如语音控制导航、语音控制空调。

SYNC GEN Ⅱ系统功能如图 5-20 所示。

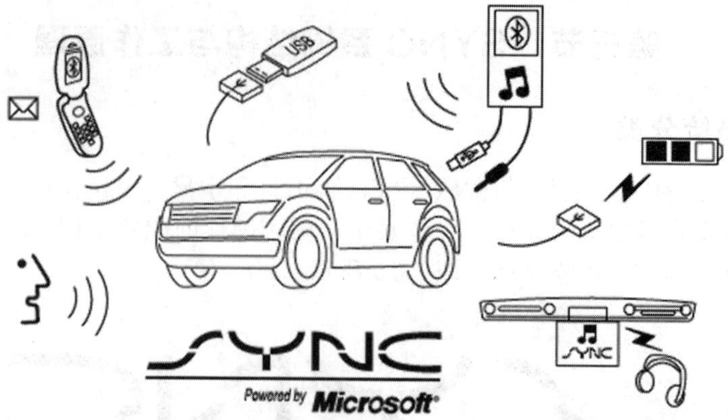

图 5-18　SYNC GEN Ⅰ系统功能

图 5-19　SYNC GEN Ⅱ系统外观

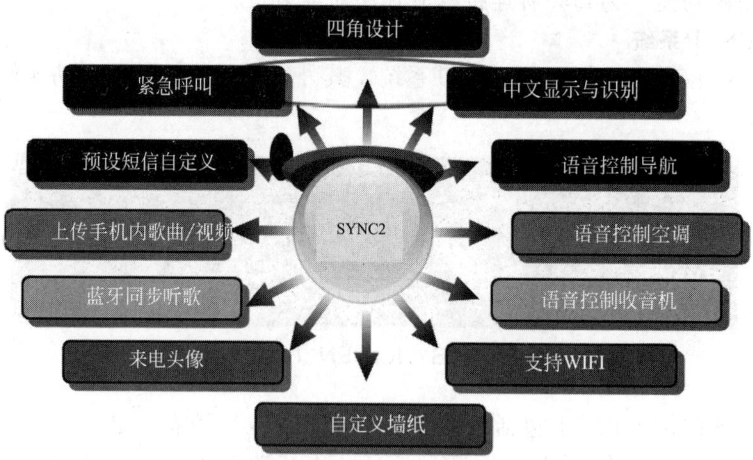

图 5-20　SYNC GEN Ⅱ系统功能

目前长安福特各款车型所配备的 SYNC 系统因车型和配置不同而不同，如表 5-1 所示。

表 5-1　SYNC Ⅰ 和 SYNC Ⅱ车型汇总

SYNC GEN Ⅰ	SYNC GEN Ⅱ
嘉年华(B299)1.5AT 劲动型	新蒙迪欧(CD391)1.5L GTDi180 时尚型(选配)
新福克斯(C346)1.6MT 风尚型	新蒙迪欧(CD391)2.0L GTDi200 时尚型(选配)
新福克斯(C346)1.6AT 风尚型	新蒙迪欧(CD391)2.0L GTDi200 豪华型
新福克斯(C346)2.0MT 豪华运动型	新蒙迪欧(CD391)2.0L GTDi240 豪华运动型
新福克斯(C346)2.0AT 豪华运动型	新蒙迪欧(CD391)2.0L GTDi240 至尊型
新福克斯(C346)1.6AT 尊贵型	新蒙迪欧(CD391)2.0L GTDi240 旗舰型

续表

SYNC GEN Ⅰ	SYNC GEN Ⅱ
新福克斯(C346)2.0AT 旗舰型	翼虎(C520)1.6 GTDi AT 精英型
翼搏(B515)1.5MT 尊贵型	翼虎(C520)2.0 GTDi AT 精英型
翼搏(B515)1.0 GTDi MT 尊贵型	翼虎(C520)2.0 GTDi AT 运动型
翼搏(B515)1.5AT 尊贵型	翼虎(C520)2.0 GTDi AT 尊贵型
翼虎(C520)1.6 GTDi AT 风尚型	

二、 SYNC 系统结构和信号传递

SYNC 系统增加了一个独立的 SYNC 模块，或者称为 FCDIM 模块，该模块连接在 MS-CAN 网络上，接收控制面板（FCIM）以及方向盘按键的 SYNC 启动开关信号。与 SYNC 功能相关的其他硬件还包括音响控制单元（ACM）以及各种信号输入接口。

下面以长安福特 C346/C520 的 SYNC GEN Ⅰ 及 SYNC GEN Ⅱ系统为例，介绍系统组成、信号传递及电路的连接方式。

（一）SYNC GEN Ⅰ系统结构及信号传递

SYNC GEN Ⅰ系统结构及信号传递如图 5-21 所示。

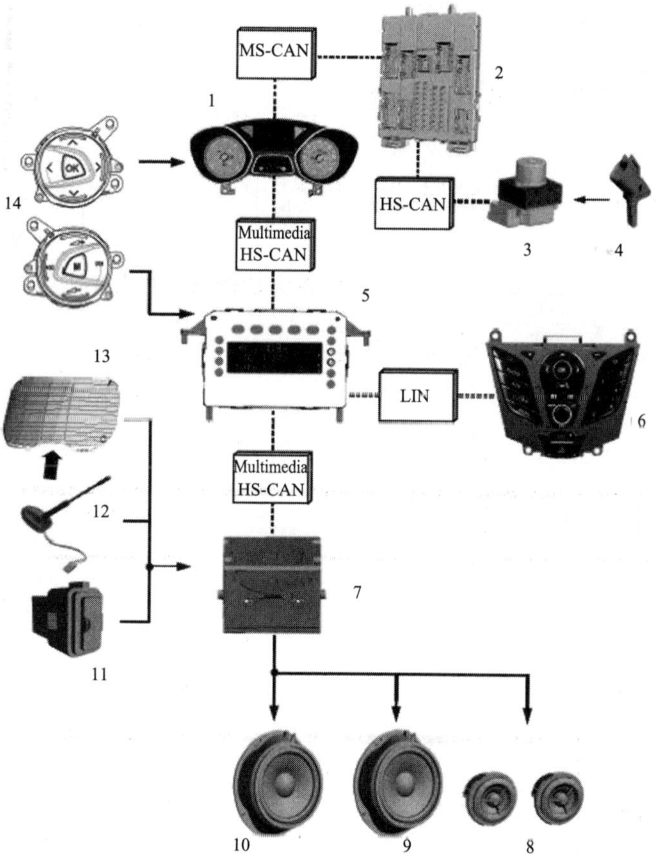

图 5-21 SYNC GEN Ⅰ 系统结构及信号传递

1—仪表单元； 2—车身控制模块； 3—ABS 控制模块； 4—轮速传感器； 5— FCDIM 显示屏； 6—FCIM 控制面板； 7—音响控制模块（ACM）； 8～10—扬声器； 11—音频和 USB 设备； 12， 13—收音机天线； 14—方向盘按键； HS-CAN—高速 CAN 网络； MS-CAN—中速 CAN 网络

收音机天线、音频和 USB 设备与音响控制模块相连，FCIM 控制面板通过 LIN 网络将面板按键信号传送至 FCDIM 显示屏。方向盘按键信号通过单独的信号线传送至 FCDIM，FCDIM 再通过 CAN 网络传送至音响控制模块。

ABS 控制模块对轮速传感器信号进行处理，然后将车速信号通过 CAN 网络传送至车身控制模块（BCM）、仪表单元、FCDIM 和 ACM，用于随速音量的控制。

SYNC GEN Ⅰ系统的 USB 电路连接如图 5-22 所示。

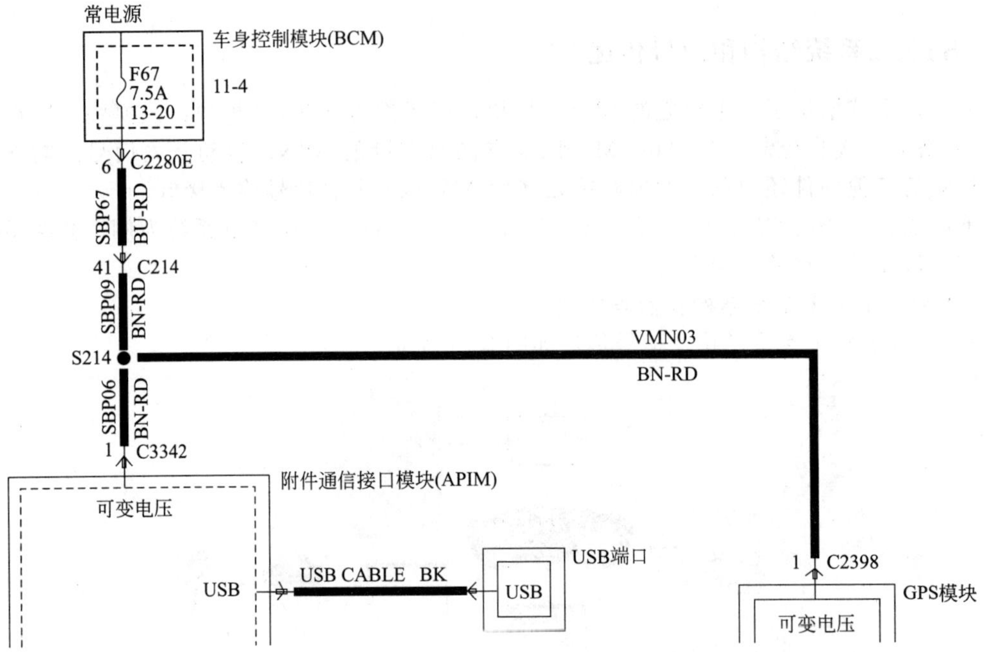

图 5-22 SYNC GEN I 系统的 USB 电路连接

SYNC GEN I 系统的 MIC＋AUX 电路连接如图 5-23 所示。

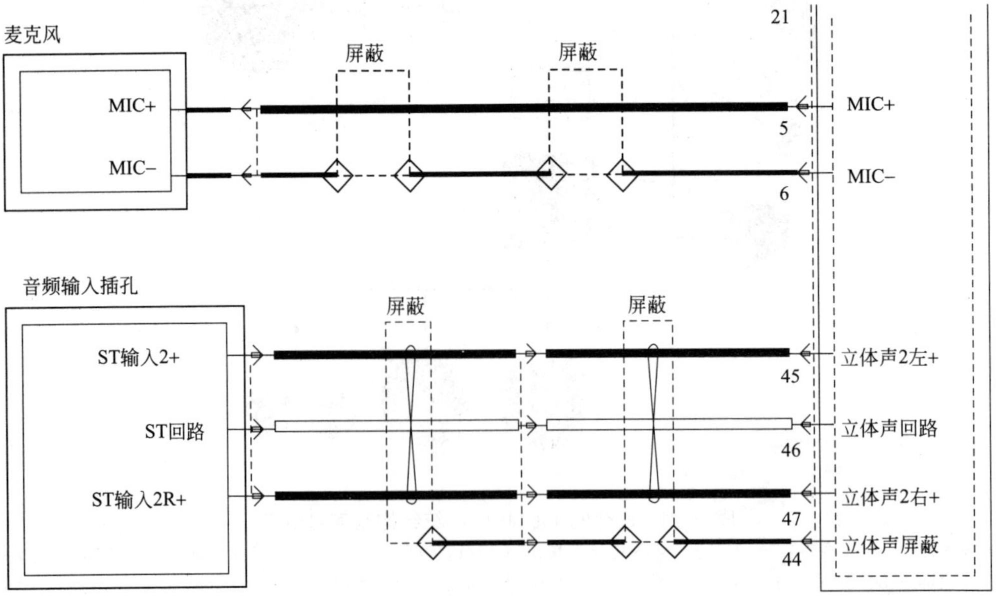

图 5-23 SYNC GEN Ⅰ系统的 MIC+ AUX 电路连接

(二）SYNC GEN Ⅱ系统结构及信号传递

SYNC GEN Ⅱ系统结构及信号传递如图 5-24 所示。

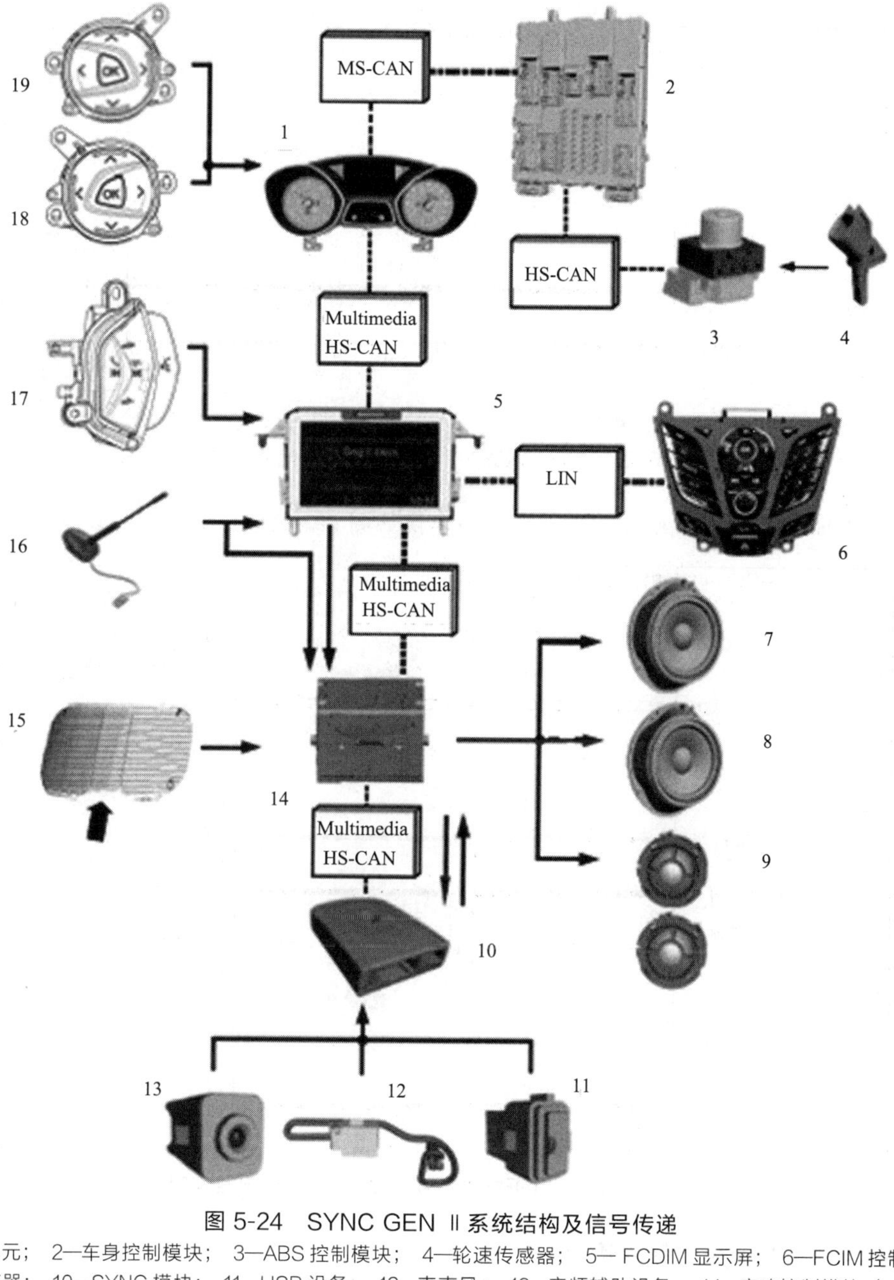

图 5-24 SYNC GEN Ⅱ系统结构及信号传递

1—仪表单元； 2—车身控制模块； 3—ABS 控制模块； 4—轮速传感器； 5— FCDIM 显示屏； 6—FCIM 控制面板；
7～9—扬声器； 10—SYNC 模块； 11—USB 设备； 12—麦克风； 13—音频辅助设备； 14—音响控制模块（ ACM ）；
15，16—收音机天线； 17—SYNC 语音启动开关； 18，19—方向盘按键；
HS-CAN—高速 CAN 网络； MS-CAN—中速 CAN 网络

收音机天线通过单独导线与音响控制模块相连。音频辅助（AUX）设备、麦克风（MIC）和 USB 设备通过单独的导线与 SYNC 模块相连。SYNC 模块通过 CAN 网络与音响控制模块相连。FCIM 控制面板通过 LIN 网络将面板按键信号送给 FCDIM 显示屏。装在方向盘上的 SYNC 语音启动开关通过单独的导线与 FCDIM 相连。

ABS控制模块对轮速传感器信号进行处理，然后将车速信号通过CAN网络传送至车身控制模块（BCM）、仪表单元、FCDIM和ACM，用于随速音量的控制。

SYNC GEN Ⅱ系统的MIC电路连接如图5-25所示。

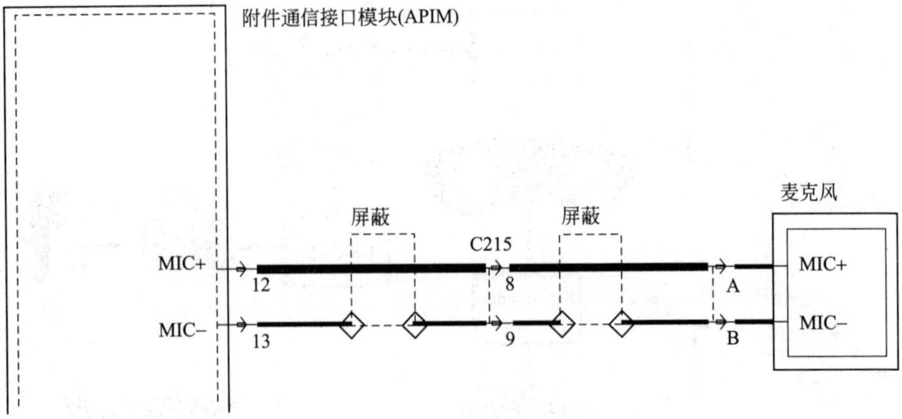

图5-25　SYNC GEN Ⅱ系统的MIC电路连接

SYNC GEN Ⅱ系统的A/V＋USB电路连接如图5-26所示。

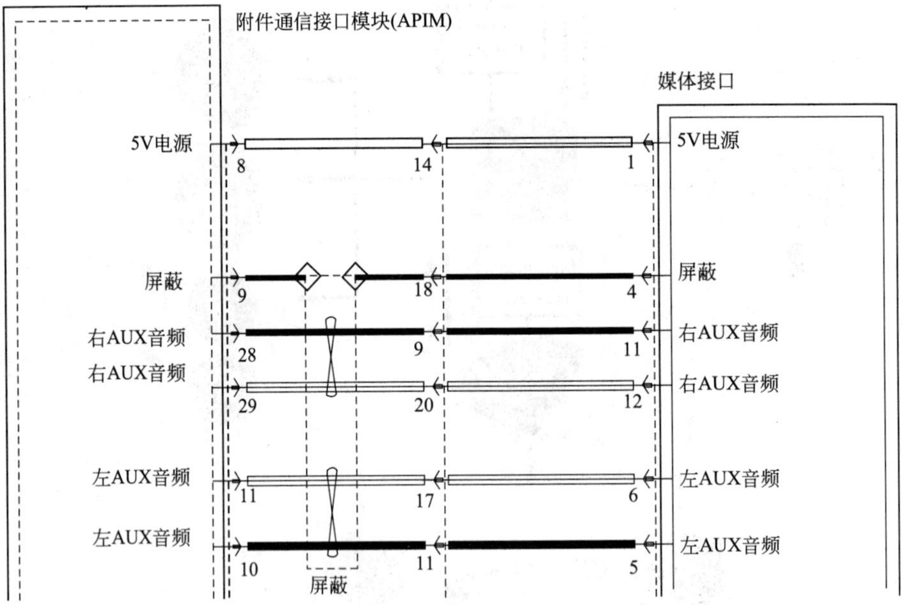

图5-26　SYNC GEN Ⅱ系统的A/V+ USB电路连接

（三）USB、SD、A/V信号输入接口

随着数码技术、USB存储及SD卡存储的普及，目前大多数福特车型同时配有USB接口、SD卡插槽和A/V音视频信号插口，如C520、CD391车型。

其中，USB和SD既可作为音频信号输入，也可以作为视频信号输入，有的车型的SD卡插槽还作为导航的地图数据存储。

USB、SD、A/V信号输入接口如图5-27所示。

A/V音视频插孔是3个同轴电缆插孔，其中黄色的是视频（Video）信号插孔，红色和白色的分别是音频（Audio）左、右声道插孔。

SD 插孔可装入 SD 卡。USB 插孔可连接 USB 存储器。部分车型有 2 个 USB 插口，一个用于数据存储播放，另一个用于 5V 充电。

（四）SYNC 语音启动开关

方向盘右侧按键面板除了具有音量＋、－、上一曲、下一曲、接通、挂断电话等功能键外，还增加 SYNC 语音启动开关，如图 5-28 所示。

图 5-27 USB、SD、A/V 信号输入接口

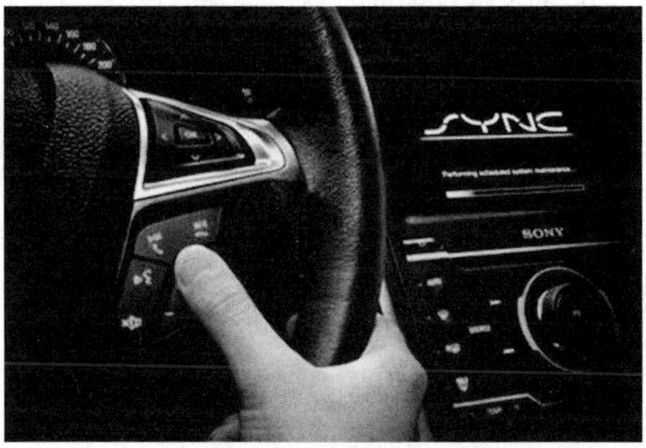

图 5-28 SYNC 语音启动开关

三、 SYNC 系统诊断和维修

SYNC 系统诊断包括两个部分：一是通过 IDS 诊断仪对 SYNC 模块进行网络测试、自测以及对数据记录器进行诊断；二是通过 Ford 的专用音响系统专用诊断工具 MIT（420-373），来对 SYNC 系统的 3 个信号输入接口、蓝牙（BLUETOUCH）、AUX 辅助音频信号、USB 接口的音频信号进行测试。

SYNC 系统维修包括两个部分：一是 SYNC 模块的更换和模块编程维修；二是 SYNC 软件的升级。

（一）MIT 测试

MIT 诊断工具可以测试蓝牙、USB、AUX 辅助音频三种输入信号是否能够被音响系统正确地接收。MIT 诊断工具可以提供三种类型的信号，如果被音响系统接收并正确处理，那么会通过音响发出语音提示，表示某个信号输入正常。MIT 诊断工具如图 5-29 所示。

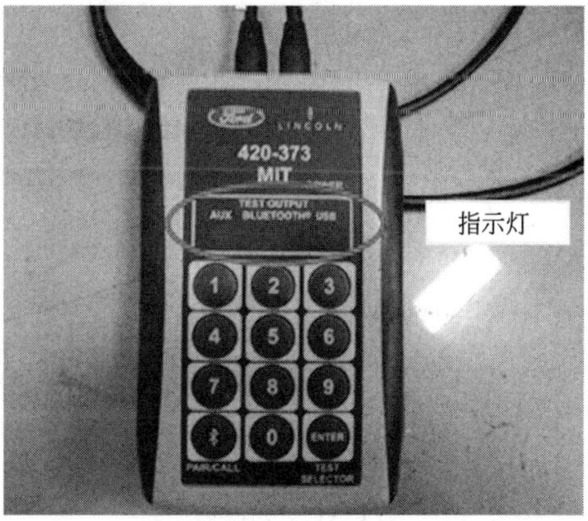

图 5-29 MIT 诊断工具

MIT 诊断工具通过 USB 接口来供电工作。3 个指示灯对应 3 个信号源测试项。利用回车键来切换测试项，然后在音响面板上选择相应的播放功能，如果音响设备可以收到 MIT 诊断仪发来的信号，那么将通过播放方式来告知测试正常。

蓝牙测试较为复杂，需要按住 MIT 诊断工具的蓝牙键，当 3 个指示灯同时亮起时，输入音响屏幕显示的匹配码，然后利用 MIT 诊断工具的数字键输入匹配码，并按回车键确认，当匹配成功后，再按下 MIT 诊断工具的蓝牙键，如果音响设备能够正确收到蓝牙信号，那么会显示“是否接听”。点击音响设备的接受键，可播放蓝牙信号正常的信息。

(二) SYNC 升级

SYNC 系统升级的操作，既可以由技师在车间从 PTS 网站下载相应的软件，然后通过 IDS+VCM 来完成，也可以由车主自行在网站下载相应的升级软件，通过车辆的 USB 插口完成升级。下面介绍技师升级的操作方法。

1. 进入 SYNC 升级菜单

在 PTS 网站的网页顶部选择“OASIS”选项，然后在下拉菜单中选择“SYNC”，进入 SYNC 升级菜单，如图 5-30 所示。

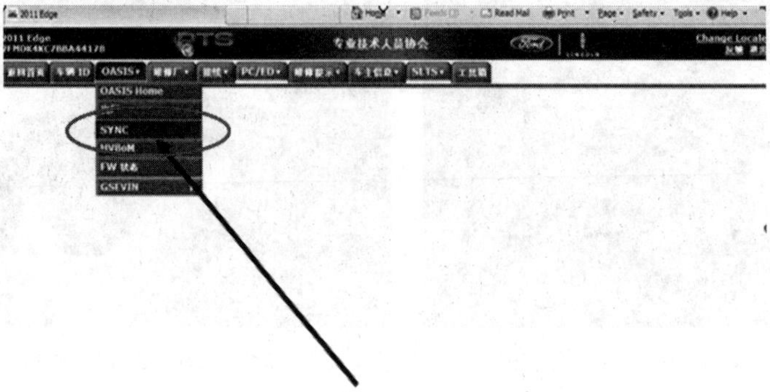

图 5-30　进入 SYNC 升级菜单

2. 读取 SYNC 信息

PTS 确认该车配备的 APIM/SYNC 模块的版本。选择菜单下部的“自定义的”，然后选择“读取 SYNC”，如图 5-31 所示。

图 5-31　读取 SYNC 信息

3. 选择 SYNC 的相应版本

IDS 诊断仪读取 APIM/SYNC 模块的零件编号，之后会将适用于该车辆的软件更新显示出来。选择中间的选项以及屏幕底部中间的按钮，选择中国市场提供的软件更新内容，如图 5-32 所示。

通过屏幕底部的屏幕的勾号，将会引导你进入一个应用选择屏幕。选择 8" Ford Graphics pack（8in 图形包）和 English Language update（英文版本更新）。屏幕提示将相应的导线连接上，然后参照屏幕上的指示进行操作，如图 5-33 所示。

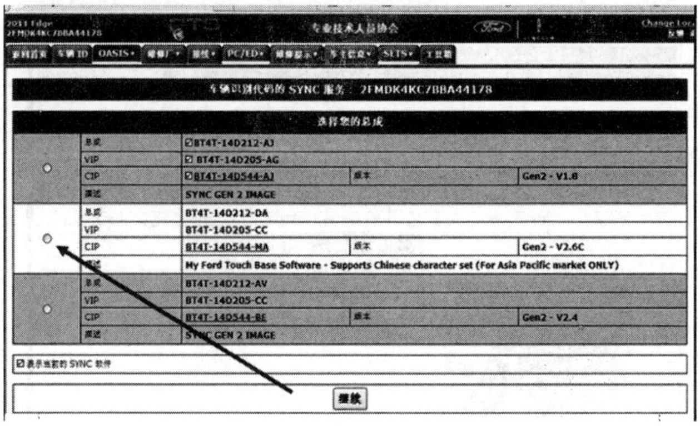

图 5-32 中国市场提供的软件更新内容

图 5-33 选择 SYNC 的相应软件

4. 下载软件

如果该车第一次升级 APIM/SYNC 模块，那么将从福特的服务器读取两个文件。当两个文件下载成功后，系统将进行保存，软件的更新也将相应开始。下载软件如图 5-34 所示。

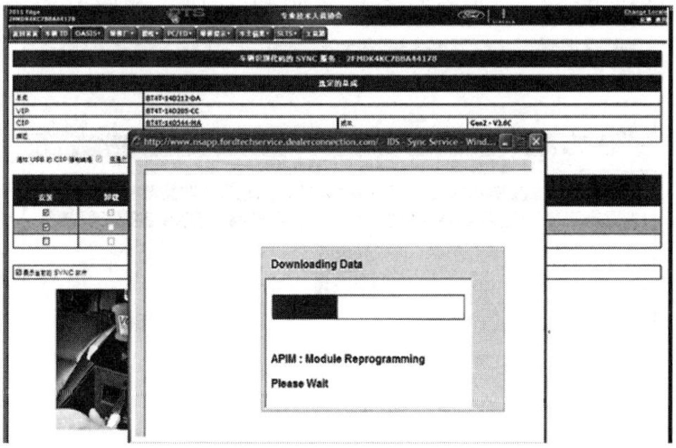

图 5-34 下载软件

参考屏幕中的提示操作，启动车辆并让其怠速运转，如图 5-35 所示。

按照屏幕提示完成 APIM 重置，如图 5-36 所示。

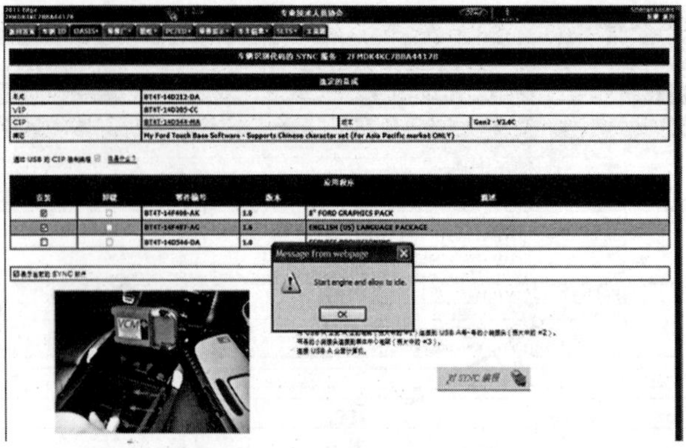

图 5-35 启动车辆提示界面

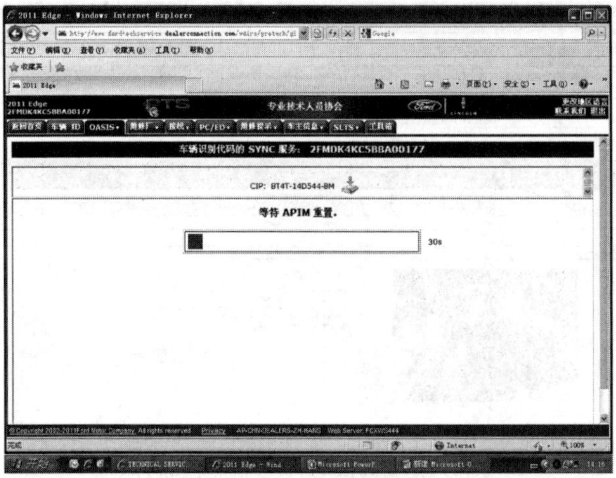

图 5-36 APIM 重置

5. 复制 SYNC 程序

参考 PTS 网站上的提示进行操作。在电脑（IDS 诊断仪）里插入一个 2G 以上的 U 盘，点击“刷新驱动器”按钮继续，电脑会将文件复制到 U 盘，如图 5-37 所示。

图 5-37 复制 SYNC 程序

复制完成后将 U 盘插入车辆 USB 接口，编程将自动进行。

6. SYNC 程序安装

车辆会自动进行 SYNC 程序的安装。当 SYNC 程序安装完成之后，需要将 U 盘重新插回电脑，电脑会在 PTS 网站对 SYNC 软件升级的信息进行相应的记录。SYNC 程序安装界面如图 5-38 所示。

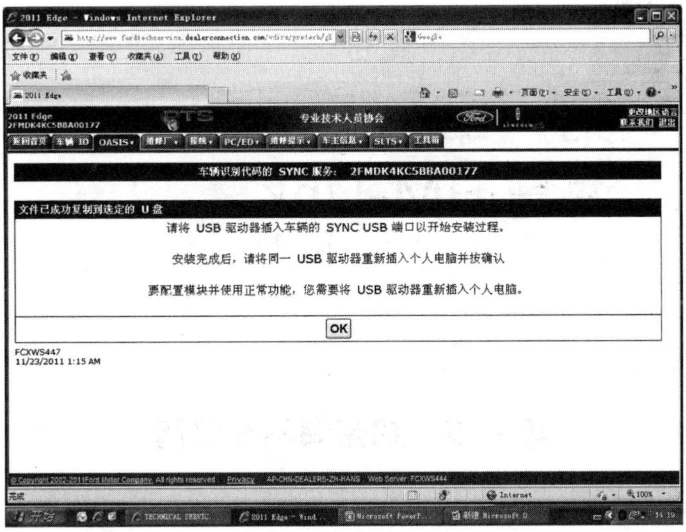

图 5-38　SYNC 程序安装界面

7. 升级完成

当所有的软件更新完成后，将 U 盘插入诊断仪，车辆的维修记录将上传到福特服务器里，PTS 网站显示编程已经完成的提示信息。SYNC 升级完成界面如图 5-39 所示。

图 5-39　SYNC 升级完成界面

第六章
海马 HM-Link

第一节　郑州海马车联网

一、 系统结构及配置参数

郑州海马车联网产品包含四部分，即音响主机、T-BOX 终端、手机 APP 和后台系统。音响主机主要用于影音娱乐以及车辆信息显示；T-BOX 终端主要用于和后台系统/手机 APP 通信，实现手机 APP 的车辆信息显示与控制。郑州海马车联网通信原理如图 6-1 所示。

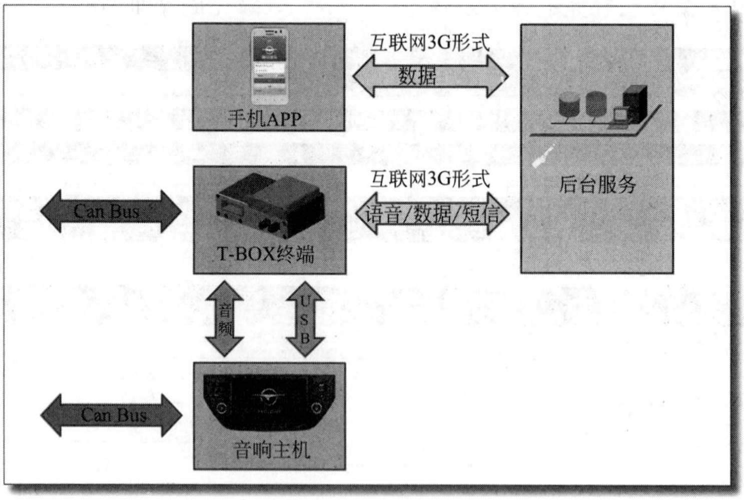

图 6-1　郑州海马车联网通信原理

T-BOX 终端与音响主机通过 Can Bus 通信，实现指令与信息的传递，包括车辆状态信息、按键状态信息、控制指令等；通过音频连接，实现双方共用麦克与喇叭输出。

T-BOX 终端与手机 APP 是通过后台系统以数据链路的形式进行间接通信（双向）。

T-BOX 终端与后台系统通信还包括语音和短信两种形式，后者主要实现一键导航及远程控制功能。

ACC 熄火后，为了保证 T-BOX 终端工作电流更低，通信模块将会断开数据链路，仅保留短信接收和电话打入功能。仅当需要远程控制时才需要发送短信，信息查询的是客服中心熄火前的数据，不需要发送短信。

郑州海马车联网配置参数如表 6-1 所示。

表 6-1 郑州海马车联网配置参数

配置	海马车联网
操作系统	安卓系统 4.4
屏幕类型	多点触控电容屏
菜单语言	中文
接口	HDMI、USB、SD
产品尺寸	8.0in
第三方地图	E 图通
网络运营商	电信
APP 扩展	支持
蓝牙功能	支持
3G 上网	不支持
WIFI 热点上网	支持
影音播放	支持
一键导航	支持
查看车况	车况诊断和保养信息服务
电话功能	带一键直拨功能(支持拨打其他号码)
语音控制	科大讯飞(云端)
防盗追踪	支持
地图更新	支持
实时路况	支持
手机互联	HDMI

二、 车联网功能介绍

郑州海马车联网系统功能流程如图 6-2 所示。

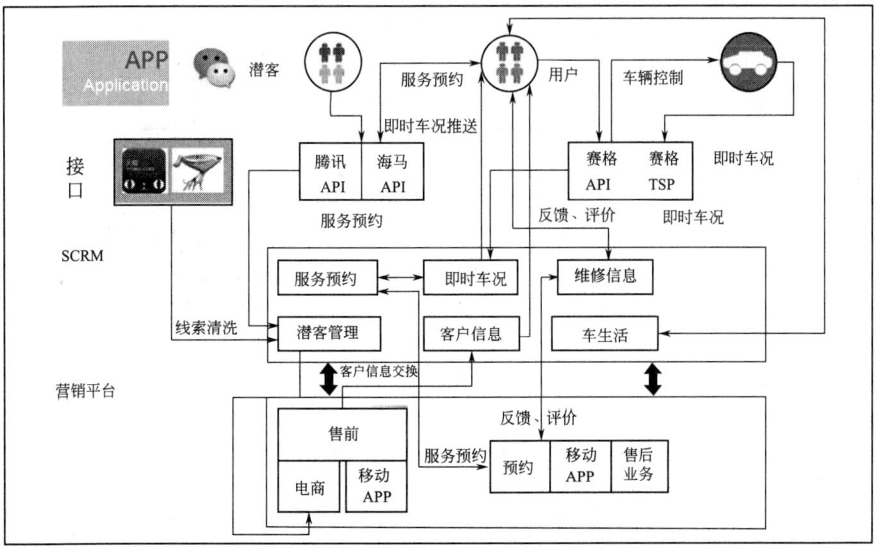

图 6-2 郑州海马车联网系统功能流程

郑州海马车联网系统功能流程包括客户管理、客户服务管理、即时车况信息流、车辆控制、车生活。

（一）客户移动 APP 方案

配备有车联网通信终端的海马车型，车主在购车时签署用户服务协议，完成注册可使用手机 APP。手机 APP 登录界面如图 6-3 所示。

手机 APP 的车辆控制菜单中包括的功能选项有：仪表状态、车库寻车、车辆体验、开尾箱、中控锁开关、关闭车灯、车窗开关、开近光灯。手机 APP 车型控制操作界面如图 6-4 所示。

图 6-3 手机 APP 登录界面

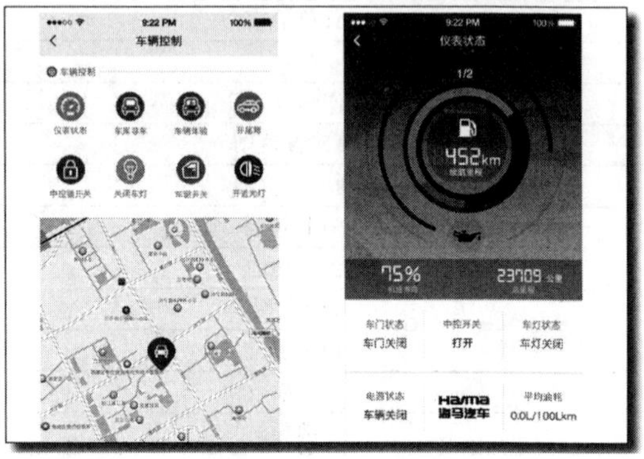

图 6-4 手机 APP 车型控制操作界面

手机 APP 的车辆控制菜单中包括预约、保养、维修、一键救援等项目。

（二）用户主动预约流程

在用户主动预约流程中，用户发起的预约由 4S 店确认预约的有效性，然后进行预约后的维修、支付及评价，服务流程如图 6-5 所示。

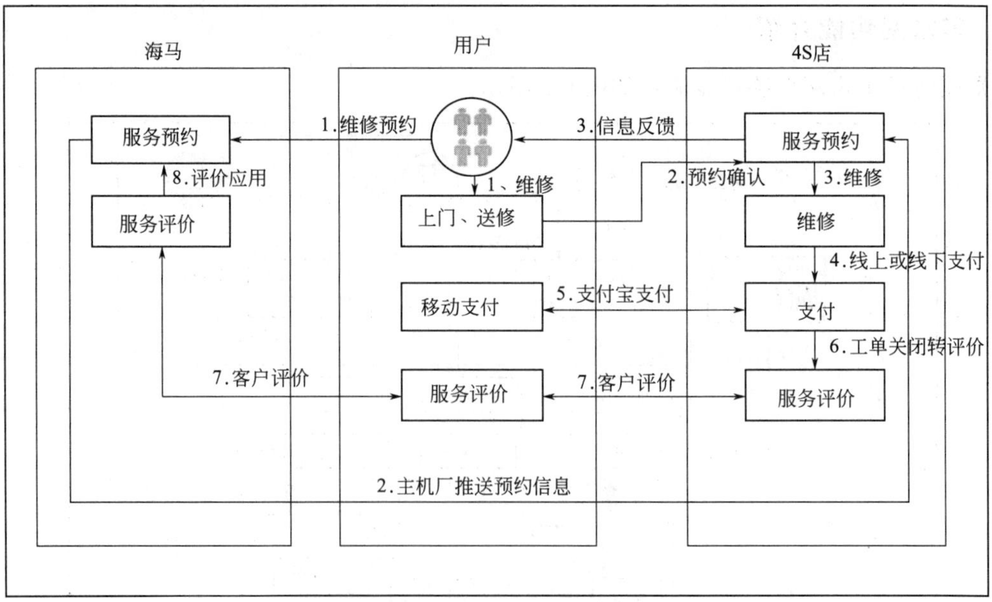

图 6-5 用户主动预约服务流程

(三) 主机厂主动预约流程

对于主机厂主动预约，如车辆故障触发的预约，可由4S店确认预约的有效性，然后进行预约后的维修、支付及评价，服务流程如图6-6所示。

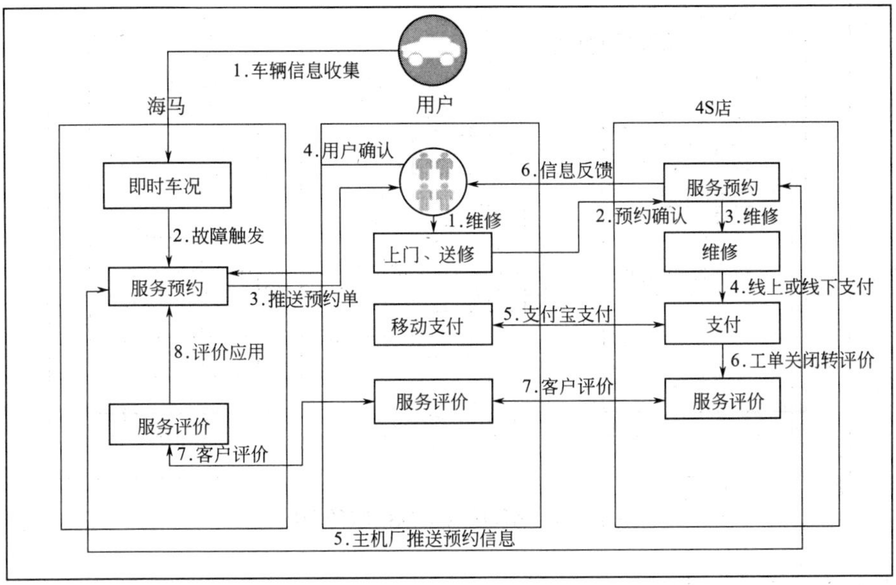

图6-6　主机厂主动预约服务流程

(四) 主机厂促销预约服务流程

主机厂促销预约的礼包可包含工时优惠、机油优惠、汽车用品优惠。用户发起的预约由4S店确认预约的有效性，然后进行预约后的维修、支付及评价，服务流程如图6-7所示。

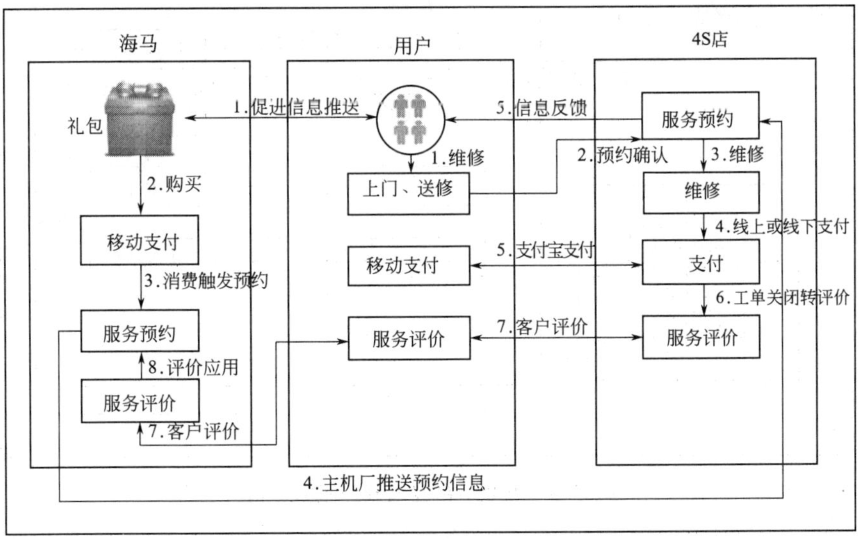

图6-7　主机厂促销预约服务流程

(五) 4S店促销预约服务流程

对于4S店促销预约礼包可包含地区差异性的服务（比如北方的防冻液），4S店促销有区域局限性；用户发起的预约由4S店确认预约的有效性，然后进行预约后的维修、支付及评价，服务流程如图6-8所示。

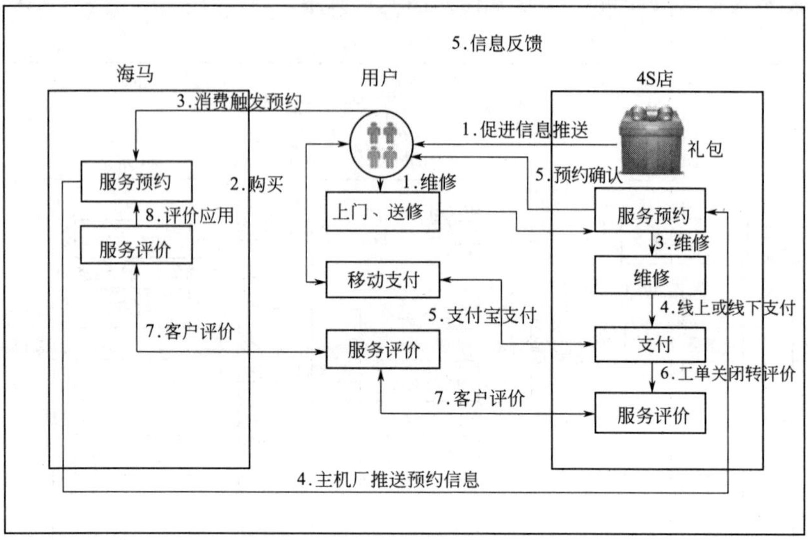

图6-8 4S店促销预约服务流程

（六）电商平台促销预约流程

对于电商平台促销预约，可通过电商平台购买礼包。用户发起的预约由4S店确认预约的有效性，然后进行预约后的维修、支付及评价，服务流程如图6-9所示。

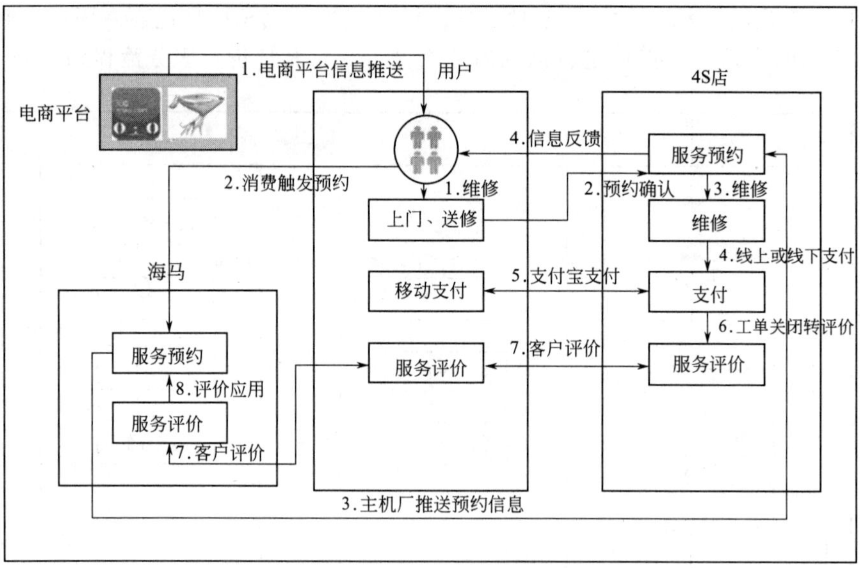

图6-9 电商平台促销预约服务流程

（七）手机APP的有车生活

手机APP的有车生活菜单中包括音乐、导航、收音机、违章查询、天气、代驾、限行提醒、道路援救、应急电话、贴条地图、驾驶习惯识别等项目，如图6-10所示。

车生活增加的功能如下。

图 6-10　手机 APP 的有车生活菜单

（1）利用大数据增加大家的驾驶乐趣，比如油耗、速度等信息来做排行榜。

（2）增加车友互动，比如同城车友活动。

（3）主机厂增加互动环节，比如同城寻车等。

（4）参考航空公司积分管理，积分可以兑换工时费用、耗材等，可以设定积分排行榜。

（八）4S 店移动方案

利用车联网系统可以实现 4S 店移动方案，如维修接车、试乘试驾、事故处理、销售政策、售后促销、内闻发布、交车服务、车型展示。

维修接车项目包括接车检查表、维修工单、账单预览等内容。维修接车项目的接车检查表如图 6-11～图 6-13 所示。

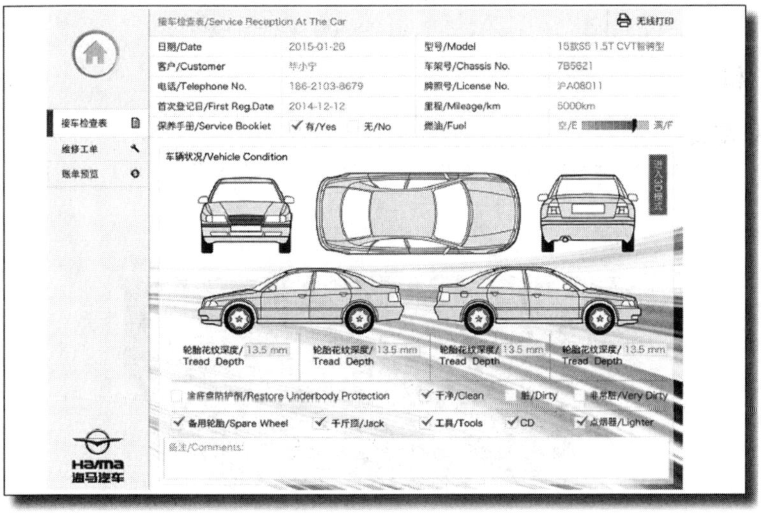

图 6-11　维修接车项目的接车检查表（一）

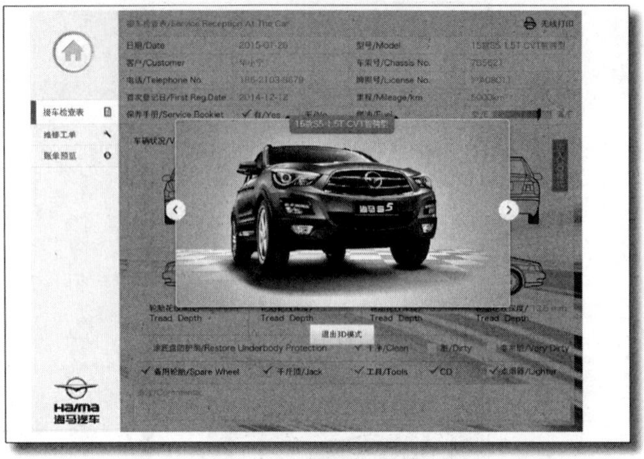

图 6-12　维修接车项目的接车检查表（二）

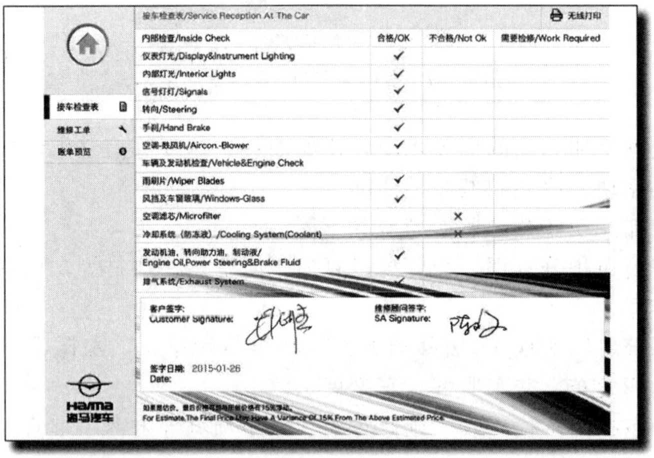

图 6-13　维修接车项目的接车检查表（三）

三、 音响主机

（一）音响主机配置

音响主机主要用于影音娱乐以及车辆信息显示。音响主机如图 6-14 所示。

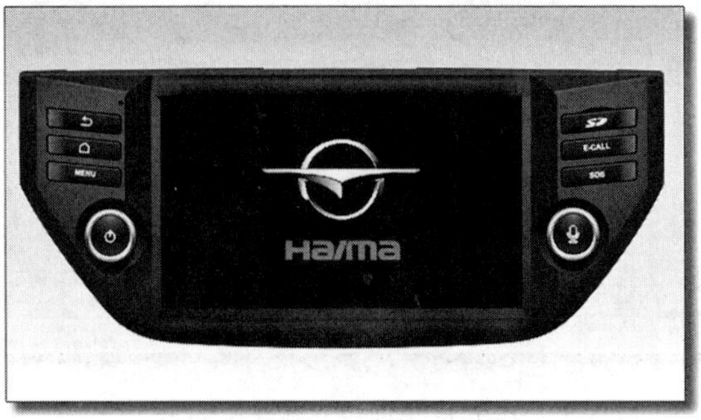

图 6-14　音响主机

配置车联网系统的音响主机均是大屏带蓝牙、带导航的产品。对未配备此音响主机的车型来说，T-BOX 部分功能如 SOS 及一键导航等无法实现。

（二）音响主机界面

音响主机界面如图 6-15 所示。

图 6-15　音响主机界面

音响主机支持收音、USB 设备多媒体影音播放、倒车影像、蓝牙、方向盘控制、车载电话、语音识别、一键导航、一键紧急呼叫救援、带惯性导航的 GPS 导航系统。

（三）功能操作

音响主机功能操作方法如表 6-2 所示。

表 6-2　音响主机功能操作方法

功能图标	基本操作	可用功能及选项
收音机	点击主界面的 按钮，调用收音机功能	自动搜台、波段切换、远近程、浏览、存储、上/下一台、手动选择频点、手动微调
音乐	点击主界面的 按钮，进入音乐界面	音乐界面主要包含音乐家分类、专辑分类、播放列表、全部音乐、播放界面
视频	点击主界面的 按钮，进入视频界面	视频界面显示扫描到的内部和外部存储的视频列表。可以拖动浏览、播放、暂停、切换视频，选择播放进度，界面会自动隐藏以及全屏播放视频
图库	点击主菜单里的 图标，进入图库界面	第一级界面是文件夹浏览界面。选择一个文件夹，进入图片列表。选中一张图片，进入图片全屏浏览界面。滑动切换图片，控制栏会自动隐藏，删除、播放幻灯片，向左向右旋转、设为背景等
蓝牙	在使用蓝牙功能 时，需开启手机和主机的蓝牙功能，同时保证蓝牙手机与导航系统主机之间的距离保持在大约 10m 的范围以内	开启、关闭蓝牙；蓝牙匹配；蓝牙拨号；通讯录；通话记录；蓝牙音乐
车载电话	车载电话功能需要在有通讯从信号的情况下才能使用。点击主菜单里的 图标，进入车载电话界面	车载拨号盘；车载通话记录；通话记录、来电和去电界面；MIC 静音；联系人添加、编辑、删除、清空

续表

功能图标	基本操作	可用功能及选项
系统设置	点击主菜单里的设置图标，进入系统设置界面	无线网络、设备、显示功能、存储、个人、系统、音视频设置
文件管理	启动文件浏览器进入主界面，默认显示USB存储设备的文件以及文件夹	新建文件；复制、剪切、粘贴、删除文件
语音操作	按住方向盘上MODE按键1s或短暂按下面板上的右旋钮，可以启动语音识别功能 当车载电话通话、蓝牙电话通话或倒车时，不能启动语音识别功能	语音操作输入、语音操作执行、错误识别
HDMI	① 将支持hdmi/mhl的手机通过连接线与车机相连，点击主界面的程序列表中的联手机图标，车机屏幕则开始显示手机投影界面 ② 将手机和车机的蓝牙配对，并连接成功，点击手机程序列表中的图标，进入蓝牙校准界面	① 手机屏幕投影 ② 手机反向控制：配对成功后，可以通过车机通过类似鼠标的方式反向控制手机
一键导航	点击面板按键E-CALL或者界面，实现一键导航功能	一键导航实现车主通过致电后台服务中心，语音告知中心服务人员要达到的目标地址，中心服务人员通过下发目标地址到车载主机导航，最终实现车主无手动干预自动地图导航
紧急救援	通过点击面板按键SOS	通知T-BOX主机拨打服务中心的SOS电话，并且上报警情数据
导航	点击显示屏上的图标，可进入导航界面 在没有插入SD卡时，显示“无可用地图数据”等字样 当系统断电重新上电后，仍可回到导航界面，但是导航需重新设置	行程规划、路线浏览、路线详情、返程、导航设置、系统退出

四、T-BOX终端

T-BOX终端主要用于和后台系统/手机APP通信，实现手机APP的车辆信息显示与控制。

(一) 功能清单

T-BOX终端功能分为报警服务、一键通服务、远程控制、信息反馈、系统与自检五类。相关功能与车型配置级别有关。

报警服务功能如表6-3所示。

表6-3　报警服务功能

功能名称	功能说明	高配	低配	备注
盗警	在门锁未被开启的情况下，当终端检测到车门被打开时会向客服中心上报车辆开门盗警	有	有	目前仅支持驾驶门，其他门无门锁信息反馈(预留)
紧急救援	当按下SOS按钮，终端会自动拨打紧急救援电话(语音)	有	无	
	当按下SOS按钮，终端会自动上报紧急救援警情(数据)	有	有	

续表

功能名称	功能说明	高配	低配	备注
欠压	当电池电压低于预设值时，终端会向客服中心上报电池电压低警情	有	有	预设值暂定 11.8V，根据实际情况调整
碰撞	终端工作状态下，当检测到车辆碰撞时会向客服中心上报车辆碰撞警情	有	有	
侧翻	终端工作状态下，当终端检测到车辆侧翻时会向客服中心上报车辆侧翻警情	有	无	低配无三轴加速度传感器

一键通服务功能如表 6-4 所示。

表 6-4　一键通服务功能

功能名称	功能说明	备注
一键导航	用户按下一键通按钮后可实现拨打中心电话，提供一键自动导航服务，需配合音响主机实现	
一键服务	用户按下一键通按钮后可实现拨打中心电话，提供其他一键服务，包括车辆状态查询及远程控制、违章代办等，部分服务内容需提供服务密码	同一键导航按键

远程控制功能如表 6-5 所示。

表 6-5　远程控制功能

功能名称	功能说明	备注
远程控制中控锁关	T-BOX 发送 CanBus 指令，由 BCM 实现控制，支持手机 APP 及一键服务	
远程控制中控锁开	T-BOX 发送 CanBus 指令，由 BCM 实现控制，支持手机 APP 及一键服务	
远程控制车窗关	预留功能，支持手机 APP 及一键服务	
远程控制车窗开	预留功能，仅限一键服务	不在 APP 中体现
远程控制灯关	T-BOX 发送 CanBus 指令，由 BCM 实现控制，支持手机 APP 及一键服务	
远程控制灯开	预留功能，T-BOX 发送 CanBus 指令，由 BCM 实现控制，仅限一键服务	
远程寻车	T-BOX 发送 CanBus 指令，由 BCM 实现控制，支持手机 APP 及一键服务	
远程控制尾箱门开	T-BOX 发送 CanBus 指令，由 BCM 实现控制，支持手机 APP 及一键服务	
远程控制空调关	预留功能，支持手机 APP 及一键服务	
远程控制空调开	预留功能，支持手机 APP 及一键服务	
远程热车	预留功能，支持手机 APP 及一键服务	

远程控制需要使用服务密码，手机 APP 将会有执行动作及结果提醒。所有的远程控制类功能只在 ACC 关闭状态下（非一键启动检测点火钥匙）执行。

信息反馈功能如表 6-6 所示。

表 6-6 信息反馈功能

功能名称		功能说明	备注
里程信息	总里程	从 CanBus 获取，上传到服务器，不在 APP 上显示	里程数值
	剩余里程	从 CanBus 获取，上传到服务器，在 APP 上显示	里程数值
灯状态信息	近光灯	从 CanBus 获取，上传到服务器，在 APP 上显示	开关。熄火半小时后未关灯，服务中心将联系车主
	远光灯	从 CanBus 获取，上传到服务器，在 APP 上显示	
	小灯	从 CanBus 获取，上传到服务器，在 APP 上显示	
	双闪灯	从 CanBus 获取，上传到服务器，在 APP 上显示	
燃油信息	剩余油量	从 CanBus 获取，上传到服务器，在 APP 上显示	百分比显示
	瞬时油耗	从 CanBus 获取，上传到服务器，在 APP 上显示	
中控锁状态信息		从 CanBus 获取，上传到服务器，在 APP 上显示	开关
车门状态信息		从 CanBus 获取，上传到服务器，在 APP 上显示	开关。车没被非法开启后，服务中心将联系车主
即时速度信息		从 CanBus 获取，上传到服务器，在 APP 上显示	
即时水温信息		从 CanBus 获取，上传到服务器，在 APP 上显示	
碰撞状态信息		从 CanBus 获取，上传到服务器，在 APP 上显示	程序内部及通知中心均有提示，发生碰撞后服务中心将联系车主
侧翻状态信息		从三轴向加速度获取，上传到服务器，在 APP 上显示	程序内部及通知中心均有提示，发生侧翻后服务中心将联系车主
电源状态信息	ACC	从 CanBus 获取，上传到服务器，在 APP 上显示	OFF/ACC/ON
	B+	终端主动判断获取，上传到服务器，在 APP 上显示（包括正常、欠压、被破坏三种状态）	正常仅在程序内部提示，欠压还将推送至通知中心，被破坏服务中心将会联系车主
OBDⅡ标准信息		从 CanBus 获取，上传到服务器，在 APP 上显示故障类别（不显示故障码）	
位置信息		从 GPS 获取，上传到服务器，在 APP 上显示地理位置	

系统与自检功能如表 6-7 所示。

表 6-7 系统与自检功能

功能名称	功能说明
GPS 模块故障上报	ACC 点火的情况下，如果 GPS 模块 30s 未输出任何信号，终端即对 GPS 模块进行复位操作，如复位后恢复正常，则无需向中心报警。如果 30s 内还没有信号输出，则再次重启。如果连续 3 次复位均不成功，这时终端将确定 GPS 模块有故障，并执行 1 次 GPS 模块故障的上报
GPS 天线故障上报	ACC 点火的情况下，如果 GPS 天线短路或开路，终端将会向中心上报
脱网提醒	当车辆熄火进入设防状态下，终端每隔 8h 会自动向客服中心上报车辆状态。中心软件会自动检测终端是否断开数据连接。当超过 3 天未能及时上报，中心将会联系车主进行确认
CanBus 通信故障上报	在点火状态下，当终端连续 3min 未收到 CanBus 数据，将上报 CanBus 通信故障

(二) T-BOX 控制单元

T-BOX 控制单元（T-BOX 终端）是车联网的主控单元，它安装在仪表台内部，其外观如图 6-16 所示。

T-BOX 控制单元自带电池，内部的电路板设有多个芯片。车联网系统的 3G 卡（SIM）烧结在电路板上，使用的是电信网络。T-BOX 控制单元内部结构如图 6-17 所示。

图 6-16 T-BOX 控制单元外观

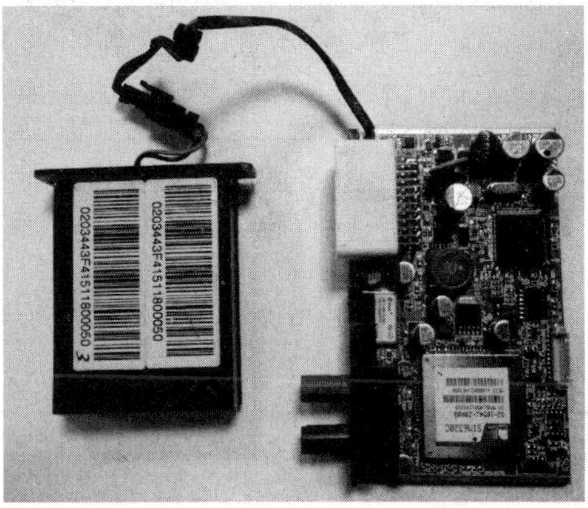

图 6-17 T-BOX 控制单元内部结构

车联网使用的 3G 天线 、GPS 天线安装在仪表支架上。3G 天线 和 GPS 天线集成为一个单元，其内部结构如图 6-18 所示。

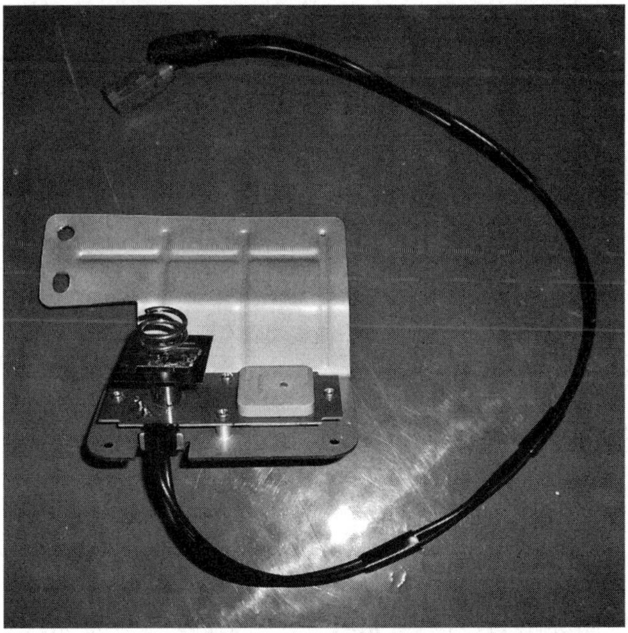

图 6-18 3G 天线、 GPS 天线单元的内部结构

T-BOX 控制单元包含主连接器、定位（GPS）天线连接器、3G 天线连接器三个连接器。主连接器为多针脚形式；3G 天线连接器为红色接插件和蓝色 GPS 接插件；GPS 天线连接器为蓝色接插件。T-BOX 控制单元连接器识别如图 6-19 所示。

T-BOX 控制单元的针脚排序如图 6-20 所示。

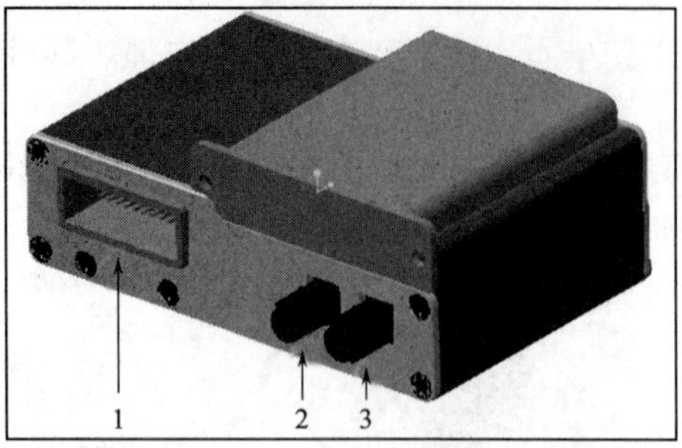

图 6-19　T-BOX 控制单元连接器识别
1—主连接器；2—3G 天线连接器；3—GPS 天线连接器

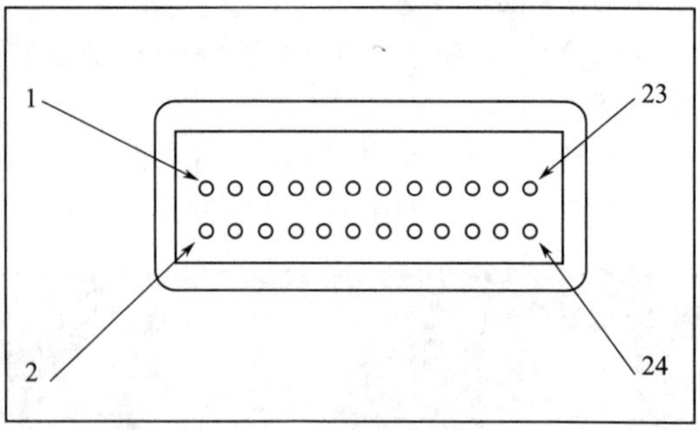

图 6-20　T-BOX 控制单元的针脚排序

T-BOX 控制单元主连接器针脚定义如表 6-8 所示。

表 6-8　T-BOX 控制单元主连接器针脚定义

针脚号	定义	针脚号	定义
1	B+	13	USB_DP
2	GND	14	GND
3	—	15	—
4	ACC	16	USB_DN
5	—	17	碰撞信号
6	—	18	—
7	CAN_H	19	AUDIO_P(3G)
8	CAN_L	20	—
9	—	21	GND
10	—	22	AUDIO_N(3G)
11	—	23	MIC+
12	—	24	MIC-

(三) 外部设备配置

T-BOX 控制单元的外部设备配置如表 6-9 所示。

表 6-9　T-BOX 控制单元的外部设备配置

外部设备	说明	备注
麦克风	T-BOX 与音响主机共用蓝牙麦克风	需要双方联合调试，以达到最佳使用效果
喇叭	以差分信号输入音响主机，通过功放后再输给车身喇叭，统一控制音量	需要双方联合调试，以达到最佳使用效果
SOS 按钮	利用音响主机物理按键实现，通过 CANBUS 提供数据	

T-BOX 终端提供音频输入接口。麦克风与音响主机的蓝牙麦克风共用。当麦克风被占用时，需音响主机处理。

T-BOX 终端提供音频输出接口，通话声音通过差分信号输入音响主机，经功放后输出到汽车喇叭，由音响主机统一控制音量。当音频通道被占用时，需音响主机处理。

五、 手机 APP

海马手机应用程序可供免费下载使用。若车辆配备有海马车联网通信终端，需要在购车时签署用户服务协议，并确认可以进行应用程序注册的日期。

注册时应用程序将会首先验证车主的身份信息，在系统确认车主为签约用户时，可完成注册并使用。手机 APP 功能清单如表 6-10 所示。

表 6-10 手机 APP 功能清单

类别	功能	备注
用户注册	登录	ID:联系人号码(手机号码) PWD:手机号码后 6 位(默认)
	自动登录	选择后同步选择记住密码,下次登录直接进入主界面
	取回密码	通过服务中心人工取回
	记住密码	选择后则下次登录不需要输入密码
仪表	剩余里程	
	车灯信息	包括近光灯、远光灯、阅读灯、小灯等
	剩余油量	以百分比显示
	瞬时油耗	
	中控锁开关	
	车门开关	
	即时速度信息	
	即时水温信息	
	碰撞状态信息	
	侧翻状态信息	
	发动机转速	
	电源状态	
	车辆速度	
	地图位置	百度地图:车速、位置、时间,车辆居中标注显示
	刷新时间	支持手动刷新
遥控	远程开/关锁	
	远程寻车	
	远程关灯	所有灯
	远程开近光灯	
	尾箱开	
	远程升窗	预留
	远程开空调	仅限高配车,当设定车型有该功能时显示该菜单
	远程关空调	仅限高配车,当设定车型有该功能时显示该菜单
	远程热车	仅限高配车,当设定车型有该功能时显示该菜单
远程诊断	动态效果	模拟诊断效果,快速滚动 10s,出结果
	车辆状况	五个系统,没有检测出问题则认为正常
	维保预约	后台坐席保留预约电话更改权限
设置	车辆设置	包括车辆品牌、车型、车牌号码、4S 店
	个人设置	包括用户名、联系电话、密码修改
	系统信息	版本检测:有新版本,则提示稍后提醒或者是马上更新 更新说明:该版本的主要功能
意见反馈	反馈意见	与用户互动
海马之家	汽车资讯	后台手工录入海马相关资讯后推送至 APP
	我的 4S 店	显示指定 4S 店相关资料

(一) 手机注册

海马车联网 APP 程序由海马厂家免费提供。将海马车联网 APP 程序安装在手机上，打开手机登录界面，点击注册按钮，开始注册流程。如您的信息尚未在经销商处完成登记，则暂不能完成身份验证和注册，若希望体验海马手机客户端服务，您可以选择体验一下按钮。手机登录界面如图 6-21 所示。

图 6-21　手机登录界面（一）

点击注册后，需要输入车辆识别代码及签约时所登记的手机号。在阅读并勾选《服务协议》后，便可点击验证按钮。客户身份验证如图 6-22 所示。

(二) 手机登录

当用户身份验证通过后，便可以进行应用程序注册。可以通过手机号完成注册并设置登录密码。当后续绑定了邮箱时，也可以使用邮箱进行登录。手机登录界面如图 6-23 所示。

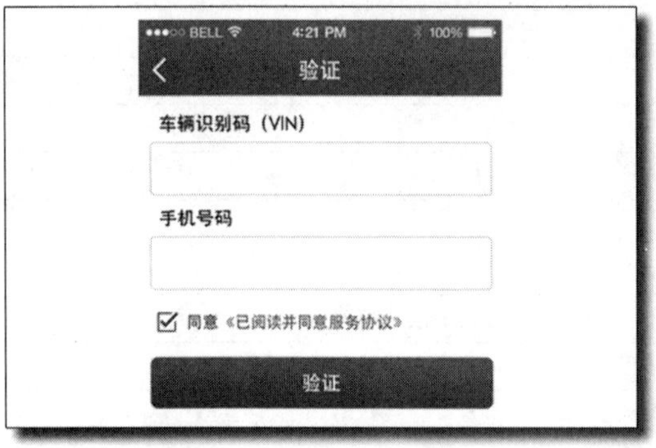

图 6-22　客户身份验证

图 6-23　手机登录界面（二）

(三) 遥控界面

远程遥控功能包括远程寻车、远程开尾箱、远程开闭中控锁、远程开近光灯和远程关灯功能。如点击中控锁开关后，可以选择打开中控锁或关闭中控锁。远程遥控界面如图 6-24 所示。

所有远程遥控服务均需要您输入服务密码才可以执行。车联网服务密码区别于手机应用的登录密码。为保证服务的安全性，在一个登录周期内所有远程控制服务均需要您输入 1 次密码来执行操作，同时部分话务服务也需要您输入密码才可提供。服务密码界面如图 6-25

所示。

图 6-24　远程遥控界面

图 6-25　服务密码界面

（四）仪表界面

在遥控界面点击左上角的仪表图标，应用程序会自动获取终端上传的最新车辆状态。此外，还可以点击刷新来手动获取当前车辆状态信息。主表盘由四部分组成，即左上为速度表，右上为水温表，左下为油量表，右下为转速表。仪表界面如图 6-26 所示。

（五）车辆位置界面

车辆位置界面提供目的地搜索、车辆定位、所在地天气、路况信息、获取当前位置等功能。右上角显示天气信息；左上角图标用于车辆居中显示。车辆位置界面如图 6-27 所示。

车辆信息显示地理位置、车速及 GPS 上报时间。系统进行评估和地址搜索，从而启动一键导航功能。

图 6-26　仪表界面

图 6-27　车辆位置界面

（六）体检界面

车载通信终端为您提供整车体检功能。终端在您将整车电源置于 ON 挡后会自动对车辆部分核心部件进行 1 次检测。体检界面如图 6-28 所示。

可以通过手机客户端获取车辆体检结果。点击“开始体检”按钮，界面体验报告的滚动效果如 360 手机助手，时间约为 10s。系统列表含发动机系统、变速箱系统、安全系统、刹车系统和其他系统五类。该界面仅显示正常或异常，不显示具体系统类别及故障明细。

（七）设置界面

可以利用手机的设置界面对车辆、个人信息及客户端进行设置——车辆管理、车辆信息、个人信息、密码修改、通知设置、更换主题、版本检测、更新说明、意见反馈。设置界面如图 6-29 所示。

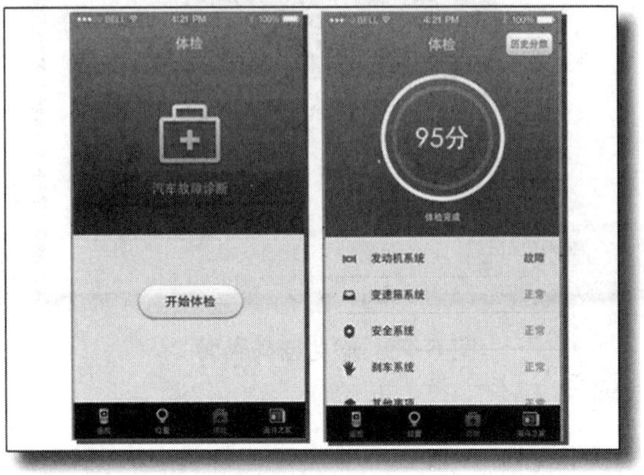

图 6-28 体检界面

图 6-29 设置界面

（八）资讯界面

海马手机客户端为您提供您所属 4S 店信息及海马资讯，内容包括整车销售信息、促销信息和维保信息等。资讯界面如图 6-30 所示。

图 6-30 资讯界面

进入资讯界面，可看到 4S 店信息及汽车资讯内容。这两个界面的内容由海马售后及 4S 店进行各自编辑推送。用户可以通过 4S 店信息界面拨打海马 4S 店电话。

六、 后台系统

郑州海马车联网的后台系统包括门店系统、坐席系统（即呼叫中心）。

（一）门店系统功能

门店系统功能清单如表 6-11 所示。

表 6-11　门店系统功能清单

功　能	描　述
SIM 卡管理	
基本资料和状态	流量套餐、电话套餐、续费时间(服务截止日期)、SIM 卡状态(工厂测试、4S 店演示、正式使用、停机保号、销号)
续费	续费提醒 导出需要续费的 SIM 卡清单 续费后，进行延长服务时间
停机保号	客户不续费或者要求不使用这个服务的时候，进行保号处理
销号	不再使用这个号码
查询	查询账单/账单信息 提供呼叫详单(CDR)信息 提供汇总的费用清单信息 提供其他需要计费的 SIM 卡相关的费用清单信息 支持对单一用户 SIM 卡的实时业务使用量的查询
入网	入网包括几个步骤： 第一步：中心录入 SIM 卡相关信息(SIM 卡管理中) 第二步：车厂录/导入产品条形码、车架号、发动机号、车辆颜色、生产日期 第三步：4S 店录/导入客户资料(用户姓名、联系电话、身份证、服务包名称，也可能含有车牌号、保险公司) 第四步：中心录入车牌号、紧急联系电话、电话回访，或者在交车测试阶段获取 第五步：服务协议归档
4S 店信息管理	每个 4S 店需要一个密码，有些服务需要核实身份。4S 店信息由海马提供
海马信息管理	海马需要设置多个服务账户
缴费	
资料变更	具有变更某个用户到其他 4S 店的功能
离网	
开通	正式开通服务
办停	办停服务；车主此时不能使用 APP、不接受车主 SOS 救援服务，但是海马还有可能收集 OBD 信息，或者处于停机保号状态
信息发布	由 4S 店或海马录入、审核后，再由赛格审核、发布
OBD 数据导出	全部海马车辆，每周导出 1 次
基础信息	基础资料、OBD 故障
车厂接口	录/导入车厂车辆和 T-BOX 记录信息
4S 店接口	录/导入车厂车辆和客户信息
配置	设备型号与指令之间的对应关系 车型与 APP 反控指令之间的关系
统计	进行相关统计报表

(二) 坐席系统功能

坐席系统功能清单如表 6-12 所示。

表 6-12　坐席系统功能清单

功　能	描　述
接/处警	盗警、碰撞报警、侧翻报警、故障告警、SOS
远程控制	寻车、锁车、解锁、关灯、开后尾箱、升车窗、开空调 控制指令都需要确认后才能下发，只能在车辆熄火后才执行

续表

功 能	描 述
一键导航	采用短消息发送指令
用户反馈	用户反馈到中心，值班员处理，并回复
车辆故障服务	收到车辆故障后，如果影响行驶安全，需要电话告知给用户 考虑到每次点火上报 1 次，在车辆未维修前，只处警 1 次
救援	帮助客户拨打其所在地的 110 电话和保险公司 帮助客户联系 4S 店进行救援服务

坐席系统进行分类，每种坐席包含的功能如下。

(1) 服务坐席：直接面对车主提供服务。

(2) SOS 坐席：服务紧急救援车主。

(3) 外呼坐席：满意度调查、回访、催缴、故障通知等。

(4) 资料坐席：入网、资料变更等。

(5) 投诉坐席：客户投诉。

七、 诊断与检修

当车联网系统出现故障时，首先使用诊断仪读取 T-BOX 控制单元的故障码以及工作状态的数据流（注：目前 T-BOX 控制单元的自诊断功能尚未开发完成）。

数据流主要包括：蓄电池电压、GPS 模块工作状态、GPS 天线连接状态、3G 模块工作状态、3G 模块信号状态、CANBUS 通信状态、G 加速度传感器工作状态等。

关于可能的故障情形及应对手段，可参照音响系统诊断信息与步骤进行检修，如表 6-13 所示。

表 6-13 车联网系统的常规故障检修方法

故障	可能的原因	解决办法
无法开机	本机电源或汽车蓄电池的保险丝熔断	换上正确型号的保险丝
	电源电压超出额定工作范围，系统自动保护	汽车蓄电池电压稳定后再开机
CD 机工作不正常	出碟舱有障碍物	取出障碍物
	CD 机机芯故障	更换 CD 机
收放机失效	接地不良	更换或修理接地线
	收放机故障	更换收放机
	保险丝断	更换保险丝
调频不工作，调幅与放音正常	收放机故障	更换收放机
调幅不工作，调频与放音正常	接收信号不好（使用一根试验天线测试调幅接收）	更换收放机
	接收信号正常（使用试验天线调幅接收）	更换天线及馈线
无声音输出或声音输出较小	音频输出线连接错误	请参照系统连接总图正确连接音频输出线
	主机或所连接的设备处于静音状态或音量较低	关闭静音或调高主机或所连接设备的音量
	扬声器故障	维修或更换扬声器
	声场平衡设置偏差过大	调整声场平衡至中间值
	扬声器连线接触到车体或接地	用绝缘导线连接扬声器，并用绝缘胶包裹连接线裸露处

续表

故障	可能的原因	解决办法
音质较差或声音失真	使用劣质碟片	使用正版碟片
	扬声器功率与本机不匹配	更换合适的扬声器
	扬声器间连接导线被共用	将扬声器的输出端子分别连接在各扬声器端子处
	扬声器联机接触到车体螺钉	检查扬声器连接
门扬声器失真或失效	门扬声器损坏或松动	检查扬声器及安装
	门扬声器至收放机的线路断路或短路	修理线路
	门扬声器与收放机的接头接触不良	插紧插头
	门扬声器故障	更换扬声器
	收放机故障	更换收放机
高音扬声器失真或失效	高音扬声器损坏或松动	检查扬声器及安装
	高音扬声器至收放机的线路断路或短路	修理线路
	高音扬声器与收放机的接头接触不良	插紧插头
	高音扬声器故障	更换扬声器
	收放机故障	更换收放机
收音效果差	汽车自动天线没有完全伸出	按照系统连接总图正确连接自动天线线路
	没有连接好收音天线	按照系统连接总图正确连接收音天线
无法放入碟片	舱内已有碟	弹出舱内的碟后，再插入碟片
碟片不能播放	碟片划伤，不能读取	更换良好的碟片
	碟片太脏或沾水	清洁光盘
	放入本机不支持格式的碟片	更换本机支持格式的碟片
	光盘正反面颠倒	将碟片的标签面朝上插入机舱
无法进入导航系统	未插入导航数据卡	插入随机附带的导航数据卡
	导航数据卡损坏	联系 4S 店客服人员解决
开机后，导航系统无法定位或经常失去定位信息	机器所处的环境无法良好地接收信号	确保机器不处于被屏蔽或封闭的空间
	GPS 天线未接或松动	按照系统连接总图正确连接 GPS 天线
	软件偶然性故障	重新启动机器
检索不到目的地	检索地所属区域设置错误	将区域设为目的地所属区域
APP 车辆位置无法定位	3G+GPS 天线故障	替换 3G+GPS 天线并重试
	GPS 接插件接触不良	检查并重新插拔 GPS 天线接插件
	GPS 信号弱	移动车辆至无 GPS 屏蔽的场所并重试
	GPS 模块故障	更换 T-BOX 控制单元
APP 显示的终端上报时间始终无更新	3G 模块故障	更换 T-BOX 控制单元
	3G 网络无信号或信号弱	将车辆转移至网络信号良好的地方并重试 检查车机的网络资费使用情况
	CANBUS 通信故障	检查并重新插拔 T-BOX 控制单元接插件
	3G+GPS 天线故障	替换 3G+GPS 天线并重试
	3G 接插件接触不良	检查并重新插拔 3G 接插件，之后重试
	T-BOX 控制单元已关机	切换车辆电源至 ON 挡，再刷新数据

第二节　一汽海马车联网

一、 车联网概念

从广义上讲，车联网是指以车内网、车际网和车载移动互联网为基础，按照约定的通信协议和数据交互标准，在车与车、路、行人及互联网等之间进行无线通信和信息交换的网络。这个大系统的一体化网络能够实现智能化交通管理、智能动态信息服务和车辆智能化控制。

从狭义上讲，车联网是指基于车厂在出厂车辆上预装的GPS车载设备，通过移动通信网络，并结合相关的内容应用，向车主提供驾驶所需的包括汽车安防、车载通信、导航定位、交通信息、新闻资讯、娱乐应用等功能的综合服务系统。

一汽海马车联网属于狭义车联网。车联网是无线通信技术、卫星导航系统、网络通信技术和车载电脑的综合产物，车内的Telematics技术应用不是一套软件，也不是一个终端，而是一套服务系统 。车联网示意图如图6-31所示。

图6-31　车联网示意图

二、 一汽海马车联网概述

一汽海马车联网品牌命名为HM-Link，体现“跟我的智能生活 say hello”的内在含义，寓意海马汽车步入“技术智造、品质互联”新时代。一汽海马车联网概念如图6-32所示。

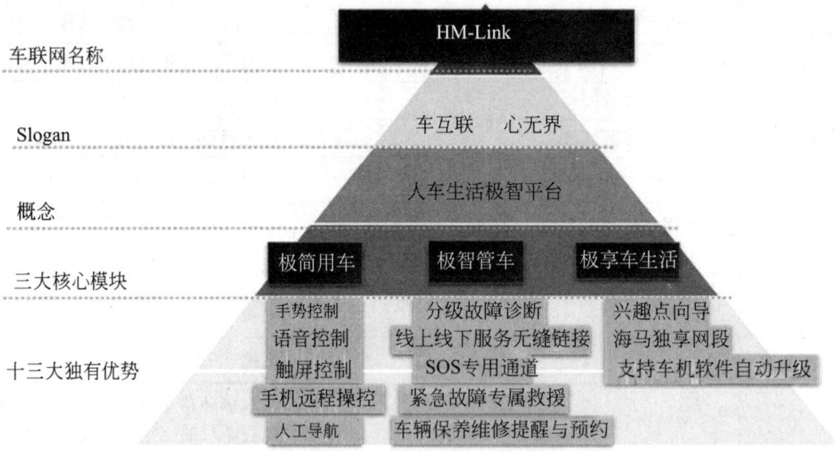

图6-32　一汽海马车联网概念

一汽海马车联网的品牌理念是“车互联、心无界”。依托中国电信强大的专属移动网络支持，海马厂家打造面向未来的人车生活极智平台，实现人、车、生活的完美统一，使海马汽车具有无限持续、无限延伸、无限开放的可能性。

三、功能构架

HM-Link 是基于 CAN 总线、3G 通信和互联网三项技术，三网互联实现真正的“车联网”。

HM-Link 功能构架分为极简用车、极智管车、极享车生活三大部分。HM-Link 有 13 种优势功能，即手势控制、语音控制、触屏控制、人工导航、线上线下服务无缝对接、手机远程操控、分级故障诊断、车辆保养维修提醒与预约、SOS 专用通道、支持车机软件自动升级、兴趣点向导、海马独享网段、紧急故障专属救援。

（一）极简用车

HM-Link 系统可以帮助车主围绕出行而提供安全性、便利性和事务性的服务，解放车主物理动作，使其聚焦驾驶。HM-Link 系统极简用车功能如图 6-33 所示。

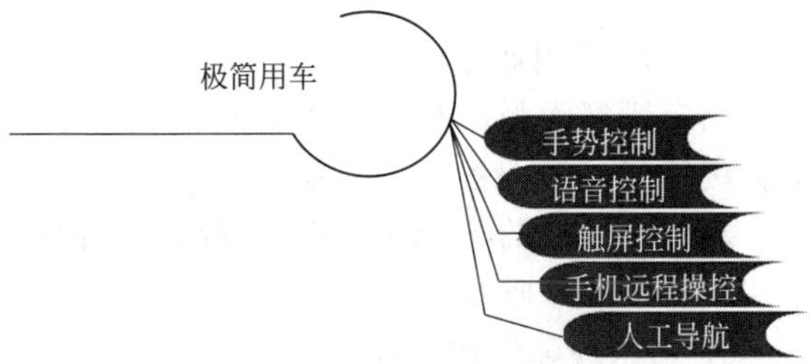

图 6-33　HM-Link 系统极简用车功能

1. 手势控制

HM-Link 配备红外线手势控制功能，车主可通过手势控制前后曲目/电台等诸多功能，可减少繁复操作带来危险的同时可提升科技感。

2. 语音控制

HM-Link 内配硅麦阵列的双麦克风，配合专门的语音消噪模块，可过滤车内外的各种噪声，确保语音系统效果清晰，车主只需语音就能完成所有操作，彻底解放双手。硬件系统内配电信 CDMA EVDO 3G 模组。中国电信单独为海马开辟专用网段，保障车辆信息的安全性和稳定性。

3. 触屏控制

8in 电容触摸屏配合 5 点触控电容，其灵敏度高，1024×600 的分辨率显示更为清晰，操控体验大幅提升。屏幕界面的扁平化利于车主直观寻找功能菜单，并且可根据喜好自由定制首页界面图标，将常用功能拖拽至前端，人性化和灵活性优势明显。

4. 手机远程操控

通过车主手机与 HM-Link 系统的连接，远程实现车辆鸣笛、户外等地对车辆的准确定位。

5. 人工导航

人工导航是智能软件的有益补充，弥补了智能系统所做不到的事情，增强驾驶的安全性。特别是对于不愿意或不擅长操控车辆的车主，人工坐席提供人工导航的便利服务。

（二）极智管车

HM-Link 系统可以通过大数据的资源整合来分析车主的驾驶习惯，为其提供具有针对性的行车建议，及时提醒车辆故障，并可为其预约保养，履行顾问之职。HM-Link 系统极智管车功能如图 6-34 所示。

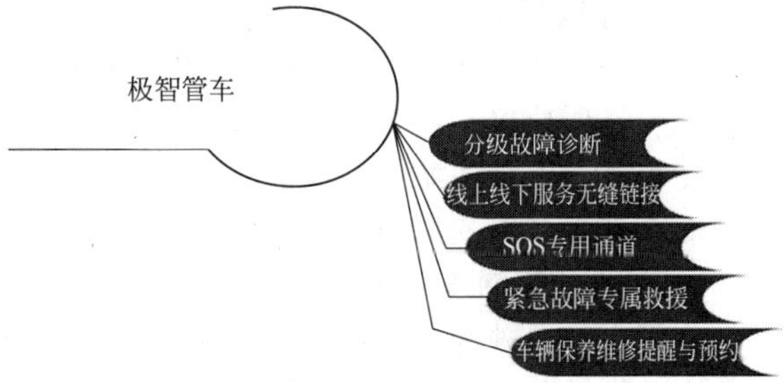

图 6-34　HM-Link 系统极智管车功能

1. 分级故障诊断

HM-Link 系统不同于以往简单的仪

表板故障灯提示，它基于 CAN 总线、3G 通信和互联网三项技术，可实现故障分级警告，系统可主动通知驾驶员具体的故障发生在哪里，并根据故障等级给予车主维修意见。

2. 线上线下服务无缝对接

强大的人工坐席服务是 HM-Link 系统的最大优势之一，它可将车辆的线上、线下服务有机整合起来，当车载硬件无法满足需求时，人工坐席将提供更加详细、精准的服务，实现无缝对接。

通过手机 APP 并基于 CAN 总线以及 3G 通信技术，车主可随时掌握车辆状态，了解车辆各个重要系统的健康状况，如安全系统、防盗系统等能通过手机 APP 随时进行查看，为下次出行提供保障。

3. SOS 专用通道

当车辆气囊弹出时，车辆会自动向后台发出求救信号，SOS 专用通道会在最短时间联系救援部门，最大程度保障乘客生命财产安全。

车载一体机的 SOS 按键在外观和字体颜色上均采用不同于其他按键的警示色，方便车主在紧急情况下呼救。

4. 紧急故障专属救援

当车辆在行驶过程中遇到故障或紧急情况时，HM-Link 系统会及时联络到 4S 店的工作人员，并为车辆提供 24 小时紧急救援服务。

5. 车辆保养维修提醒与预约

HM-Link 系统可以根据车辆行驶里程、行驶时间、车主的历史保养信息来自行判断车辆是否需要保养并提醒车主。同时，车主可以通过客服中心，直接实现车主要求和实际情况的预约工作。

(三) 极享车生活

HM-Link 系统可以根据用户的喜好定制个性化功能，为车主带来有车一族的生活方式。HM-Link 系统极享车生活功能如图 6-35 所示。

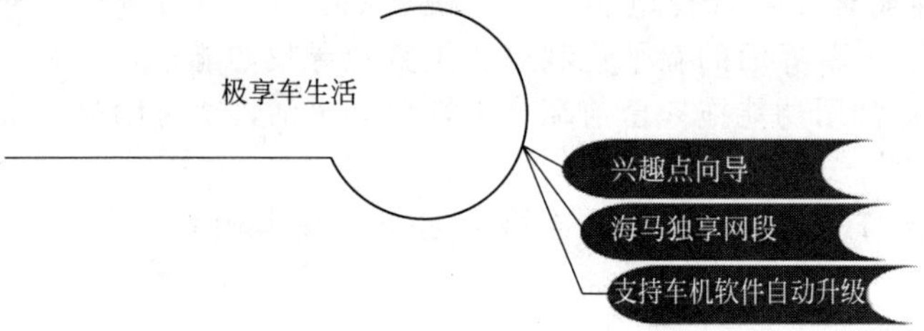

图 6-35 HM-Link 系统极享车生活功能

1. 兴趣点向导

车主可以通过人工坐席获取目的地资讯、天气、路况，时效性更强，准确度更高。HM-Link 系统可以根据车辆所在位置为车主列出周边 2km 内所有加油站的信息，包括加油站名称、具体位置、与车辆之间的距离、油品标号、燃油价格、当前车流量等详细信息。车主根据需求选定加油站后，导航系统可自动引导车辆至该加油站。此功能可一键操作，比普通导航产品中“寻找周边加油站”的功能更加简便快捷。

2. 海马独享网段

中国电信单独为海马汽车开辟的网段可保障线路畅通及通话效果、质量。HM-Link 系统的人工坐席分为 SOS 专用通道和故障反馈通道两部分，使之更为精准有效。

3. 支持车机软件自动升级

目前的车载一体机，由于软件、硬件等种种限制，往往会制约软件后续的升级和使用。HM-Link 系统充分利用系统的开放性，实现内配软件自动无限升级，解决了前期购车后车主不能享受后续服务的难题。基于安卓平台开发的 HM-Link 系统拥有非常高的开放性，车主可以自行安装第三方软件和相关程序。

四、 HM-Link 构成

HM-Link 系统由车载终端、车载终端对应的 APP 及提供服务支持的车载信息系统服务中心构成。车载信息系统服务中心简称 TSP 服务中心。HM-Link 系统构成如图 6-36 所示。

图 6-36 HM-Link 系统构成

海马车联网服务终端硬件分为前装车载一体机和后装 T-BOX 两种。车载一体机为新车上市后自带产品，T-BOX 为加装产品，与前期上市车型相配合，能够覆盖更多车主。

电信 SIM 卡烧结在 T-BOX 电路板上。在最新的 HM-Link 系统中，T-BOX 已集成在音响主机内部。

(一) 车载一体机与 T-BOX 区别

(1) 装配位置：车载一体机装在仪表台上，在传统导航位置，T-BOX 插于 OBD 接口。

(2) 功能应用：车载一体机具有操作屏，系统支持自动升级，并利用开放性为车主预留了自行安装第三方软件的空间，可在车机上自由下载应用，既可通过车机屏操作，也可通过 APP 操作，T-BOX 不具备操作屏，不可下载应用，只能通过 APP 操作。

(3) 车载一体机拓展性远高于 T-BOX。

(二) 车联网系统的网络与硬件结构

车联网系统主要包括 T-BOX 终端、音响主机、后台系统，如图 6-37 所示。

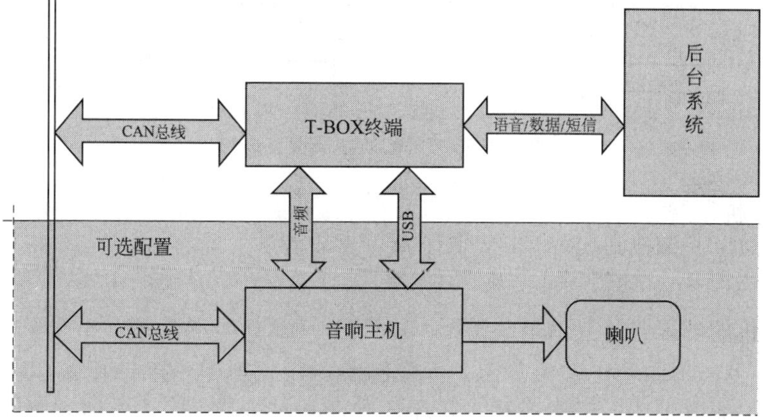

图 6-37 车联网系统的网络与硬件结构

音响主机主要用于显示信息与驾驶员指令。T-BOX 终端内部集成了信号接收装置，用于网络数据处理与后台数据的接收。后台系统主要用于客户数据的管理。

1. T-BOX 终端内部硬件结构

T-BOX 终端内部包括处理器芯片、GPS 接收器、3G 网络信号接收器、用于导航的陀螺仪、闪存、CAN 收发器等，如图 6-38 所示。

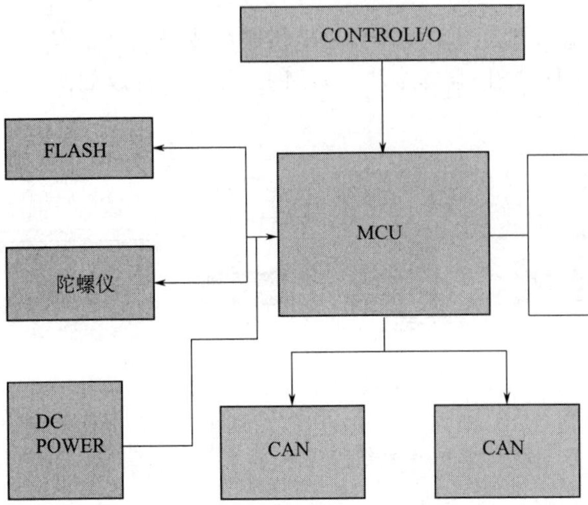

图 6-38　T-BOX 终端内部硬件结构

2. T-BOX 终端线路连接

T-BOX 终端与音响主机有四条线相连，分别为两条 USB 线、两条音响线。T-BOX 终端与整车舒适 CAN 网络通过 CAN 总线相连。T-BOX 终端与 ESP 相连主要适用于接收车辆信号。T-BOX 终端与气囊控制模块相连主要用于接收碰撞信号。T-BOX 终端线路连接如图 6-39 所示。

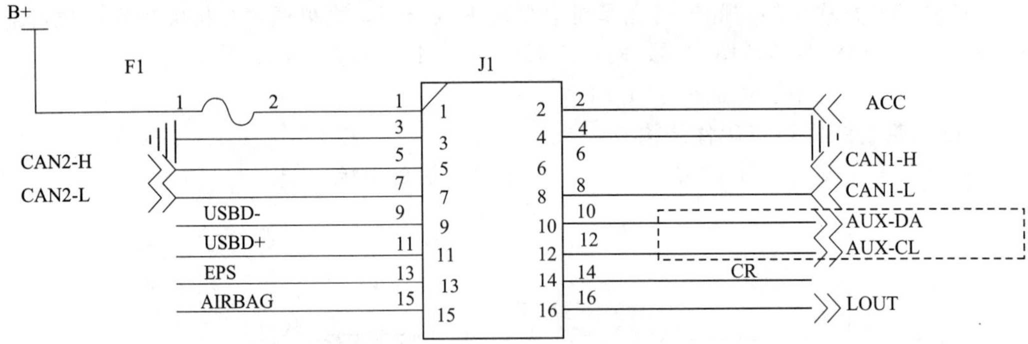

图 6-39　T-BOX 终端线路连接

（三）车载一体机

车载一体机是音响主机与 T-BOX 集成在一起的设备，即音响控制单元，其显示界面如图 6-40 所示。

车载一体机的功能包括导航（高德导航/人工导航）、车况检测、音乐（蓝牙音乐/车载音乐）、视频播放、收音机、外接音频、保养提醒、养修预约、资讯、位置分享、优选加油站、在线客服、服务信箱、手机互联、文件管理、语音控制、蓝牙电话、手势控制。

图 6-40 车载一体机的显示界面

(四) 车联网 APP 功能

车联网 APP 功能是指使用手机实现的车联网功能，可实现的功能包括人工导航、养修预约、车况检测、违章查询、道路救援、加油站/停车场位置查询、行驶轨迹、驾驶统计、位置分享、远程控制。手机 APP 操作界面如图 6-41 所示。

图 6-41 手机 APP 操作界面

(五) 车联网服务信息传递

海马车联网车载信息服务中心（TSP）为车主提供更为精准的人工服务，实现线上线下无缝链接。车联网服务信息传递如图 6-42 所示。

信息传递流程为客户通过车载终端或 APP 发起服务请求→TSP 服务中心受理服务请求→TSP 服务中心甄别客户请求信息，视业务情况自行处理或联系服务店→服务店受理 TSP 服务中心转过来的客户服务请求。

五、 海马车联网售后锦囊系统

海马汽车 SCRM 是一款主要提供于汽车经销商综合存储、展现及管理车联网用户全生命周期数据平台，平台能够基于客户展现各类信息，能够帮助经销商完成保养维修预约线上

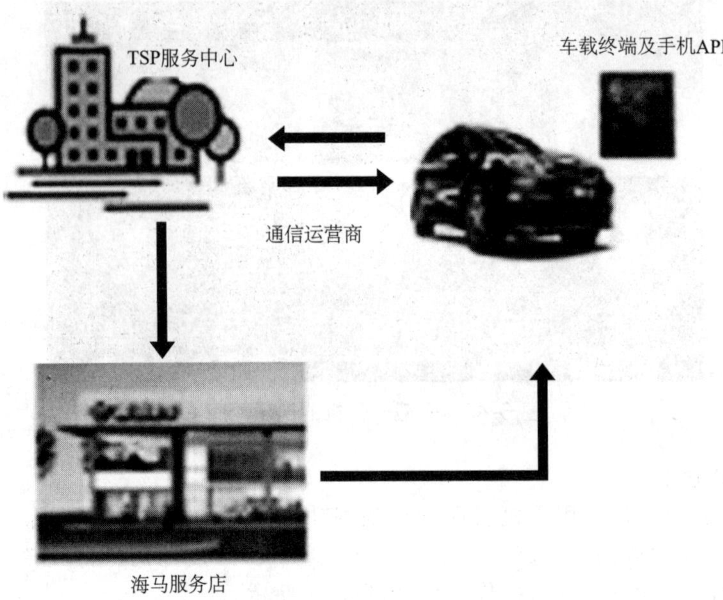

图 6-42 车联网服务信息传递

线下流程整合，也能够帮助经销商完成在线营销渠道（指手机 APP 车联网）及营销内容的管理。

海马车联网售后锦囊系统架构如图 6-43 所示。

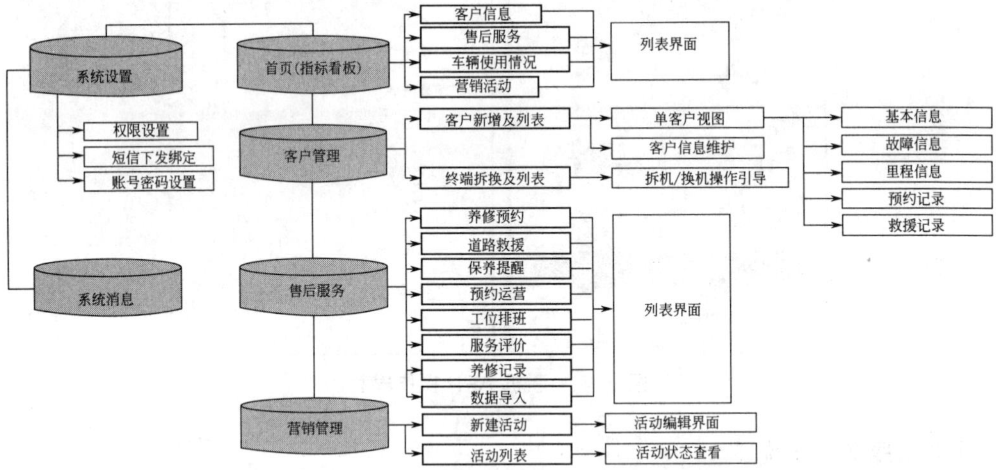

图 6-43 海马车联网售后锦囊系统架构

（一）开通车载终端界面

开通车载终端界面是终端服务开通及用户激活操作一部分，需要按以下步骤完成操作。

（1）操作音响显示面板，如实完整填写用户的相关信息（每一项填写完成后点击左上返回箭头，填写下一项），并点击“下一步”按钮。

（2）填写用户手机号，将车机与用户手机进行绑定。点击“获取”按钮，稍后用户的手机将收到一条验证信息，填写手机验证码以后，点击“激活”按钮，完成系统激活。如需重新填写信息，点击“上一步”按钮。

如手机长时间未收到短信验证码，请检查手机拦截短信（黑名单短信），并将该号码加入白名单，以方便海马智能车载服务系统更好地为您服务。如未找到相关短信可再次点击“获取”按钮，获取短信验证码。

（二）手机 APP 应用

1. 注册

如果需要使用手机 APP 应用功能，那么要先完成注册，这也是需要通过终端服务开通及用户激活的一部分。操作步骤如下。

（1）用手机通过二维码扫描方式下载手机 APP。

（2）下载完毕后点击 HM-Link 图标，按提示完成注册。

（3）完成注册后进入应用主界面，可以正常使用 APP 功能了。

2. 远程控制

利用手机对车辆进行远程控制，可以对车辆进行上锁和解锁，使用时需要注意以下几点。

（1）首次使用 APP 远程控制功能时，需根据 APP 提示进行远程控制密码设定，密码为 4 位数。

（2）每次进行远程操控均需进行密码验证，验证通过后才可使用功能，验证错误，用户需重新输入正确的密码。

（3）APP 登录密码进行验证，验证通过后可在“设置”模块下重置远程操控密码。

（4）进行“寻车”时，车辆鸣笛一声且灯光闪烁 30s，30s 内未检测到车门开启，灯光熄灭。

（5）进行“上锁”“解锁”时，系统 5s 内判定操作并对用户进行提示，解锁完成。如 40s 内车门无打开动作且点火开关处于 OFF 挡，车辆将重新自动上锁。

六、 HM-Link 服务激活及注册流程

配备 HM-Link 车辆完成销售后，海马服务店人员带领购车客户进行新车交付。在向客户介绍相关服务功能以及使用须知同时，协助用户进行新车的服务激活及注册。新车交付工作结束后，车联网服务专员须第一时间在售后锦囊系统中补全客户信息，否则客户将无法使用联网功能及人工服务。

（一）名词定义

HM-Link 服务：该功能通过安装在车辆上的 HM-Link 终端实现。

注册手机号：必须是购车用户自己，或者车辆实际使用人的手机号码。在 HM-Link 终端第一次激活时需要用到。

身份证号码：必须是购车用户真实有效的身份证件号码。

车架号：车辆十七位 VIN 编码。

发动机号码：用于标注发动机型号及生产厂家信息的字符号码，长度不等。

导航 TF 卡：存储有导航地图的存储卡，安装在终端内才可正常使用地图及导航功能。

（二）准备工作

（1）维修技师需提前学习了解整个 HM-Link 所有功能和服务。包括终端的操作及简易故障排除。

（2）新车交付前，先启动车辆，确保终端可以正常开启。

（3）新车交付时，请保证场地开阔，电信网络良好，可通过车载终端的信号强弱显示查看。

（4）提前提醒用户准备个人证件，并保证手持电话无停机，并可以正常收发短信。

(5) 新车交付前，请准备终端使用的导航 TF 卡，在协助客户激活终端时将卡插入终端卡槽内部。

(三) 服务激活与注册流程

HM-Link 服务激活与注册流程如图 6-44 所示。

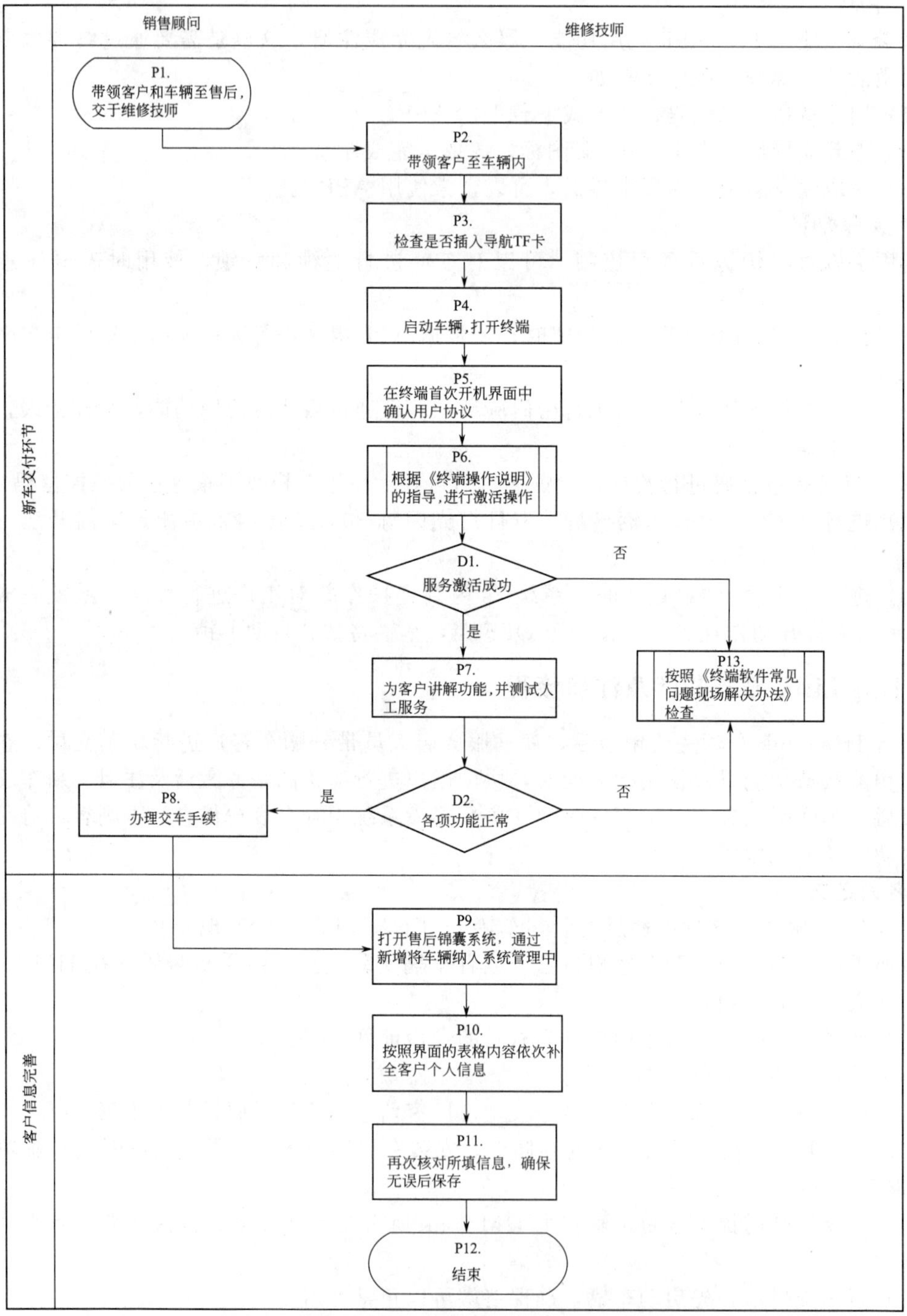

图 6-44　HM-Link 服务激活与注册流程

HM-Link 服务激活与注册流程说明如表 6-14 所示。

表 6-14 HM-Link 服务激活与注册流程说明

序号	任务名称	工作任务描述
新车交付环节		
P1.	带领客户和车辆至售后，交于维修技师	销售顾问向客户做简单介绍后，将整个注册流程引导至售后，交于本店维修技师，开始服务注册与激活
P2.	带领客户至车辆内	维修技师带领客户进入车辆内，请客户坐在驾驶员位置上，工作人员坐在副驾驶位置
P3.	检查是否插入导航 TF 卡	维修技师检查确认 TF 卡是否放置在终端卡槽内，如没有则将 TF 卡插入终端卡槽内
P4.	启动车辆，打开终端	维修技师请客户启动车辆，打开终端，检查终端是否可以正常工作
P5.	在终端首次开机界面中确认用户协议	终端第一次开启，出现用户协议确认界面。维修技师对用户权限、服务期限等进行说明。用户在屏幕中点击确认，进行下一步
P6.	根据《终端操作说明》的指导，进行激活操作	维修技师请客户按照提示输入信息，获取激活短信验证码，输入验证码后完成激活
D1.	服务激活不成功	按照《智能车载服务系统说明书——常见故障处理》检查，如果无法排除，请尽快联系天安运营人员解决
P7.	为客户讲解功能，并测试人工服务	建议按照终端说明书内容，将所有本地功能测试一遍，然后通过终端拨打 TSP 服务中心号码，请求导航服务
D2.	某项功能异常	按照《智能车载服务系统说明书——常见故障处理》检查，如果无法排除，请尽快联系天安运营人员解决
P8.	办理新车交付手续	服务开通后，由销售顾问继续新车交付后的手续办理环节
客户信息完善		
P9.	打开售后锦囊，新增车辆	服务店车联网专员打开售后锦囊，通过车架号查到客户信息
P10.	按照界面表格补全用户信息	服务店车联网专员打开 DMS 系统，依据 DMS 系统中的客户信息在售后锦囊系统中补全客户车辆及个人身份信息
P11.	核对信息	服务店车联网专员对录入售后锦囊系统的信息进行核对，核对无误后，点击保存
P12.	结束	整个流程结束

七、 HM-Link 功能操作体验

（一）系统激活

第一次使用 HM-Link 系统时，系统会提示进行基本信息输入。输入完成后，点击“下一步”按钮，如图 6-45 所示。

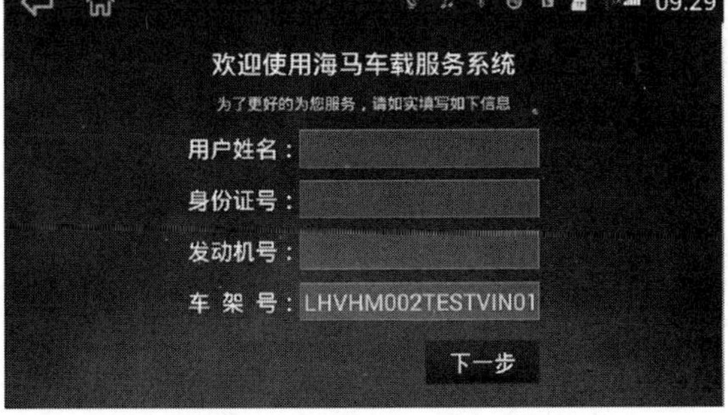

图 6-45 基本信息输入

输入手机号，查看手机接收到的验证码，完成手机号绑定，如图 6-46 所示。

（二）功能

车联网主要包括导航、车况检查、蓝牙电话、音乐、视频、资讯、手机互联七个功能。车联网功能菜单如图 6-47 所示。

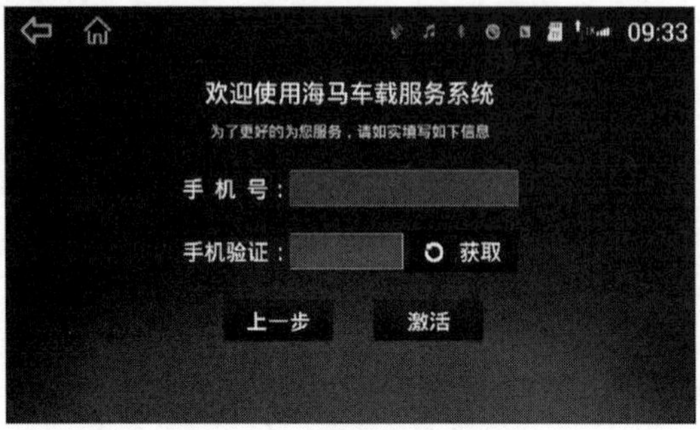

图 6-46　手机号绑定

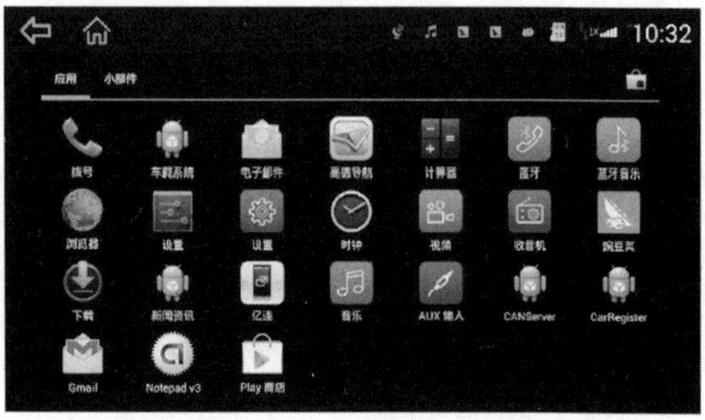

图 6-47　车联网功能菜单

1. 高德导航

点击导航图标，进入导航界面，同时系统自动检查安全带是否系好并弹出对话框进行提示，如图 6-48 所示。

点击联系客服图标，系统将自动拨打人工客服电话，从而提供技术支持。点击人工导航图标，系统为驾驶者转接到人工客服，客服将根据需求为驾驶者规划出一条快速、便捷的路线。

2. 车况检查

点击车况图标，进入车况检查界面，如图 6-49 所示。

图 6-48　高德导航界面

图 6-49　车况检查界面

各个系统主要监测是否有故障码，如果某系统有故障码，那么该项目将显示错误；如果没有故障码，那么界面将显示绿色的对号。

车辆基本状态的检查主要监测车门开关状态、手刹状态等基本信息。

3. 蓝牙电话

将车机和手机通过蓝牙互联后，可使用蓝牙电话功能，点击进入蓝牙电话界面，如图 6-50所示。

4. 音乐

当连接蓝牙设备后，可以共享已连接设备的音乐。车机蓝牙音乐支持共享界面显示歌词、歌名、演唱者等信息，但要根据蓝牙匹配模式和兼容模式来决定。音乐界面如图 6-51 所示。

图 6-50 蓝牙电话界面

图 6-51 音乐界面

5. 视频

点击并进入视频列表，选择可播放的视频，可扫描将添加车机内配视频以及 U 盘、SD 卡存储的视频，提供“添加目录”和“视频名称”等功能。视频界面如图 6-52 所示。

6. 资讯

点击资讯按钮，进入资讯列表。点击相关条目，进入资讯详情，系统提供语音朗诵功能。资讯界面如图 6-53 所示。

图 6-52 视频界面

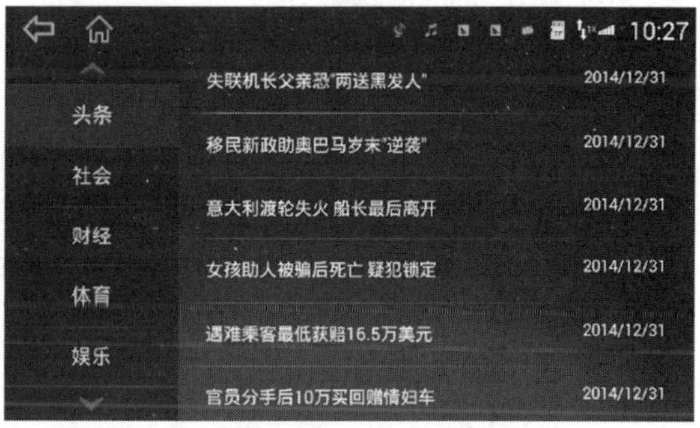

图 6-53 资讯界面

7. 手机互联

将手机与车机通过数据线相连，点击手机互联按钮，进入手机互联界面，显示屏将显示手机的显示页面。手机互联界面如图 6-54 所示。

操作车机界面，可以实现对手机功能的控制。车机与手机的界面可采用同步显示方式，也可采用分离显示方式。目前手机互联功能只支持安卓系统。

图 6-54 手机互联界面

第七章
上汽 inkaNet

第一节　上汽 inkaNet 概述

“inkaNet” 是上汽集团于 2010 年创新发布的 3G 智能网络行车系统，名字取自英文 “In Car Net”，直观体现了其产品功能。目前该系统已发展至第三代，覆盖了上汽自主品牌荣威、MG 旗下多款车型。

inkaNet 系统中涵盖了导航、收音机、对讲机、电话、网络、音乐、视频等多项内容，相比其他的导航娱乐系统功能更丰富，而基于 3G 互联实现的丰富车载功能以及强大的人机沟通能力使其全面超越了目前市场上的普通导航娱乐系统。

inkaNet 系统主要参数和功能一览表如表 7-1 所示。

表 7-1　inkaNet 系统主要参数和功能一览表

功能/参数	说明
操作系统(安卓/carpaly 等)	安卓系统
屏幕类型(是否支持多点触控)	不支持多点触控的电阻屏
菜单语言	中文/英文等
接口	支持 U 盘、SD 卡等外部存储设备
产品尺寸	8.0in
第三方地图	高德地图
网络运营商	中国电信
APP 扩展(是否可以下载 APP)	支持
蓝牙功能	支持
3G 上网	3G 通信模块,无长途、漫游费
公用 WIFI	支持
导航键和影音一键切换	支持
一键导航	有一键导航功能
查看车况	车辆诊断和保养信息服务

续表

功能/参数	说明
电话功能	带一键直拨功能
语音控制	带一键语音控制键
防盗追踪	不支持
道路救援	可以联系话务员得到救助
后台服务中心	只可手动通过语音呼叫功能寻求救助
紧急救援	支持
事故提醒	不支持
倒车雷达	系统自带倒车雷达服务
地图更新	可自动下载实现自动更新
保养通知服务	有
实时路况	显示主要城市的实时路况服务

从功能参数表可以看出，上汽 inkaNet 的功能相当丰富，不仅配备一键导航、语音控制等常用功能，还配备 APP 扩展功能和车内公用 WIFI 功能，这对于车主来说是极具吸引力的。

第二节　车载设备和基本操作

一、 方向盘按键和面板按键

方向盘按键如图 7-1 所示。

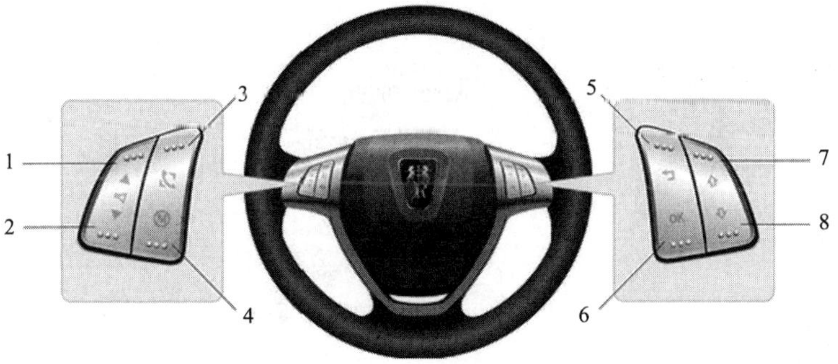

图 7-1　方向盘按键

1—增大音量；2—减小音量；3—键服务/接听电话；
4—[MODE] 键；5—后退键；6—[OK] 键：确认键；7—向上；8—向下

面板按键如图 7-2 所示。

二、 设备激活

首次使用 inkaNet 智能网络行车服务系统时，需按如下步骤激活设备。

(1) 使用计算机登录 inkaNet 智能服务网——http：//inkanet. roewe. com. cn，阅读并同意《inkaNet 服务协议》，注册账户，设置密码。

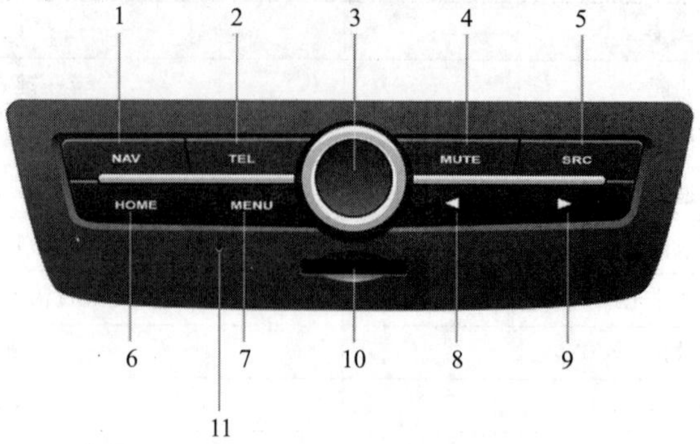

图 7-2　面板按键

1—［NAV］键：直接进入导航界面；2—［TEL］键：直接进入电话界面；
3—电源按键/音量调节旋钮；4—［MUTE］键：系统静音；5—［SRC］键：应用程序切换键；
6—［HOME］键：直接进入主界面；7—［MENU］键：直接进入应用程序库界面；
8—上一个选择键；9—下一个选择键；10—SD 卡插槽；11— Reset 键插孔

（2）激活网站注册账户。

（3）激活 inkaNet 车载设备。

（一）注册账户

用户使用计算机登录 http：//inkanet. roewe. com. cn，点击登录注册模块上的［注册账户］按钮，进入服务协议说明页面，如图 7-3 所示。

进入服务协议说明页面后，需阅读并同意《inkaNet 服务协议》，点击［下一步］按钮，进入注册页面。

进入注册页面后，填写电子邮箱、密码、真实姓名、身份证号码、图形验证码，即可注册成功。注册页面如图 7-4 所示。

图 7-3　服务协议说明页面

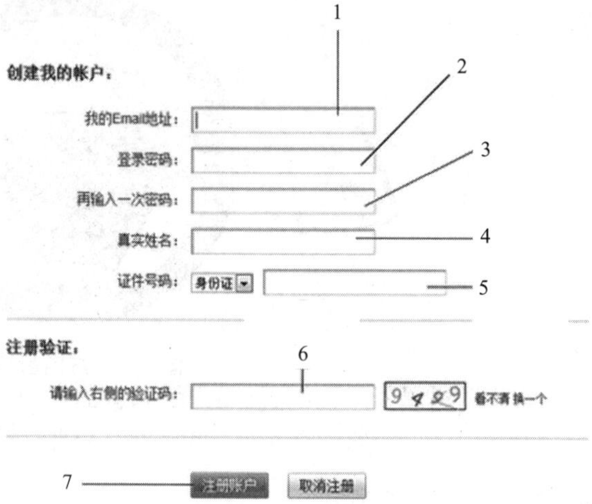

图 7-4　注册页面

1—填写 Email 地址；2—设置登录密码；3—验证登录密码；4—填写真实姓名；
5—填写身份证号码；6—填写图形验证码；7—提交注册信息

（二）激活注册账户

提交注册信息后，inkaNet 智能服务网将发送《注册激活邮件》到用户注册时输入的电子邮箱。登录邮箱查阅此邮件，并按照邮件指示的流程激活账户。

(三) 设备激活

首次打开 inkaNet 车载设备，界面提示设备未被激活，并出现激活码输入框。请向经销商索取激活码并输入。激活码输入框如图 7-5 所示。

设备只需被激活 1 次，以后使用设备无需激活。输入激活码后点按［激活］按钮，设备正常启动，进入主界面，界面右上方出现 3G 标识，说明通信与导航相关功能可使用。3G 标识如图 7-6 所示。

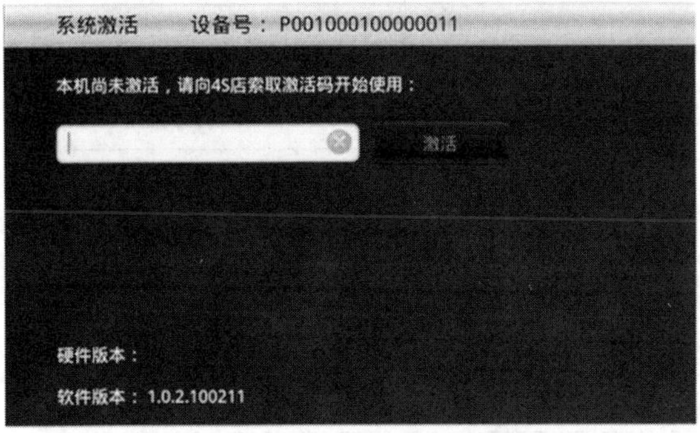

图 7-5　激活码输入框

图 7-6　3G 标识

三、 设备登录

用户登录车载设备前，需使用计算机登录 inkaNet 智能服务网 http://inkanet. roewe. com. cn，安装 inkaNet 客户端软件，完成 SD 卡管理操作。将 SD 卡插入车载设备，弹出登录界面，如图 7-7 所示。

输入在网站注册的账户和密码，点按［登录］按钮。用户也可以在未登录的状态下使用本设备，有两种未登录进入方式。

方式 1：插入 SD 卡，进入登录界面，点按［退出］按钮，进入车载设备主界面。

方式 2：不插入 SD 卡，开机后直接进入车载设备主界面，如图 7-8 所示。

图 7-7　登录界面

图 7-8　车载设备主界面

登录和未登录状态可使用的功能范围不同，如表 7-2 所示。

表 7-2 登录和未登录状态可使用的功能范围

设备功能	登录	未登录（有 SD 卡）	未登录（无 SD 卡）
音乐	Y	Y	N
听书	Y	Y	N
收音机	Y	Y	Y
资讯朗读	Y	Y	Y（仅限于新闻要闻、精华博客）
大智慧	Y	Y	Y
导航	Y	Y	Y
自选目的地	Y	N	N
路书	Y	N	N
就近推荐	Y	N	N
生活指南	Y	N	N
电话	Y	Y	Y
短信	Y	Y	Y
对讲机	Y	N	N
车载收件箱	Y	N	N
一键服务	Y	N	N
设置	Y	Y	Y

注：Y 表示有此功能，N 表示无此功能。

四、 定制和下载信息

（一）订阅资讯

使用计算机登录 inkaNet 智能服务网，进入资讯朗读栏目，选择需要订阅的信息，点击［订阅］按钮，完成资讯订阅；点击［退订］按钮，取消资讯的订阅。

用户最多可订阅 8 类资讯。

（二）保存信息到 SD 卡

使用计算机登录 inkaNet 智能服务网，进入生活指南、路书和自选目的地栏目，将鼠标移动到需要保存的信息，点按［保存到 SD 卡］按钮，将信息保存至 SD 卡。

此功能需要借助 inkaNet 客户端软件完成，使用的计算机必须连接互联网。

（三）发送信息到车载设备

使用计算机登录 inkaNet 智能服务网，进入生活指南、路书和自选目的地栏目，将鼠标移动到需要保存的信息，点击［发送到车上］按钮，将信息直接发送到 inkaNet 车载设备。

此功能需要 3G 网络的支持，inkaNet 车载设备所在地区必须覆盖 3G 网络。

五、 开、 关机

点按［电源］按键，设备开机。在开机状态下，点按［电源］按键，设备关机。

六、 主界面

设备开机或登录后，进入主界面，如图 7-9 所示。

图 7-9　主界面

1—状态栏； 2—微件显示区； 3—信息提示区； 4—应用程序栏

（一）状态栏

状态栏如图 7-10 所示。

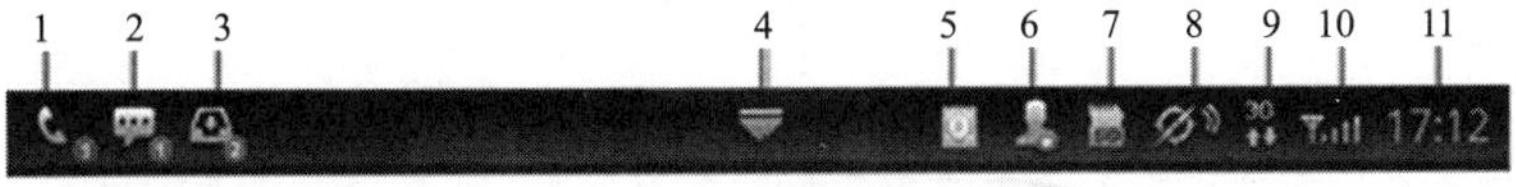

图 7-10　状态栏

1—未接来电； 2—未读短信； 3—未读车载收件箱信息； 4—［状态栏展开］按钮；
5—软件升级下载：软件升级时显示； 6—登录状态标识：绿色为已登录，红色为未登录；
7—SD 卡状态标识； 8—GPS 信号状态； 9—3G 标识； 10—3G/2.5G 通信信号； 11—当前时间显示

点按［状态栏展开］按钮，进入状态栏展开界面，如图 7-11 所示。

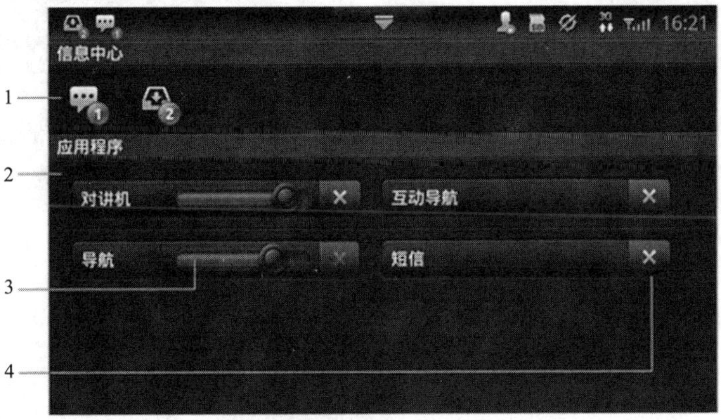

图 7-11　状态栏展开界面

1—信息中心区； 2—应用程序区； 3—音量条； 4—［关闭］按钮

［信息中心区］包括未接来电、未读短信、未读系统消息等信息。点按任意按钮，进入相应的应用程序界面。［应用程序区］显示当前正在运行的程序，滑动音量条，可调整程序的音量。点按［关闭］按钮，可退出应用程序。

（二）微件显示区

1. 时间微件

时间微件默认显示为本地当前日期和时间，点按时间微件，可放大查看当前日期和时间，如图 7-12 所示。

再次点按时间微件，时间微件界面翻转，点按［<］和［>］按钮，可翻动月历，如图 7-13所示。

图 7-12　当前日期和时间

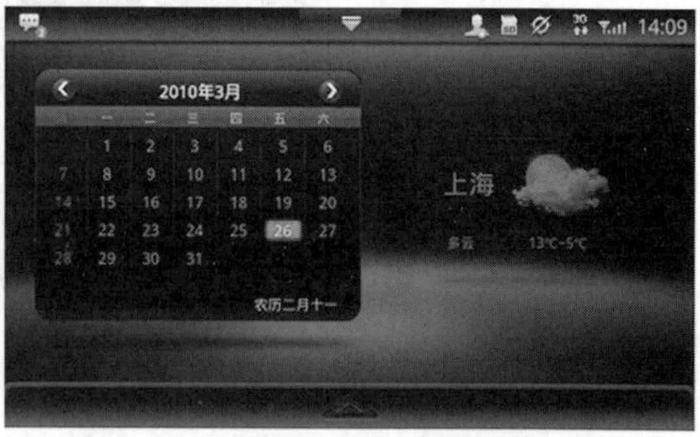

图 7-13　月历界面

点按时间微件以外的空白区域，返回初始状态。

2. 天气微件

天气微件默认显示为所在地当天天气信息，点按天气微件，放大查看当天天气信息，如图 7-14 所示。

再次点按天气微件，翻转天气微件界面，显示 3 天内所在地城市的天气信息，如图 7-15 所示。

图 7-14　天气微件

图 7-15　3 天内所在地城市的天气信息

点按城市名称，进入城市天气查询界面，选择需要查找的城市，查看当地的天气信息，如图 7-16 所示。

图 7-16　查看所选城市的天气信息

点按天气微件以外空白区域，返回初始状态。

（三）信息提示区

信息提示区显示未读短信、未接电话、语音朗读提示、听书提示、音乐歌词等。

对于未读短信或未接电话提示，点按［关闭］按钮，关闭短信或未接来电提示，如图 7-17 所示。

对于语音朗读提示、听书提示、音

乐歌词提示，点按［收起］按钮，可隐藏字幕，如图 7-18 所示。

图 7-17 未读短信或未接电话提示

图 7-18 ［收起］按钮

点按［展开］按钮，可打开字幕，如图 7-19 所示。

图 7-19 ［展开］按钮

（四）应用程序栏

点按主界面底部的［应用程序栏展开］按钮，界面下方显示常用程序栏界面，如图 7-20 所示。

图 7-20 ［应用程序栏展开］按钮

点按［应用程序栏展开］按钮，可打开应用程序栏，如图 7-21 所示。

应用程序库界面如图 7-22 所示。

长按应用程序库屏幕中的空白部分，可左右滑动翻页。长按应用程序库中的图标，可将其拖拽至常用程序栏，自定义常用程序。用户最多可自定义 8 个常用程序。点按［应用程序栏收起］按钮，可退出应用程序库界面，返回主界面。

应用程序栏展开栏

图 7-21　应用程序栏展开栏

3
1
2

图 7-22　应用程序库界面

1—常用程序栏；2—应用程序库；3—［应用程序栏收起］按钮

七、设置

点按应用程序库设置图标，进入设置主界面，如图 7-23 所示。

点按［退出］按钮，退出设置。点按［恢复初始设置］按钮，自定义设置恢复到初始设置。

（一）系统设置

在设置主界面，点按［系统设置］按钮，进入系统设置界面。系统设置包括关于本机、升级、统计、恢复出厂设置、重新校准，如图 7-24 所示。

1. 关于本机

点按［关于本机进入］按钮，进入关于本机界面，如图 7-25 所示。

点按［退出］按钮，可返回系统设置主界面。

1　　2

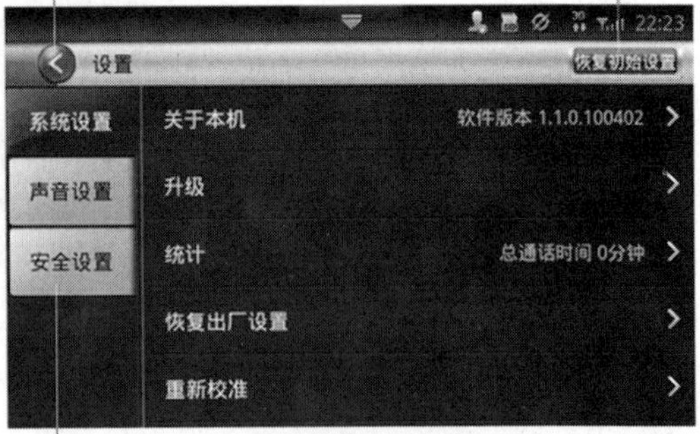

3

图 7-23　设置主界面

1—［退出］按钮；
2—［恢复初始设置］按钮；3—设置分类

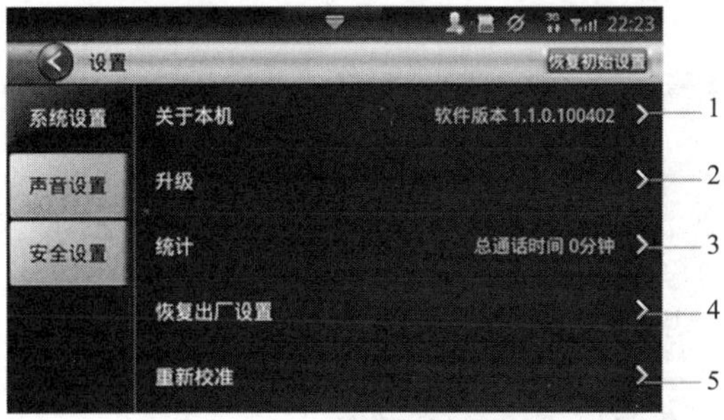

图 7-24 系统设置界面

1—［关于本机进入］按钮；2—［升级进入］按钮；3—［统计进入］按钮；4—［恢复出厂设置进入］按钮；5—［重新校准进入］按钮

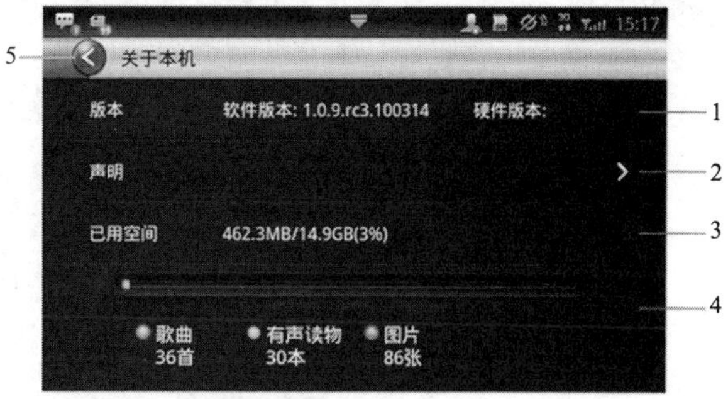

图 7-25 关于本机

1—版本说明区；2—版权说明区；3—容量说明区；4—容量内容区；5—［退出］按钮

2. 统计

点按［统计进入］按钮，进入统计界面，查看与通信相关的统计信息，如图 7-26 所示。

点按［重置］按钮，所有统计归零。点按［退出］按钮，可返回系统设置主界面。

3. 恢复出厂设置

点按［恢复出厂设置进入］按钮，进入恢复出厂设置界面，系统将出现提示信息，如图 7-27 所示。

点按［确定］按钮，系统恢复成出厂设置。点按［取消］按钮，退回设置主界面。

4. 重新校准

点按［重新校准进入］按钮，显示屏弹出询问框，如图 7-28 所示。

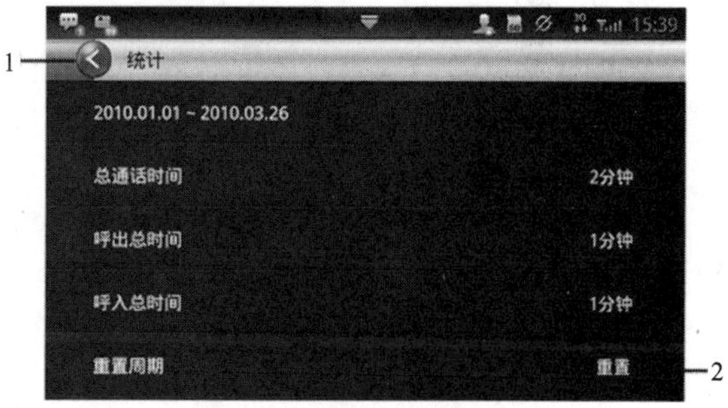

图 7-26 统计界面

1—［退出］按钮；2—［重置］按钮

图 7-27 恢复出厂设置界面

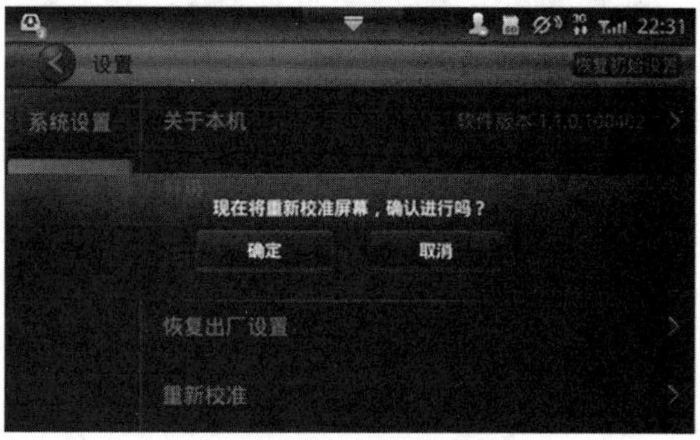

图 7-28 重新校准询问框

点按［确定］按钮，开始校准屏幕，屏幕左上角出现白色［×］光标点。点按该光标点，直至返回界面。点按［取消］按钮，退出屏幕校准并返回设置主界面。

（二）声音设置

声音设置包括铃声及音效、均衡器、音量平衡、速度音量补偿。在设置主界面，点按

［声音设置］按钮，进入声音设置的主界面，如图 7-29 所示。

图 7-29　声音设置的主界面

1—［恢复初始设置］按钮；2—［音量调节进入］按钮；3—［来电铃声选择进入］按钮；
4—［均衡器进入］按钮；5—［音量平衡进入］按钮；6—［速度音量补偿进入］按钮；7—［退出］按钮

1. 来电铃声

点按［来电铃声选择进入］按钮，进入铃声及音效页面，如图 7-30 所示。

左右拖拽音量条，调节音量大小。向左拖拽，减小音量；向右拖拽，增大音量。

点按［来电铃声选择］按钮，进入铃声选择界面，如图 7-31 所示。

点按铃声列表中的铃声，试听该铃声，再次点按，将该铃声设置为来电铃声；点按［退出］按钮，返回设置主界面。

2. 均衡器设置

点按［均衡器进入］按钮，进入均衡器界面，如图 7-32 所示。

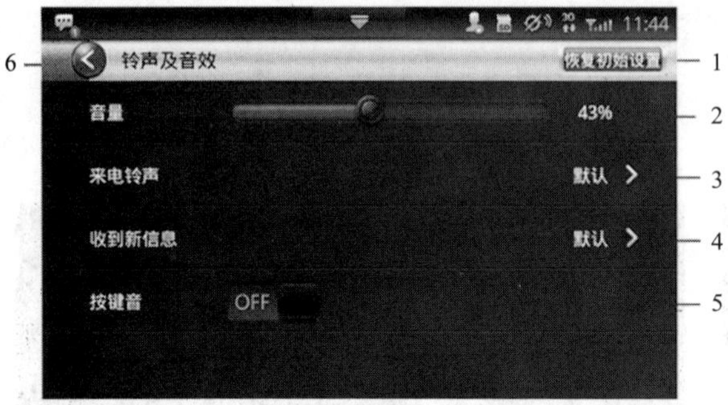

图 7-30　铃声及音效页面

1—［恢复初始设置］按钮；2—音量条；
3—［来电铃声选择］按钮；4—［收到新信息铃］按钮；
5—［按键音开关］按钮；6—［退出］按钮

图 7-31　铃声选择界面

1—［退出］按钮；2—铃声列表；
3—被选中铃声标识

在［均衡器风格选项栏］可以挑选摇滚、流行、乡村、古典、朗读等几类均衡器风格选项。拖拽均衡器中的高音条、中音条、低音条，可以自定义音量平衡。自定义音量完成后，点按［自定义］按钮，保存自定义内容，设备将自动覆盖前一次自定义内容。点按［退出］按钮，可返回设置主界面。

3. 音量平衡设置

点按［音量平衡进入］按钮，进入音量平衡界面，如图 7-33 所示。

图 7-32 均衡器界面

1—［恢复初始设置］按钮；2—音量条；3—［自定义］按钮；4—［退出］按钮

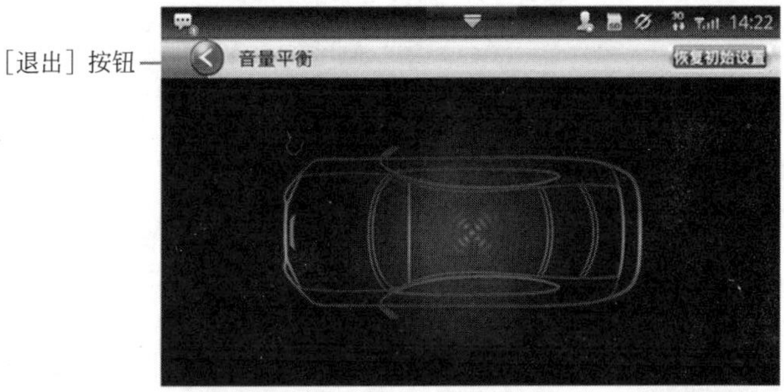

图 7-33 音量平衡界面

拖拽红色十字，可调节音源平衡位置。点按［退出］按钮，可返回设置主界面。

4. 速度音量补偿设置

点按［速度音量补偿进入］按钮，进入速度音量补偿界面，如图 7-34 所示。

点按［OFF］或［ON］按钮，可关闭或开启速度音量补偿功能。点按［退出］按钮，可返回设置主界面。

（三）安全设置

在设置主界面，点按［安全设置］按钮，进入安全设置主界面，如图 7-35 所示。

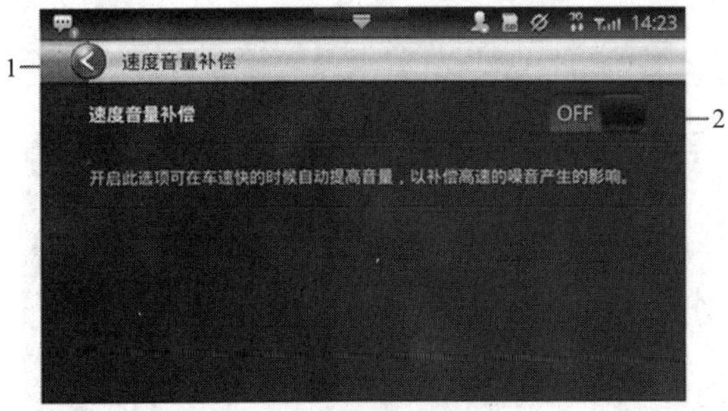

图 7-34 速度音量补偿界面

1—［退出］按钮；2—［速度音量补偿开关］按钮

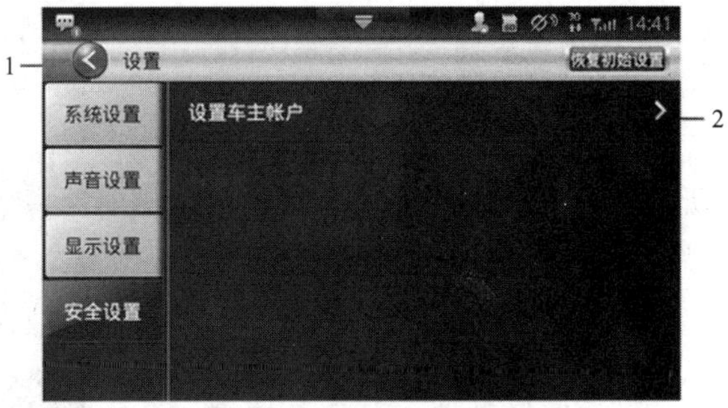

图 7-35 安全设置主界面

1—［退出］按钮；2—［设置车主账户］按钮

点按［退出］按钮，退出安全设置主界面。点按［设置车主账户］按钮，将进入设置车主账户界面，如图 7-36 所示。

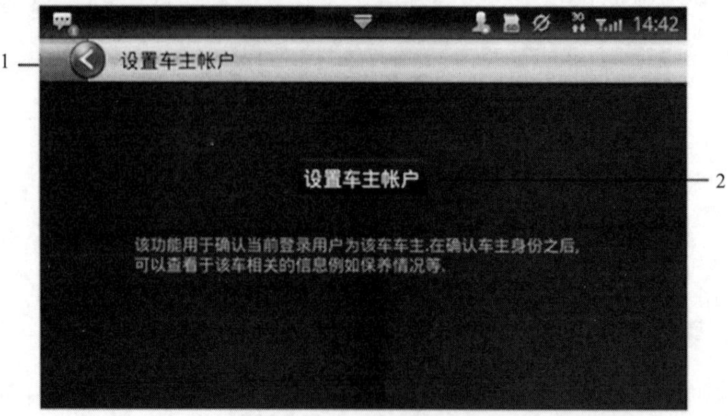

图 7-36 设置车主账户界面

1—［退出］按钮；2—［设置车主账户］按钮

在设置车主账户界面中点按［设置车主］按钮，把当前登录用户设置为车主。用户可以使用同一账户在不同的车辆上登录 inkaNet 车载设备。

第三节 多媒体资讯

一、 音乐

（一）音乐下载

音乐的下载只适用于从 inkaNet 智能服务网 http：//inkanet. roewe. com. cn 上推荐下载的音乐文件。用户需使用 inkaNet 客户端软件，将音乐文件保存至 SD 卡。

（二）进入音乐

方式 1：插入已有音乐文件的 SD 卡，点按应用程序栏音乐图标进入音乐应用程序，显示音乐主界面。

方式 2：反复点按方向盘［Mode］按键或车载设备上的［SRC］按键，直到屏幕上锁定音乐图标，停留 1s 或者点按方向盘［OK］键进入音乐应用程序，如图 7-37 所示。

必须插入有音乐文件的 SD 卡，才能使用音乐应用程序。

图 7-37 音乐应用程序图标

（三）音乐主界面

音乐主界面包括音乐分类检索方式和音乐播放操作按钮，如图 7-38 所示。

（四）功能菜单

1. 音乐检索

（1）所有歌曲检索。点按歌曲名称，开始播放歌曲。点按歌曲数，开始播放所有歌曲，如图 7-39 所示。

歌曲界面如图 7-40 所示。

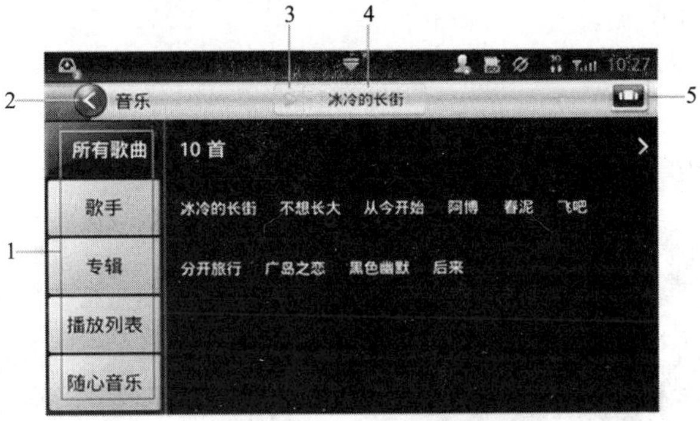

图 7-38　音乐主界面

1—检索方式分类；2—［退出］按钮；3—［播放/暂停］按钮；
4—［临时播放列表］按钮：点按进入音乐临时播放列表界面；5—［图形检索］按钮：切换至歌曲图形检索界面

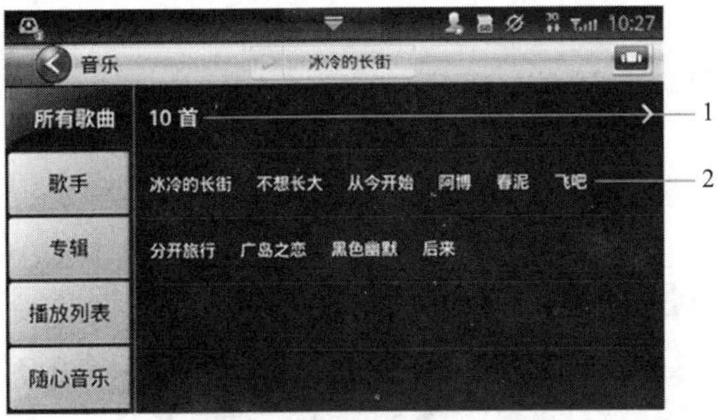

图 7-39　歌曲数和歌曲名称

1—歌曲数；2—歌曲名称

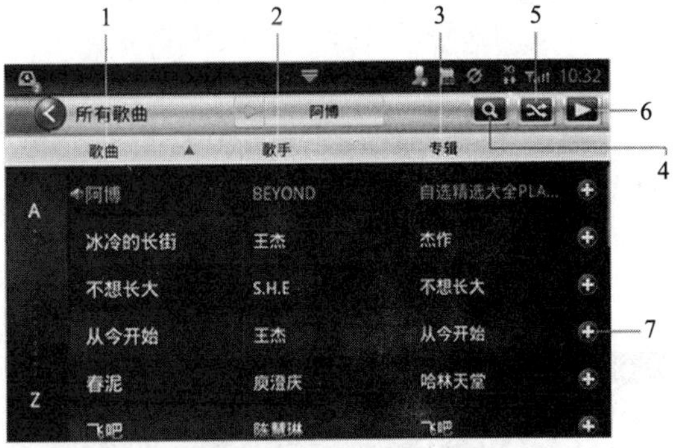

图 7-40　歌曲界面

1—根据歌曲名称首字母排序；2—根据歌手名称首字母排序；
3—根据专辑名称首字母排序；4—［歌曲搜索］按钮；
5—［随机播放］按钮；6—［顺序播放］按钮；
7—［添加歌曲］按钮

点击［歌曲搜索］按钮，进入详细搜索界面，然后可通过输入歌曲关键字首字母进行查询，如图 7-41 所示。

(2) 歌手检索。点按歌手名称，进入该歌手歌曲列表。点按歌手数，进入所有歌手列表，如图 7-42 所示。

图 7-41　详细搜索界面

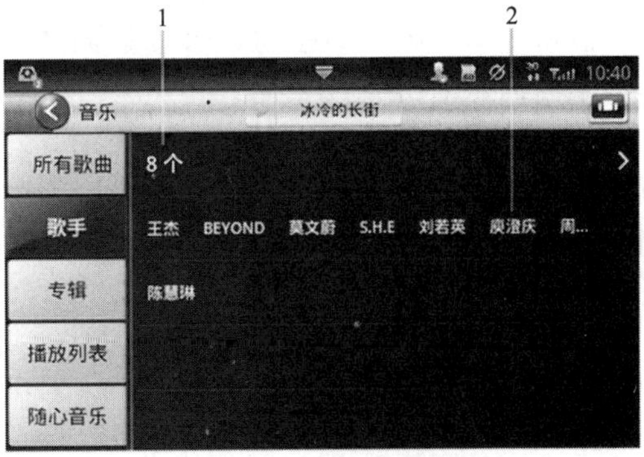

图 7-42　所有歌手列表

1—歌手数；2—歌手名称

歌手界面如图 7-43 所示。

点击［图形检索］按钮，可切换至图形检索界面，如图 7-44 所示。

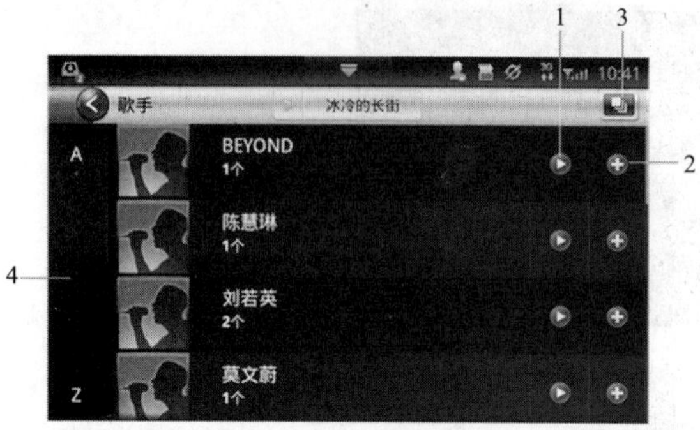

图 7-43　歌手界面

1—［播放歌曲］按钮；2—［添加歌曲］按钮；
3—［图形检索］按钮；4—歌手检索区

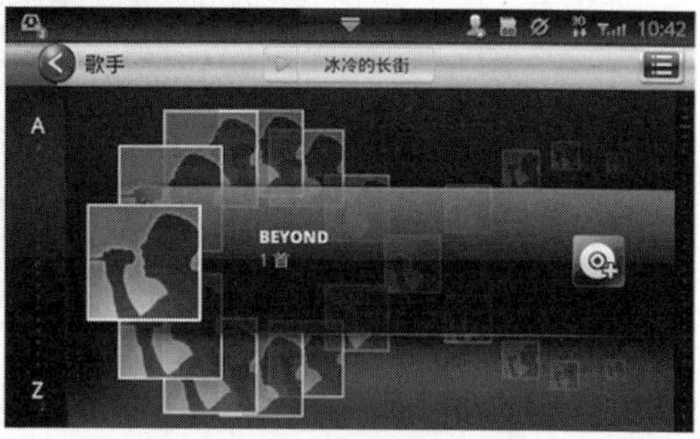

图 7-44　图形检索界面

（3）专辑检索。点按专辑名称，进入该专辑歌曲列表。点按专辑数，进入所有专辑列表，如图 7-45 所示。

专辑界面如图 7-46 所示。

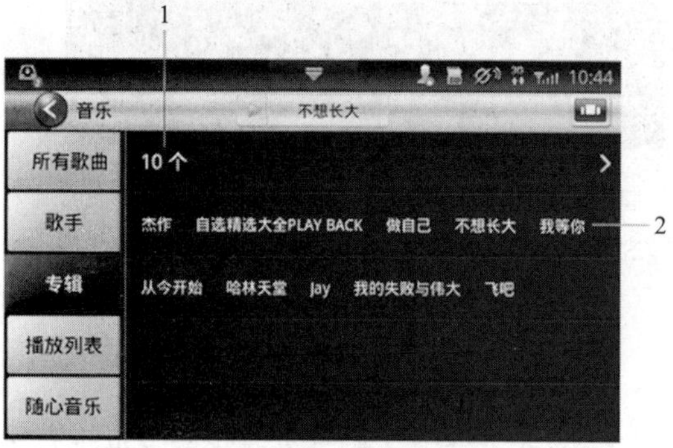

图 7-45　所有专辑列表

1—专辑数；2—专辑名称

图 7-46　专辑界面

1—［播放专辑］按钮；2—［添加歌曲］按钮；
3—［图形检索］按钮；4—专辑检索区

点击［图形检索］按钮，可切换至图形检索界面，如图 7-47 所示。

图 7-47　图形检索界面

（4）播放列表检索。用户可以使用计算机中安装的 inkaNet 客户端软件自定义播放列表内容。inkaNet 车载设备自带以下 3 个播放列表。

① 最近听过的歌曲。

② 最近添加的歌曲。

③ 全部音乐，如图 7-48 所示。

点按播放列表名称，进入该播放列表。点按播放列表数，进入所有播放列表，如图

7-49 所示。

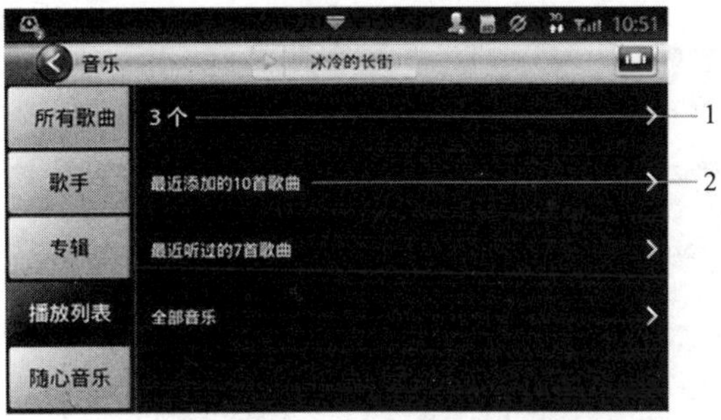

图 7-48　全部音乐

1—播放列表数；2—播放列表名称

图 7-49　所有播放列表

1—［添加歌曲］按钮；2—列表检索区

（5）随心音乐检索。用户可以使用计算机中安装的 inkaNet 客户端软件自定义随心音乐里的歌曲。点按随心音乐名称，进入该随心音乐列表。点按随心音乐数，进入所有随心音乐列表，如图 7-50 所示。

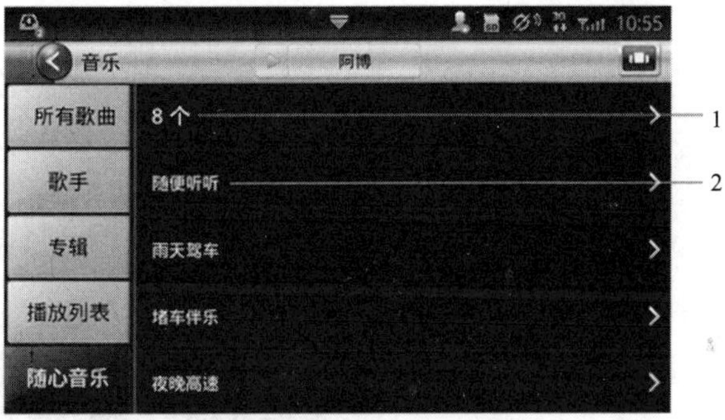

图 7-50　所有随心音乐列表

1—随心音乐数；2—随心音乐名称

随心音乐界面如图 7-51 所示。

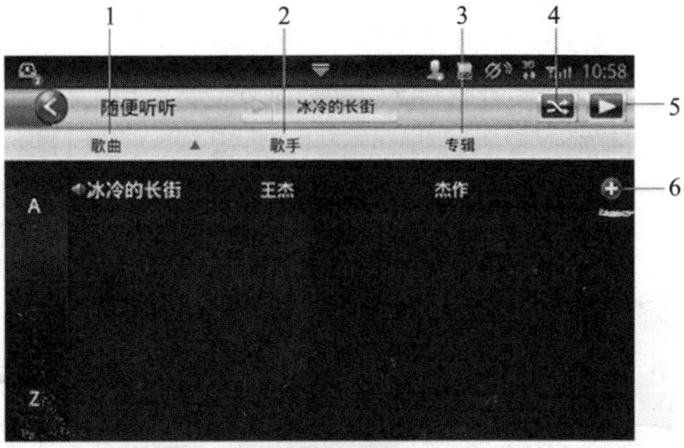

图 7-51　随心音乐界面

1—根据歌曲名称首字母排序；2—根据歌手姓名首字母排序；3—根据专辑名称首字母排序；4—［随机播放］按钮；5—［顺序播放］按钮；6—［添加歌曲］按钮

2. 音乐播放

点按［临时播放列表］按钮，进入临时播放列表，同时在界面下方显示播放操作按钮，如图 7-52 所示。

临时播放音乐如图 7-53 所示。

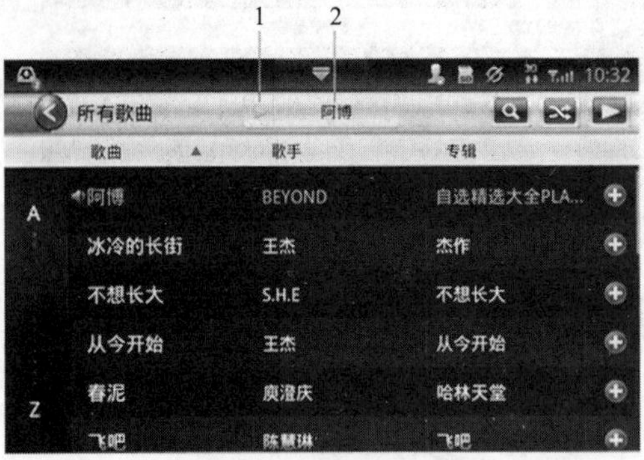

图 7-52　临时播放列表

1—［停止/播放］按钮；2—［临时播放列表］按钮

图 7-53　临时播放音乐

1—［循环播放歌曲］按钮；2—［随机播放歌曲］按钮；3—上一首按钮；4—［停止/播放］按钮；5—下一首按钮；6—进度条；7—［删除］按钮；8—［清空］按钮；9—［图形播放］按钮

点击［图形播放］按钮，可切换至图形播放界面，如图 7-54 所示。

3. 退出音乐

(1) 退出音乐界面。点按［退出］按钮，退出音乐界面，但仍继续播放音乐，如图 7-55 所示。

(2) 退出音乐播放。有两种方式可以退出音乐播放。

方式 1：点按［停止/播放］按钮，如图 7-56 所示。

方式 2：在状态栏中点按音乐应用程序［关闭］按钮，如图 7-57 所示。

图 7-54　图形播放界面

图 7-55　退出音乐界面

此方式用于已经退出音乐界面，但音乐依然在播放。

图 7-56　退出音乐播放方式（一）

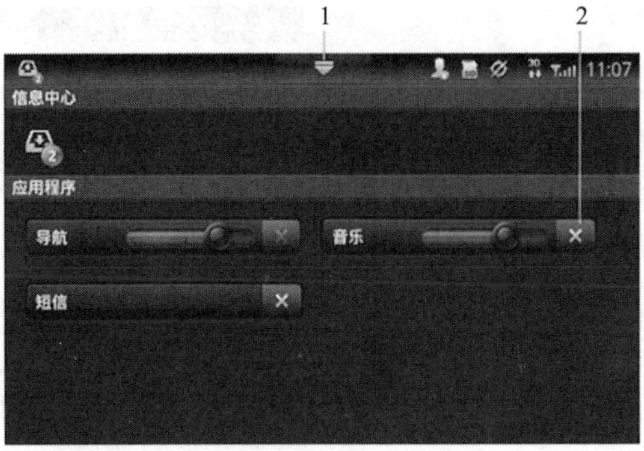

图 7-57　退出音乐播放方式（二）

1—展开/恢复状态栏；2—［关闭］按钮

二、听书

（一）听书下载

“听书”只适用于从 inkaNet 智能服务网 http：//inkanet. roewe. com. cn 上推荐下载的听书文件。用户需使用 inkaNet 客户端软件，将听书文件保存至 SD 卡。

（二）进入听书

方式 1：点按应用程序栏听书图标，进入听书应用程序，显示屏显示听书主界面。

方式 2：反复点按方向盘［Mode］按键或车载设备上的［SRC］按键，直到屏幕上锁定听书图标，停留 1s 或者点按方向盘［OK］键，进入听书应用程序，如图 7-58 所示。

图 7-58　听书应用程序

必须插入有听书文件的 SD 卡，才能使用听书应用程序。

（三）听书主界面

听书主界面包括检索功能和书籍播放操作按钮，如图 7-59 所示。

点击［图形检索］按钮，可切换至听书图形检索界面，如图 7-60 所示。

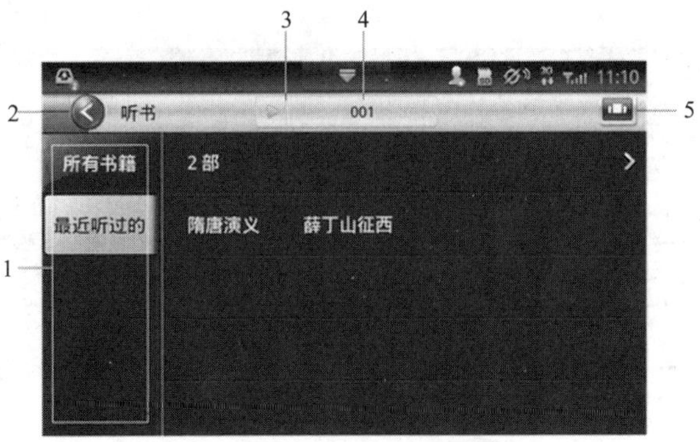

图 7-59　听书主界面

1—检索方式分类；2—［退出］按钮；3—［播放/暂停］按钮；4—［正式播放列表］按钮；5—［图形检索］按钮

（四）功能菜单

1. 听书检索

（1）所有书籍检索。点按书籍名称，开始播放。点按书籍数，进入所有书籍列表，如图 7-61 所示。

（2）最近听过的书籍检索。点按书籍名称，播放听书文件。点按书籍数，进入最近听过的书籍列表，如图 7-62 所示。

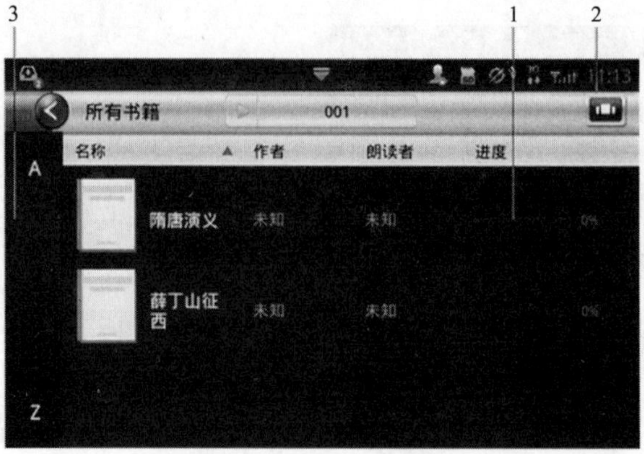

图 7-60 听书图形检索界面

1—进度条； 2—［列表检索］ 按钮； 3—书籍检索区

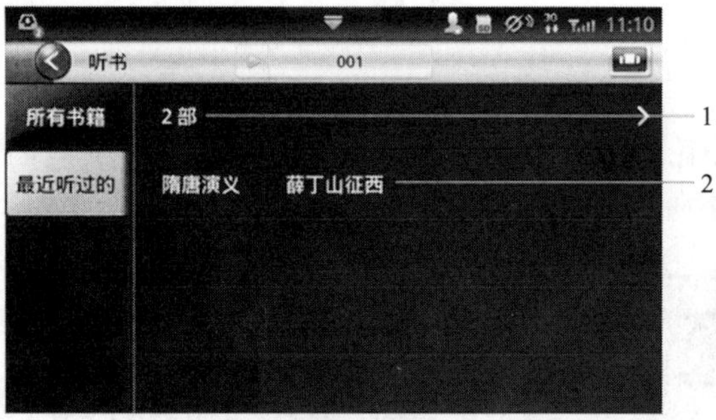

图 7-61 所有书籍列表

1—书籍名称； 2—所有书籍数

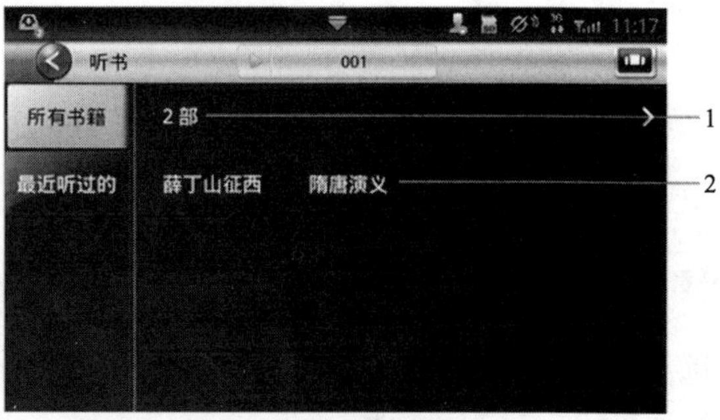

图 7-62 最近听过的书籍列表

1—最近听过的书籍数； 2—书籍名称

2. 书籍播放

点按［正在播放列表］按钮，进入正在播放列表，如图 7-63 所示。

同时在界面下方显示播放操作图标，表示正在播放的听书文件，如图 7-64 所示。

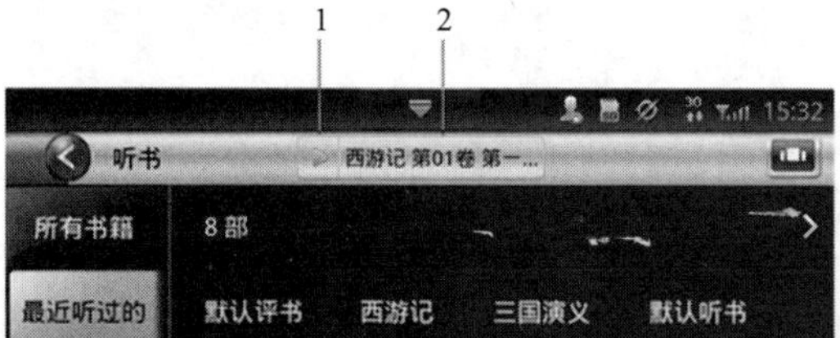

图 7-63 正在播放列表（一）

1—［停止/播放］ 按钮； 2—［正在播放列表］ 按钮

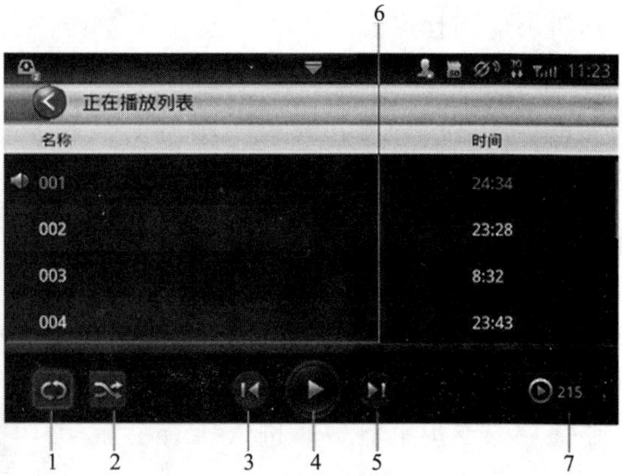

图 7-64 正在播放列表（二）

1—［循环播放书籍］ 按钮； 2—［随机播放书籍］ 按钮；

3—上一章节按钮； 4—［停止/播放］ 按钮；

5—下一章节按钮； 6—进度条； 7—［图形播放］ 按钮

点击［图形播放］按钮，可切换至图形播放界面，如图 7-65 所示。

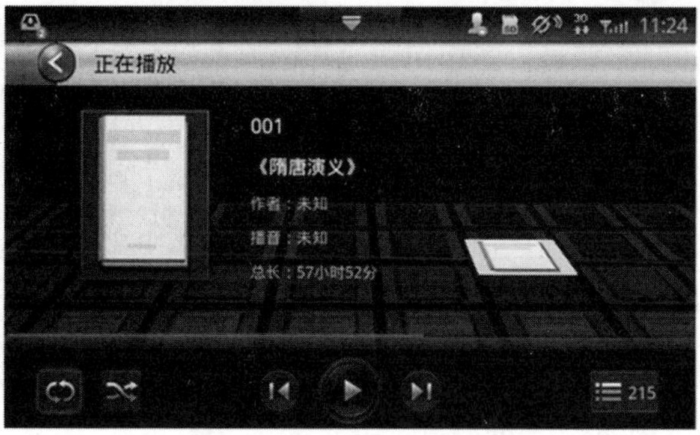

图 7-65　图形播放界面

（五）退出听书

1. 退出听书界面

点按［退出］按钮，退出听书界面，但仍然可以继续听书，如图 7-66 所示。

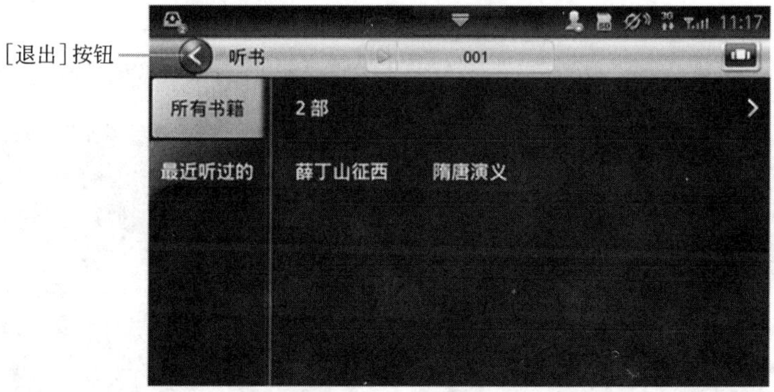

图 7-66　退出听书界面

2. 退出听书播放

有两种方式可以退出听书播放。

方式 1：点按［停止/播放］按钮，如图 7-67 所示。

图 7-67　退出听书播放方式（一）

方式 2：在状态栏中点按听书应用程序［关闭］按钮，如图 7-68 所示。

此方式用于已经退出听书界面，但听书依然在播放。

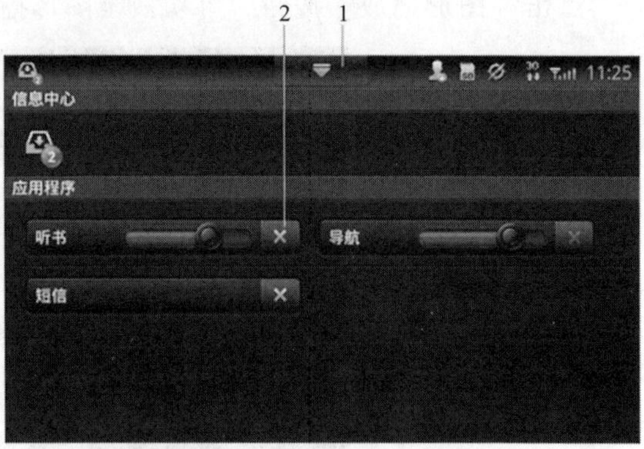

图 7-68　退出听书播放方式（二）

1—展开/恢复状态栏；2—［关闭］按钮

三、 收音机

（一）进入收音机

方式 1：点按应用程序栏收音机图标，进入收音机应用程序，显示屏显示收音机主界面。

方式 2：反复点按方向盘［Mode］按键或车载设备上的［SRC］按键，直到屏幕上锁定［收音机］图标，停留 1s 或者点击方向盘［OK］键，可进入收音机应用程序，如图 7-69 所示。

（二）收音机主界面

收音机主界面如图 7-70 所示。

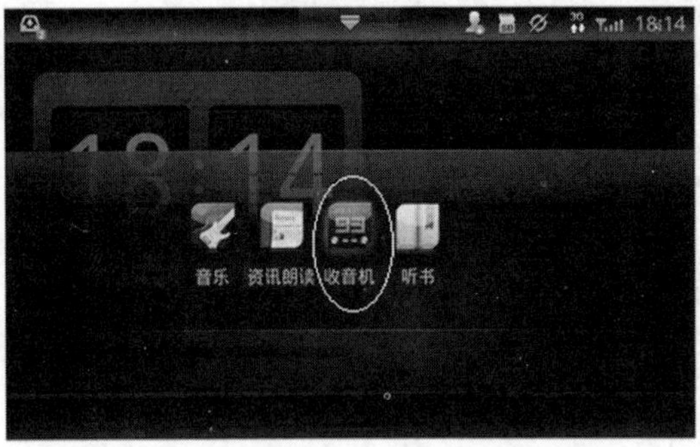

图 7-69　收音机应用程序

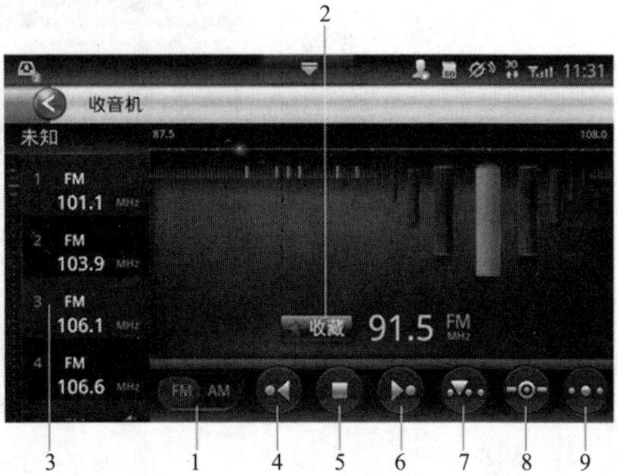

图 7-70　收音机主界面

1—［FM/AM 频段切换］按钮；2—［收藏］按钮；
3—［收藏］列表；4—上一台按钮；5—［停止/播放］按钮；
6—下一台按钮；7—［逐台搜索］按钮；
8—［精确搜索］按钮；9—［自动搜索］按钮

点击［精确搜索］按钮，显示屏出现精确搜索界面。输入具体电台频率，确认后即出现该电台频率，如图 7-71 所示。

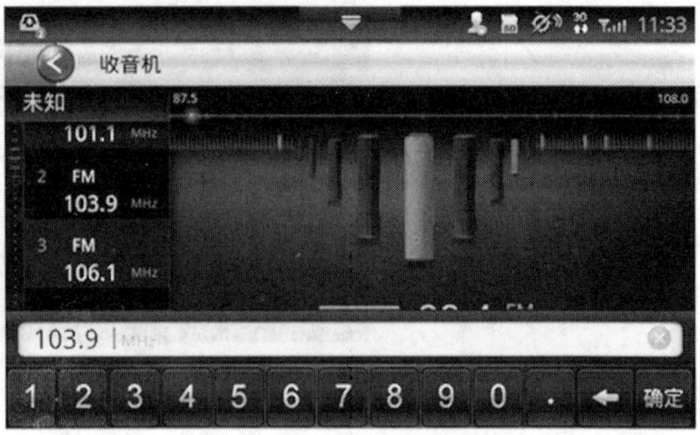

图 7-71　精确搜索界面

（三）退出收音机

1. 退出收音机界面

点按［退出］按钮，退出收音机界面，但仍然可以收听广播，如图 7-72 所示。

2. 退出收音机播放

有两种方式可以退出收音机播放。

方式 1：点按［停止/播放］按钮，如图 7-73 所示。

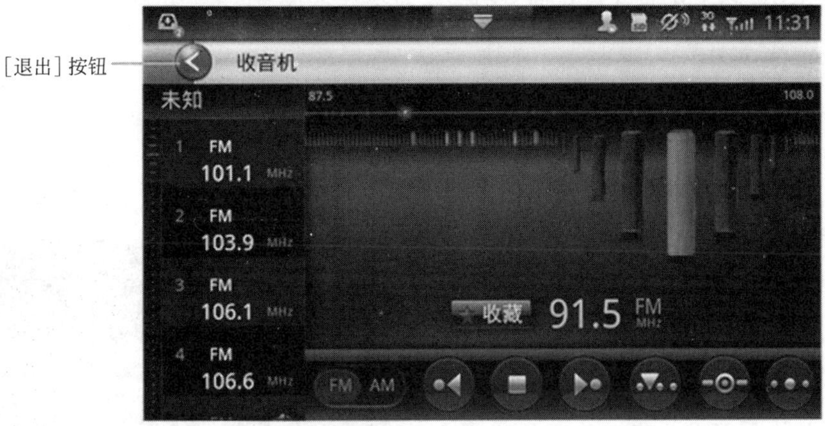

图 7-72　退出收音机界面

图 7-73　退出收音机播放方式（一）

方式 2：在状态栏中点按收音机应用程序中［关闭］按钮，如图 7-74 所示。

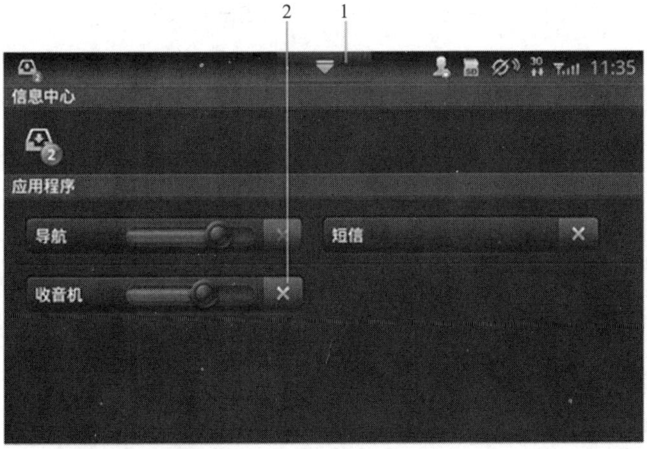

图 7-74　退出收音机播放方式（二）

1—展开/恢复状态栏；2—［关闭］按钮

此方式用于已经退出收音机界面，但收音机依然在播放。

四、 资讯朗读

（一）资讯订阅

“资讯朗读”只适用于从 inkaNet 智能服务网 http：//inkanet. roewe. com. cn 上定制的新闻资讯频道。用户在网站订阅个人喜欢的资讯分类后，登录车载设备，实现资讯朗读。

（二）进入资讯朗读

方式 1：点按应用程序栏资讯朗读图标，进入资讯朗读应用程序，显示屏显示资讯检索主界面。

方式 2：反复点按方向盘［Mode］按键或车载设备上的［SRC］按键，直到屏幕上锁定［资讯朗读］图标，停留 1s 或点按方向盘［OK］键，进入资讯朗读应用程序，如图 7-75 所示。

图 7-75　资讯朗读应用程序

（三）资讯朗读主界面

资讯朗读主界面如图 7-76 所示。

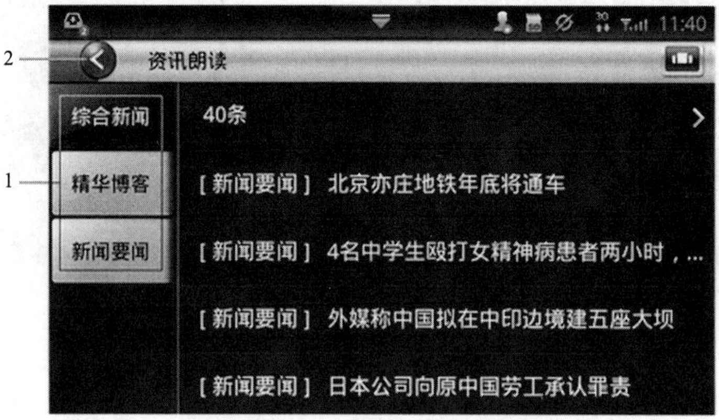

图 7-76　资讯朗读主界面

1—检索方式分类；2—［退出］按钮

（四）功能菜单

1. 资讯检索

（1）综合资讯检索。点按资讯主题，直接播放该条资讯。点按所有资讯数，进入所有资讯列表，如图 7-77 所示。

（2）分类资讯检索。点按资讯分类，进入该分类资讯列表。点按分类资讯数，进入该分类资讯列表，如图 7-78 所示。

2. 资讯朗读

点按资讯主题，进入资讯列表朗读界面，如图 7-79 所示。

（五）退出资讯朗读

1. 退出资讯朗读界面

点按［退出］按钮，退出资讯朗读播放界面，但仍然可以继续收听资讯，如图 7-80 所示。

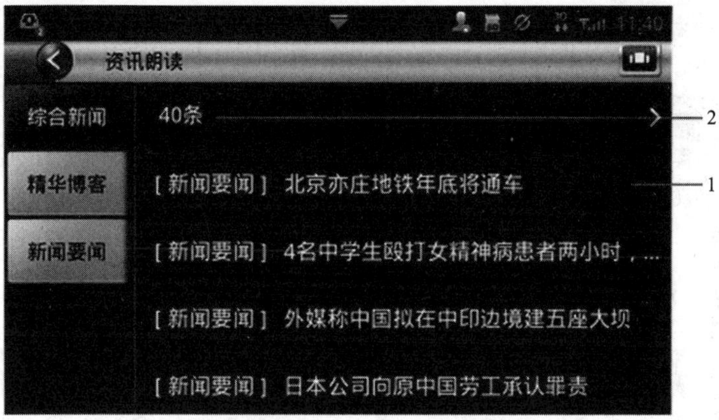

图 7-77　所有资讯列表

1—资讯标题； 2—所有资讯数

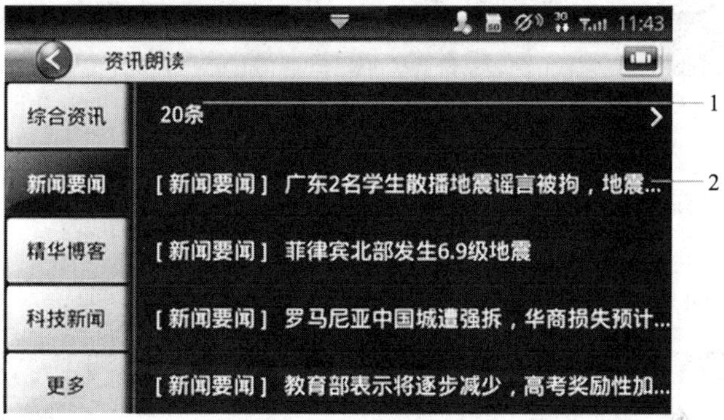

图 7-78　分类资讯列表

1—所有资讯数； 2—资讯主题

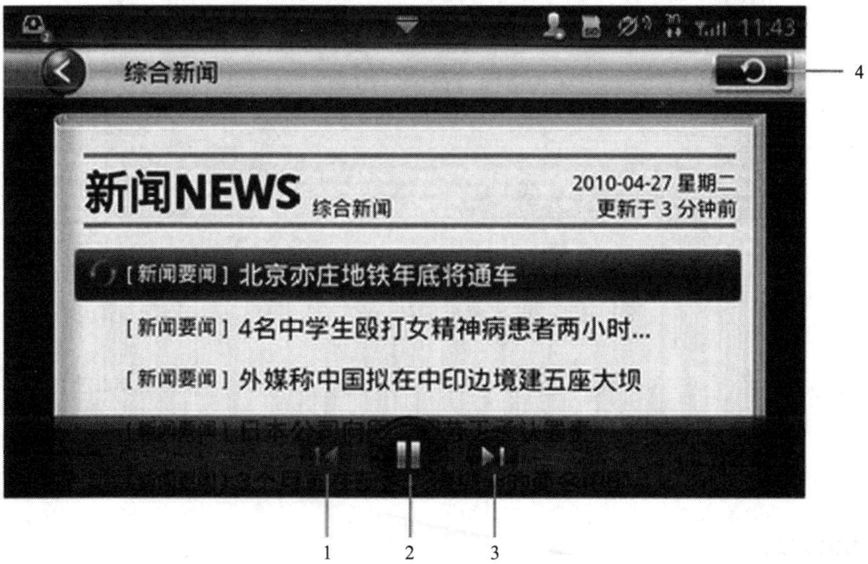

图 7-79　资讯列表朗读界面

1—上一条按钮； 2—[停止/播放] 按钮； 3—下一条按钮； 4—[刷新] 按钮

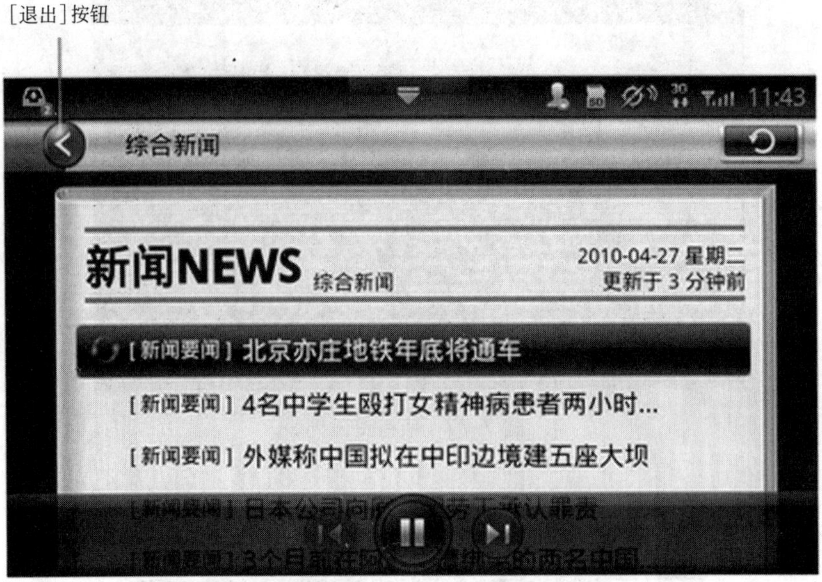

图 7-80　退出资讯朗读播放界面

2. 退出资讯朗读播放

有两种方式可以退出资讯朗读播放。

方式 1：点按［停止/播放］按钮，如图 7-81 所示。

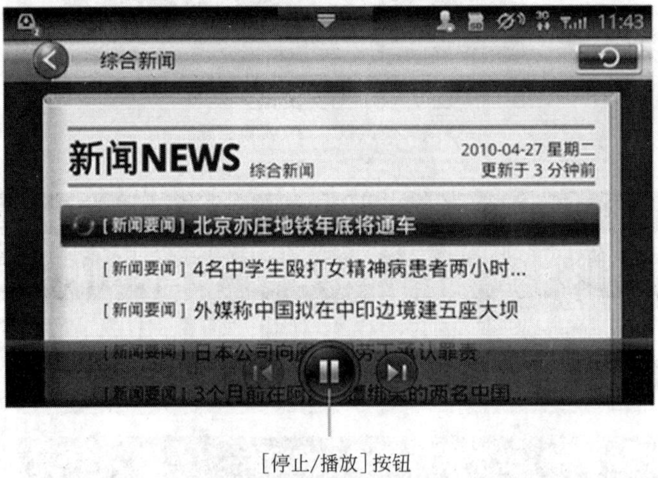

图 7-81　退出资讯朗读播放方式（一）

方式 2：在状态栏中点按资讯朗读应用程序［关闭］按钮，如图 7-82 所示。此方式用于已经退出资讯朗读界面，但资讯朗读依然在播放。

五、大智慧

（一）进入大智慧

点按应用程序栏大智慧图标，进入大智慧应用程序，显示屏显示大智慧主界面，如图 7-83所示。

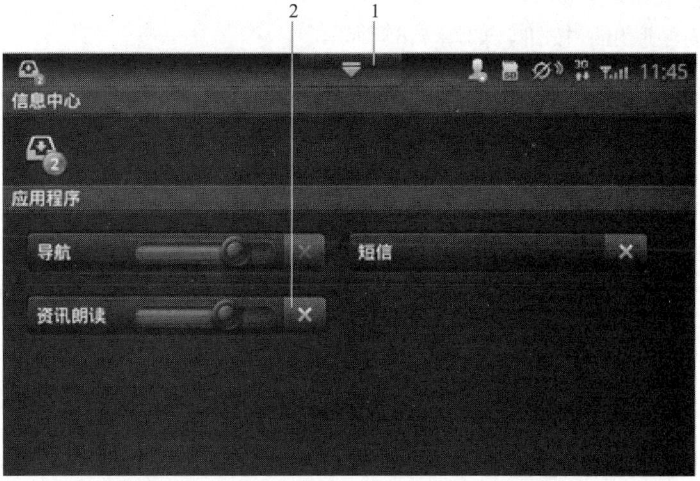

图 7-82 退出资讯朗读播放方式（二）
1—展开/恢复状态栏；2—［关闭］按钮

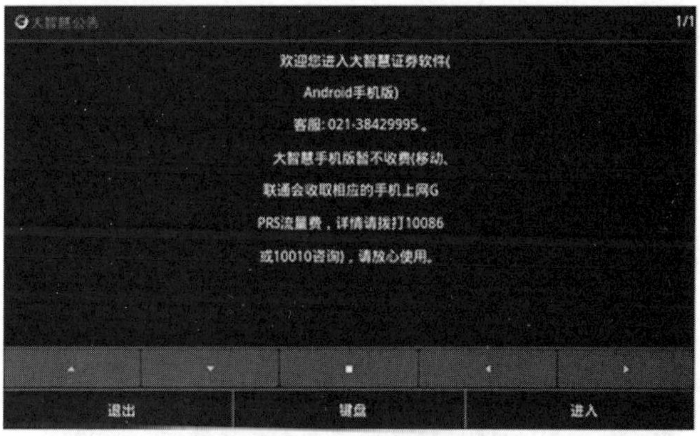

图 7-83 大智慧主界面

（二）功能菜单

用户可通过 3G 网络获取实时股市信息，如图 7-84 所示。

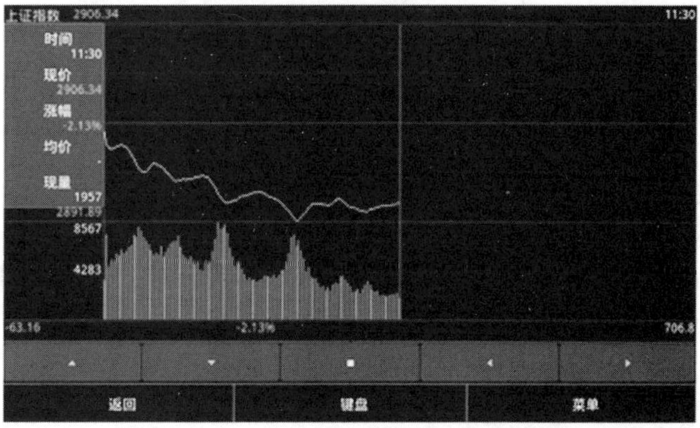

图 7-84 股市信息

(三) 退出大智慧

方式 1：点按［退出］按钮，如图 7-85 所示。

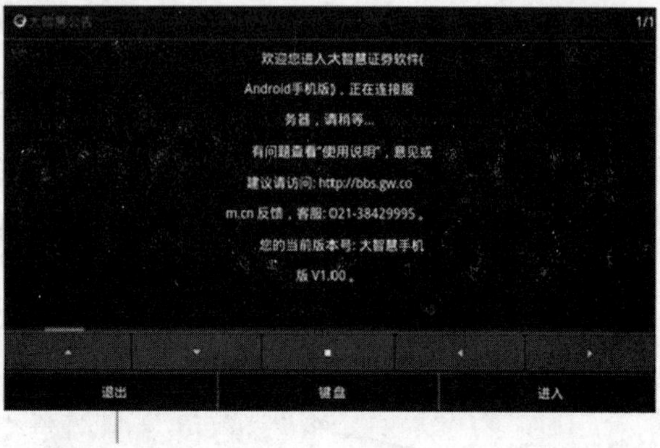

图 7-85 退出大智慧方式（一）

方式 2：在状态栏中点按大智慧应用程序中［关闭］按钮，如图 7-86 所示。

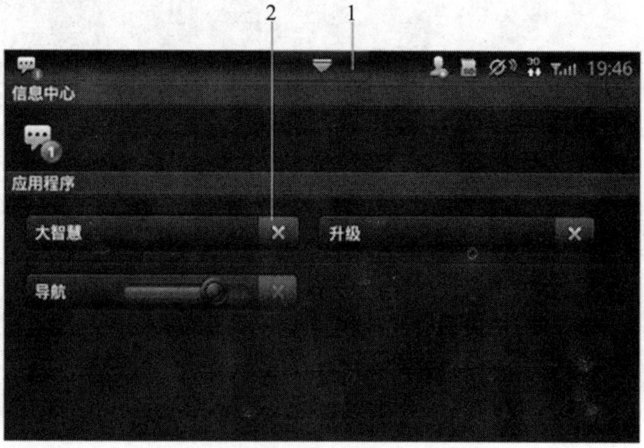

图 7-86 退出大智慧方式（二）

1—展开/恢复状态栏；2—［关闭］按钮

第四节 导 航

一、导航

(一) 进入基本导航

方式 1：点按应用程序栏导航图标，进入基本导航应用程序，显示屏显示地图界面。

方式 2：点按车载设备面板上的［NAV］按键，进入基本导航应用程序，如图 7-87 所示。

(二) 地图说明

1. 地图显示界面

地图显示界面如图 7-88、图 7-89 所示。

图 7-87 基本导航应用程序

图 7-88 地图显示界面（一）

1—自车图标； 2—路名； 3—［视图模式］ 图标； 4 比例尺；

5—放大地图； 6—缩小地图； 7—［菜单］ 按钮； 8—星历图标； 9—时钟

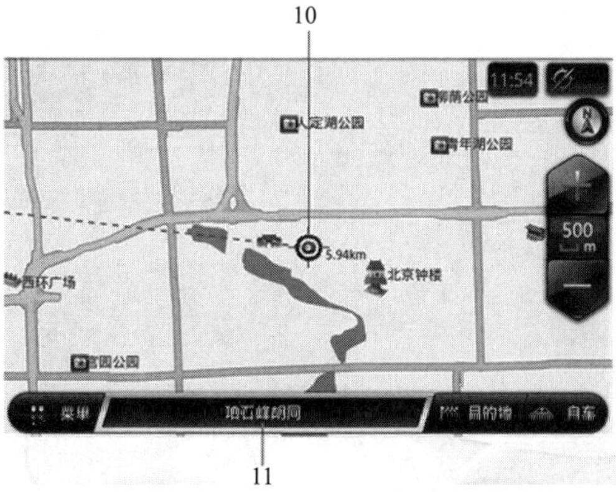

图 7-89 地图显示界面（二）

10—游标； 11—游标所在的路名

点按［自车］按钮，可返回初始地图界面。点击［视图模式］图标，可切换视图模式。北向上模式如图 7-90 所示。

图 7-90　北向上模式

车头向上模式如图 7-91 所示。

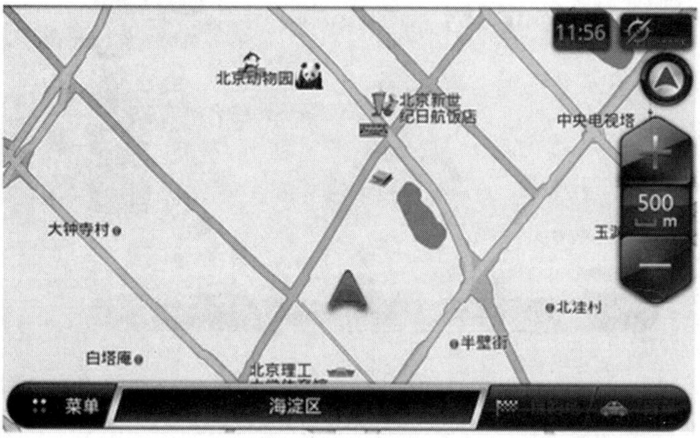

图 7-91　车头向上模式

3D 模式如图 7-92 所示。

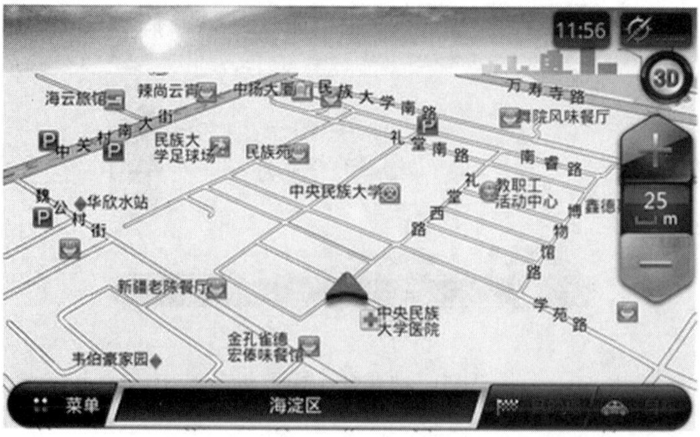

图 7-92　3D 模式

点击星历图标，可切换到星历图界面，如图 7-93 所示。

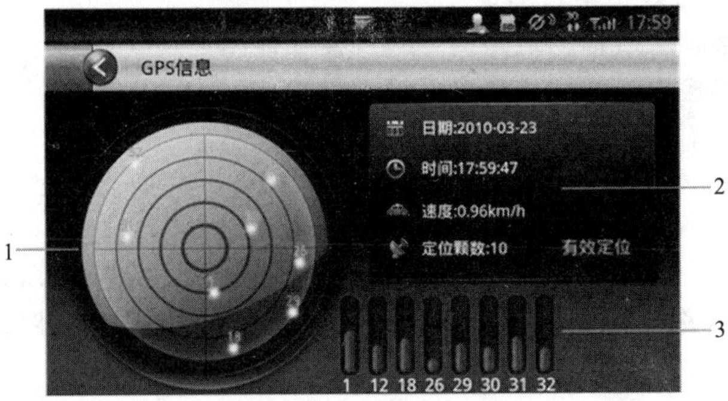

图 7-93 星历图界面

1—星历图； 2—卫星定位信息区； 3—卫星定位柱形图

2. 昼夜模式

白天模式如图 7-94 所示。

图 7-94 白天模式

夜晚模式如图 7-95 所示。

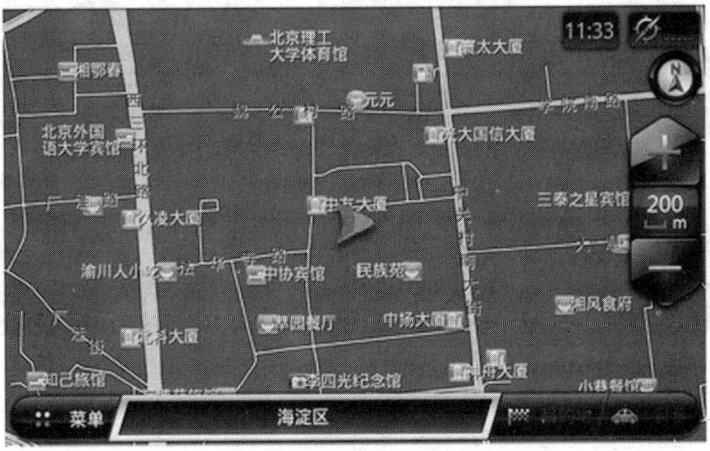

图 7-95 夜晚模式

(三) 目的地检索

车载设备提供两种方式检索目的地。

方式 1：地图检索，通过移动地图的方式直接在地图上查找目的地。

方式 2：利用菜单检索，通过菜单界面检索目的地。

1. 地图检索

在地图界面点按地图任意地方，地图上出现游标，屏幕中出现［目的地］按钮和［自车］按钮。点按地图并保持，地图将连续移动，找到目的地后，停止点按地图。点按［目的地］按钮进行路径计算，并开始导航。屏幕下方的中间位置显示游标所在位置的路名，如果路名不详则显示区域名称。点按［自车］按钮，游标消失，返回自车跟随状态，自车图标显示在地图中心，如图 7-96 所示。

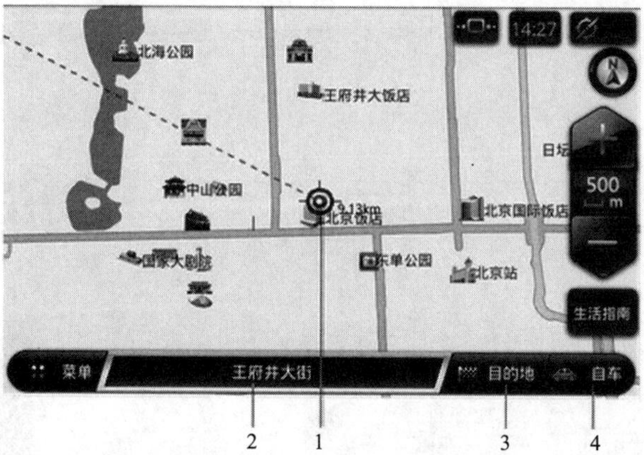

图 7-96 地图检索界面

1—游标；2—路名；3—［目的地］按钮；4—［自车］按钮

如果需要重新设置目的地，点按［目的地］按钮，弹出询问提示：“是否设为中途点？”，如图 7-97 所示。

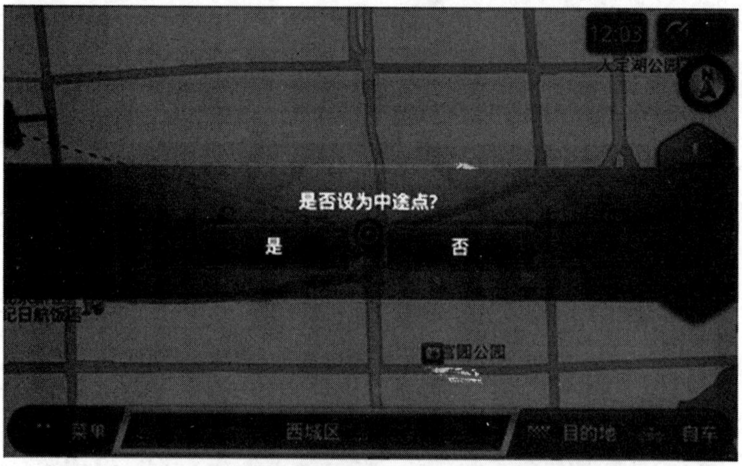

图 7-97 重新设置目的地的询问提示

点按［是］，将该地点设为导航路径中途必须经过的位置，目的地仍然为原来设定的目的地，并重新计算路线进行导航；点按［否］，将该地点设为目的地，取代原来设定的目的地，并重新计算路线进行导航。

2. 菜单检索

在地图界面中点按［菜单］按钮，进入菜单检索界面，如图 7-98 所示。

图 7-98 菜单检索界面

车载设备提供 5 种方式检索目的地。

名称检索：输入目的地名称的首字母检索，或者输入完整中文名称检索。

周边检索：在自车周边 100 公里检索。

十字路口：通过输入的路名检索全部与之相交道路路口。

我的最爱：显示用户收藏的全部检索列表，用户最多收藏 200 条检索结果。

历史记录：显示最近的 50 条用户导航过的目的地和中途点列表。

(1) 名称检索。在菜单检索的界面，点按［名称检索］图标，进入名称检索界面，如图 7-99 所示。

图 7-99 名称检索界面

1—［名称］按钮；2—输入框；3—［键盘］按钮；4—［中/英文输入法切换］按钮；5—［数字输入法］按钮；6—城市名称；7—［区域］按钮；8—［检索］按钮

点按［名称］按钮，在名称检索和首字母检索模式之间切换。点按输入框，通过虚拟键盘输入字母 A～Z。点按［检索］按钮，进入检索列表界面。点按［数字输入法］按钮，可切换到数字输入法，再次点按则会关闭数字输入法，返回原来的中/英文输入方式。城市名称默认显示为车辆当前所在城市，点按［区域］按钮，可进入全国省级城市列表。点按［键盘］按钮，可关闭虚拟键盘。

(2) 周边检索。在菜单检索界面中点按［周边检索］图标，进入周边检索界面。点按某一类别，进入该类别分类列表，如图 7-100 所示。

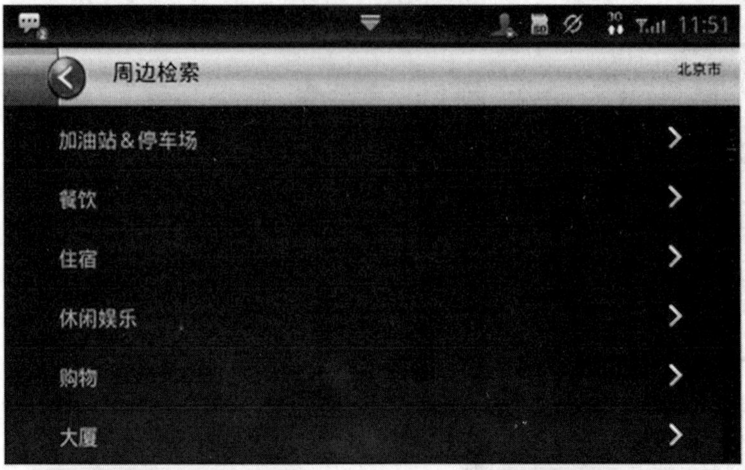

图 7-100　类别分类列表

在分类列表中，点按某一类别，如果有下一级分类，继续显示下一级分类列表；如果没有下一级分类，直接显示具体查询结果列表。

(3) 十字路口。在菜单检索界面中点按［十字路口］图标，进入十字路口检索界面。在检索框中输入道路名称，如图 7-101 所示。

图 7-101　输入道路名称

十字路口检索的输入必须使用全名称输入。

(4) 我的最爱。在菜单检索界面中点按［我的最爱］图标，进入我的最爱检索界面，如图 7-102 所示。

图 7-102　我的最爱检索界面

1—［清空］按钮；2—［删除］按钮；3—数据行

点按［清空］按钮，可清空全部记录；点按［删除］按钮，可将该地点从［我的最爱］列表中删除；点按数据行，可进入该地点的详细信息界面。

(5) 历史记录。在菜单检索界面中点按［历史记录］图标，进入历史记录检索界面，如图 7-103 所示。

图 7-103　历史记录检索界面

1—［清空］按钮；2—［删除］按钮；3—数据行

点按［清空］按钮，清空全部记录；点按［删除］按钮，删除该条记录；点按数据行，进入该地点的详细信息界面。

(四) 导航界面说明

目的地检索完成后，系统开始路径计算并启用导航界面，如图 7-104 所示。

导航路径用蓝色线条标识，同时设备进行语音导航。点按［转向箭头］图标，可重复进行语音播报；点按［剩余距离］图标，可显示全程概览界面；点按［规划原则］按钮，可弹出路线规划原则选择列表；点按［取消导航］按钮，可删除路线，同时导航相关信息及语音导航也消失。

(五) 导航系统设置

点按菜单检索界面右上角的［设置］按钮，进入导航设置界面。导航设置界面如图 7-105、图 7-106 所示。

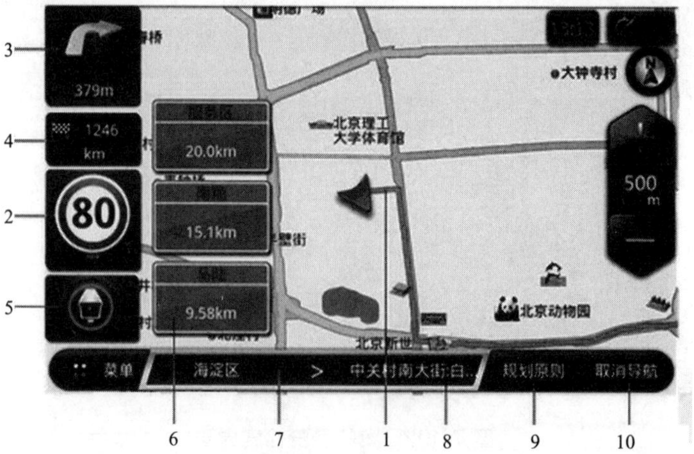

图 7-104　导航界面

1—路线；2—［限速标志］图标；3—［转向箭头/收费站］图标；4—［剩余距离］图标；5—［照相侦测］图标；6—最近的高速路出口信息；7—当前道路名称；8—下一条道路名称；9—［规划原则］按钮；10—［取消导航］按钮

图 7-105　导航设置界面（一）

1—视图模式；2—昼夜模式；3—地图显示（设置地图上显示的信息数量）；4—模拟导航速度（设置模拟导航时模拟行驶的速度）；5—路径规划原则（设置导航的条件）

图 7-106　导航设置界面（二）

6—语音提示；7—电子警察；8—超速提醒；9—实时交通；10—版本

二、 自选目的地

(一) 下载自选目的地

“自选目的地”只适用于从 inkaNet 智能服务网 http：//inkanet. roewe. com. cn 上推荐下载的自选目的地文件。如果 SD 卡或车载设备中没有自选目的地文件，那么设备将提示用户登录网站进行下载。

(二) 进入自选目的地

在车载设备上插入已有自选目的地文件的 SD 卡。

方式 1：点按状态栏左上方的标识，通过车载收件箱，直接进入网站发送 到车上的自选目的地文件。

方式 2：点按应用程序栏自选目的地图标，进入自选目的地应用程序，显示自选目的地主界面。

(三) 自选目的地主界面

自选目的地主界面如图 7-107 所示。

图 7-107 自选目的地主界面

1—［清空］按钮；2—［删除］按钮；3—数据行；4—［退出］按钮

在自选目的地主界面中点按［清空］按钮，显示屏显示清空提示界面，点按［删除］按钮，显示屏显示删除提示界面；点按数据行，可进入自选目的地的详细信息界面；点按［退出］按钮，可退出自选目的地主界面。

三、 路书

路书主要为用户提供自驾车长途旅行线路和导航。一个路书文件即是一条长途旅行的线路，包含了推荐的沿途地点、旅游景点、交通等信息的语音文字介绍，用户可对任何一个沿途地点进行地图查看或导航。

(一) 下载路书

“路书”只适用于从 inkaNet 智能服务网 http：//inkanet. roewe. com. cn 上推荐下载的路书文件。如果 SD 卡或设备中没有路书文件，设备提示用户登录网站进行下载。

在网站上找到所需的路书文件，点击［发送到车上］按钮，将该路书相关信息发送到车载收件箱；点击［保存到 SD 卡］按钮，将该路书相关信息保存至 SD 卡，以备在车载设备中使用。

(二) 进入路书

在车载设备上插入已有路书文件的 SD 卡。

方式 1：点按状态栏左上方的标识，通过车载收件箱，直接进入网站发送到车上的路书文件。

方式 2：点按应用程序栏路书图标，进入路书应用程序，显示路书主界面，如图 7-108 所示。

图 7-108　路书主界面

1—［清空］按钮；2—［删除］按钮；3—数据行；4—［退出］按钮

（三）路书主界面

在路书主界面中点按［清空］按钮，显示清空提示界面；点按［删除］按钮，显示删除提示界面；点按数据行，进入路书的详细信息界面；点按［退出］按钮，退出路书界面。

在清空提示界面中点按［是］，清空全部路书文件；点按［否］，关闭提示界面，取消清空操作。路书清空提示界面如图 7-109 所示。

在删除提示界面中点按［是］，删除对应的信息；点按［否］，关闭提示界面，取消删除操作。路书删除提示界面如图 7-110 所示。

图 7-109　路书清空提示界面

图 7-110　路书删除提示界面

在详细信息界面中点按［路书朗读播放］按钮，语音朗读全程路线，同时按钮变成［路书朗读停止］；点按［地点朗读播放］按钮，语音朗读该地点的详细信息，同时该按钮变成［地点朗读停止］；点按［导航］按钮，进入该地点的地图预览界面。路书详细信息界面如图 7-111 所示。

在地图预览界面中点按［菜单］按钮，进入导航菜单检索界面；点按［目的地］按钮，以游标所在地为目的地进行路径计算，并开始导航；点按［自车］按钮，游标消失，返回自车跟随状态，自车图标显示在地图中心；点按［路书］按钮，返回路书详细信息界面。路书地图预览界面如图 7-112 所示。

图 7-111 路书详细信息界面

1—［路书朗读播放/路书朗读停止］ 按钮； 2—［地点朗读播放/路书朗读停止］ 按钮；
3—［导航］ 按钮； 4—语音朗读文字提示

图 7-112 路书地图预览界面

四、 就近推荐

根据用户所在地理位置，“就近推荐”功能能够帮助驾驶者检索车辆附近的信息。

（一）进入就近推荐

点按应用程序栏就近推荐图标，进入就近推荐应用程序，显示屏显示就近推荐主界面，如图 7-113 所示。

（二）就近推荐主界面

就近推荐主界面显示用户车辆所在地周围的服务类别及每种类别指定搜索范围内分布的信息列表。左上角显示当前车辆位置信息。点按类别行，显示该类别包含的小类别列表界面；点按［退出］按钮，退出就近推荐主界面。

小类别列表界面显示当前列表所属的类别名称以及推荐范围，如图 7-114 所示。

点按［范围切换］按钮，显示可供选择的范围，如图 7-115 所示。

选择范围后返回就近推荐界面；点按小类别行，进入小类别列表界面，如图 7-116 所示。

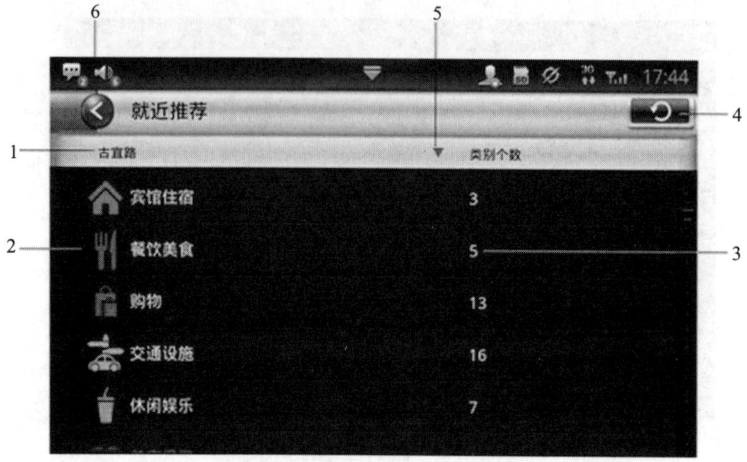

图 7-113 就近推荐主界面

1—车辆当前位置信息； 2—类别行； 3—周边分布的信息数量；
4—［刷新］ 按钮； 5—［排序］ 按钮； 6—［退出］ 按钮

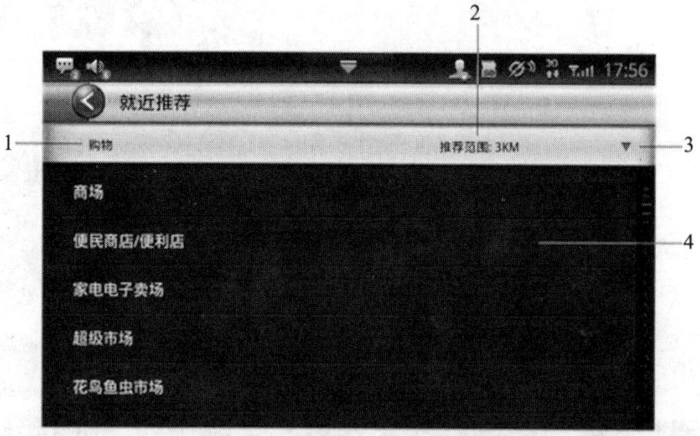

图 7-114 小类别列表界面

1—类别名称； 2—当前推荐范围； 3—［范围切换］ 按钮； 4—小类别行

图 7-115 可供选择的范围

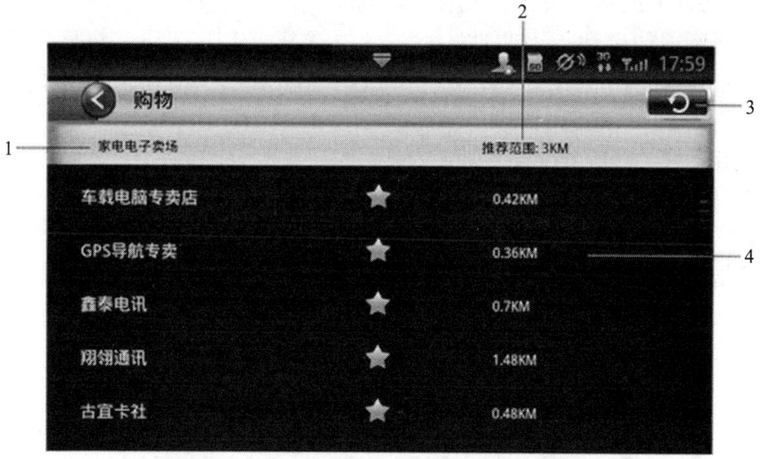

图 7-116 小类别列表界面

1—分类名称； 2—推荐范围； 3—［刷新］ 按钮； 4—数据行

小类别列表界面显示当前列表所属的分类名称以及推荐范围。点按［刷新］按钮，根据车辆移动实时更新信息；点按数据行，进入该地点的详细信息界面。

详细信息界面如图 7-117 所示。

在详细信息界面中点按［地图预览］按钮，进入该地点的地图预览界面；点按［导航］按钮，以该地点为目的地进行路径计算，并开始导航。

就近推荐地图预览界面如图 7-118 所示。

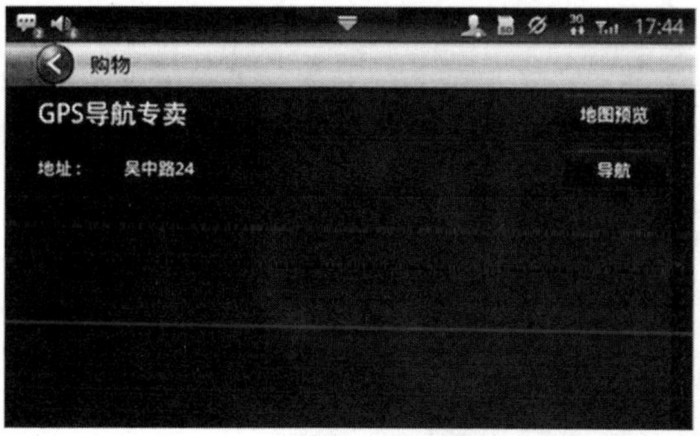

图 7-117 详细信息界面

图 7-118 就近推荐地图预览界面

在就近推荐地图预览界面中点按［菜单］按钮，进入导航菜单检索界面。点按［目的地］按钮，以游标所在地为目的地进行路径计算，并开始导航；点按［自车］按钮，游标消失，返回自车跟随状态，自车图标显示在地图中心；点按［就近推荐］按钮，返回详细信息界面。

五、 生活指南

生活指南为用户自驾车游玩提供具有一定口碑的分类热点，用户对某一个热点内容感兴趣，可以进行地图查看或导航。

(一) 下载生活指南

生活指南只适用于从 inkaNet 智能服务网 http：//inkanet. roewe. com. cn 上推荐下载的生

活指南文件。如果SD卡或车载设备中没有生活指南文件，设备提示用户登录网站进行下载。

在网站上找到所需的生活指南文件，点击［发送到车上］按钮，将该生活指南相关信息发送到车载收件箱；点击［保存到SD卡］按钮，将该生活指南相关信息保存至SD卡，以备在车载设备中使用。

（二）进入生活指南

在车载设备上插入已有生活指南文件的SD卡。

方式1：点按状态栏左上方的标识，通过车载收件箱，直接进入inkaNet智能服务网发送到车上的生活指南信息。

方式2：点按应用程序栏生活指南图标，进入生活指南应用程序，显示屏显示生活指南主界面，如图7-119所示。

图7-119　生活指南主界面

1—［清空］按钮；2—［删除］按钮；3—数据行；4—［退出］按钮

（三）生活指南主界面

点按数据行，进入信息点列表；点按［退出］按钮，退出生活指南主界面。点按［清空］按钮，显示屏显示清空提示界面，如图7-120所示。

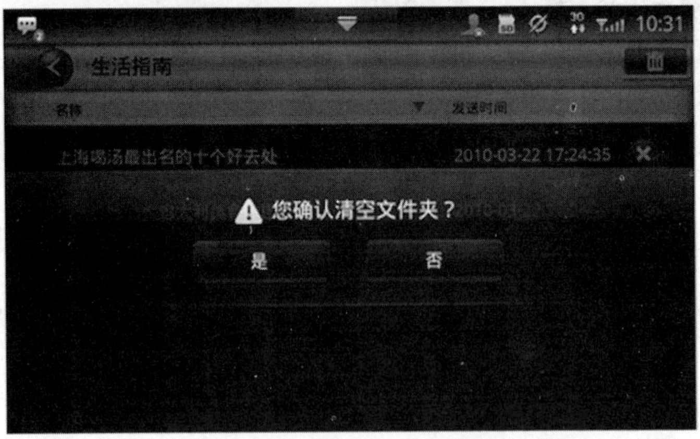

图7-120　生活指南的清空提示界面

点按［删除］按钮，显示屏显示删除提示界面，如图7-121所示。

在删除提示界面点按［是］，删除该信息；点按［否］，关闭提示界面，取消删除操作。

生活指南的信息点列表界面如图7-122所示。

在信息点列表界面中点按数据行，进入对应的详细信息界面，如图7-123所示。

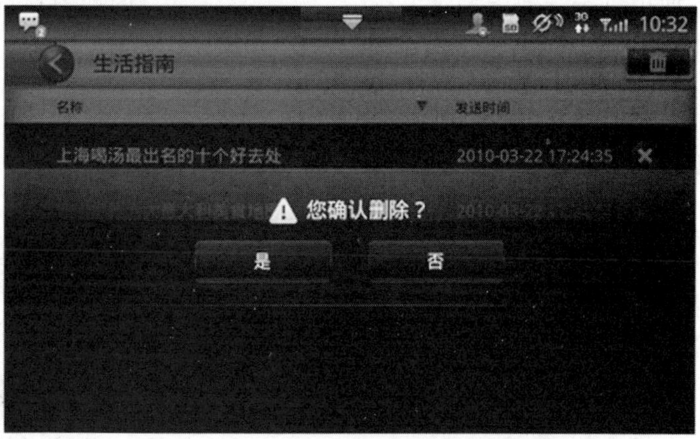

图 7-121　生活指南的删除提示界面

图 7-122　生活指南的信息点列表界面

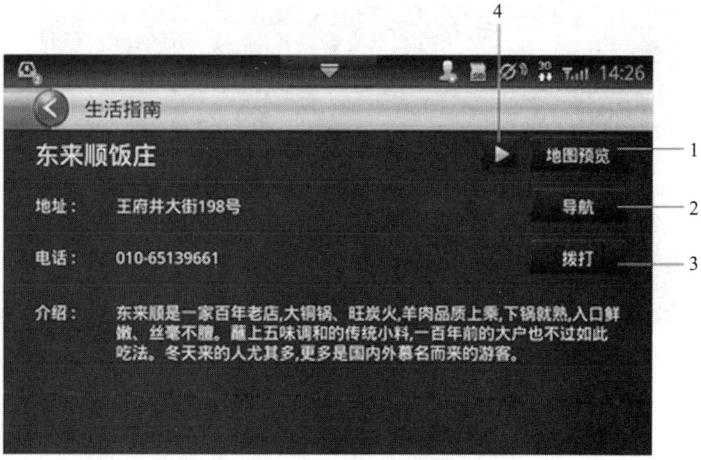

图 7-123　生活指南的详细信息界面

1—［地图预览］ 按钮； 2—［导航］ 按钮； 3—［拨打］ 按钮； 4—［语音朗读播放］ 按钮

在详细信息界面中点按［地图预览］按钮，进入该信息点的地图预览界面；点按［导航］按钮，以该信息点为目的地进行路径计算，并开始导航；点按［拨打］按钮，直接拨打电话；点按［语音朗读播放］按钮，语音朗读该信息点的详细信息，并显示语音朗读界面。

生活指南的地图预览界面如图 7-124 所示。

图 7-124　生活指南的地图预览界面

在地图预览界面中点按［菜单］按钮，进入导航菜单检索界面；点按［目的地］按钮，以游标所在地为目的地进行路径计算，并开始导航；点按［自车］按钮，游标消失，返回自车跟随状态，自车图标显示在地图中心；点按［生活指南］按钮，返回生活指南详细信息界面。

生活指南的语音朗读界面如图 7-125 所示。

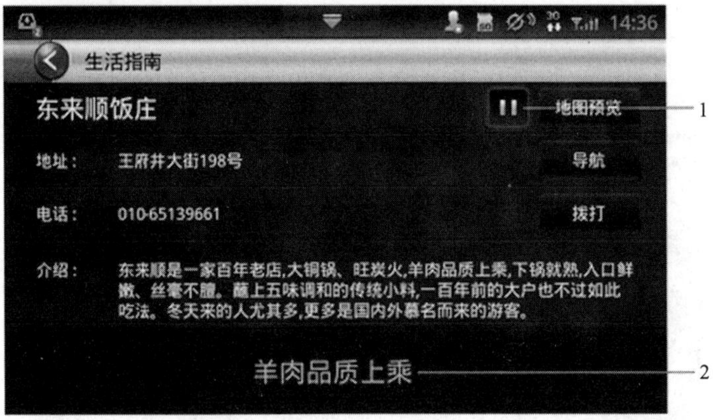

图 7-125　生活指南的语音朗读界面

1—［语音朗读播放/语音朗读停止］按钮；2—文字提示

在语音朗读界面中开启语音朗读功能，同时按钮变成［语音朗读停止］，屏幕下面出现文字提示。点按［语音朗读停止］按钮，可停止语音朗读，同时文字提示消失。

第五节 通 讯

一、 电话

(一) 进入电话

方式 1：点按车载设备面板上的［TEL］键。

方式 2：点按应用程序栏电话图标 ，进入电话应用程序，显示电话主界面，如图 7-126 所示。

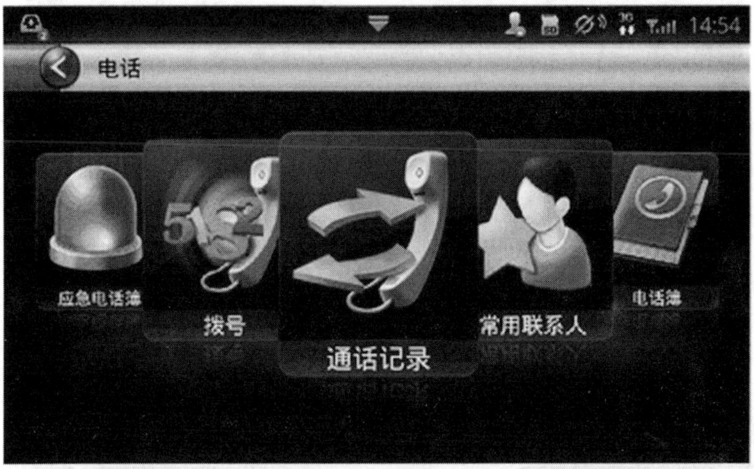

图 7-126 电话主界面

(二) 电话主界面

电话主界面显示 5 个电话功能图标——通话记录（拨打/接听电话的历史记录），拨号，常用联系人（常用联系人电话簿），电话簿，应急电话簿。

(三) 功能菜单

1. 常用联系人

(1) 添加常用联系人。点按电话主界面［常用联系人］图标，进入常用联系人界面，如图 7-127 所示。

点按［添加］按钮，进入电话簿中查找联系人，如图 7-128 所示。

在电话簿中点按人名或电话，将此人添加到常用联系人中，常用联系人最多只能有 5 位。

(2) 删除常用联系人。选择任意常用联系人头像，点击［编辑］按钮，进入该常用联系人编辑界面，如图 7-129 所示。

点按［删除常用联系人］按钮，取消此人的常用联系人设置。

2. 电话簿

(1) 设置电话簿群组。点按电话主界面［电话簿］图标，进入电话簿群组设置界面，如图 7-130 所示。

点按［编辑］按钮编辑群组名称，点按［新建组］按钮，弹出新建输入框，自定义群组名称如图 7-131 所示。

(2) 检索联系人。点按电话簿群组，进入该群组联系人列表，直接检索联系人，如图

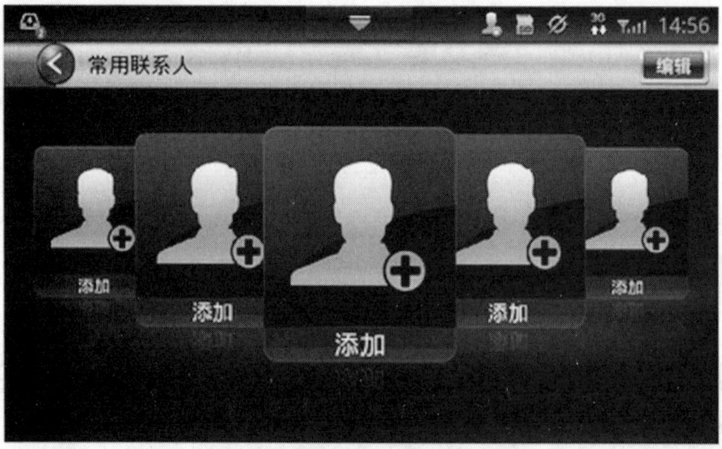

图 7-127　常用联系人界面

图 7-128　进入电话簿中查找联系人

图 7-129　常用联系人编辑界面

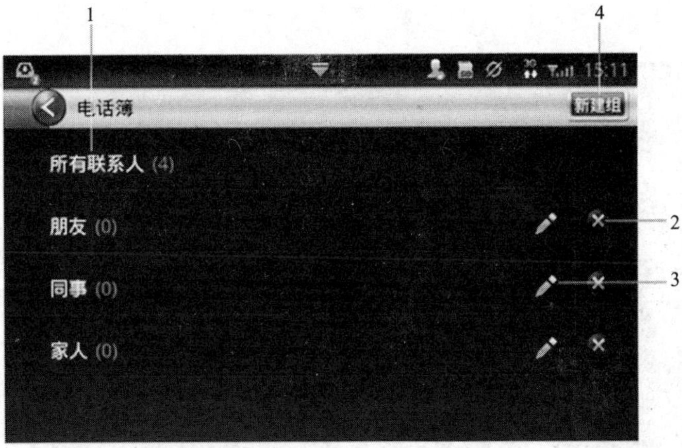

图 7-130　电话簿群组设置界面

1—电话簿群组；2—［删除］按钮；3—［编辑］按钮；4—［新建组］按钮

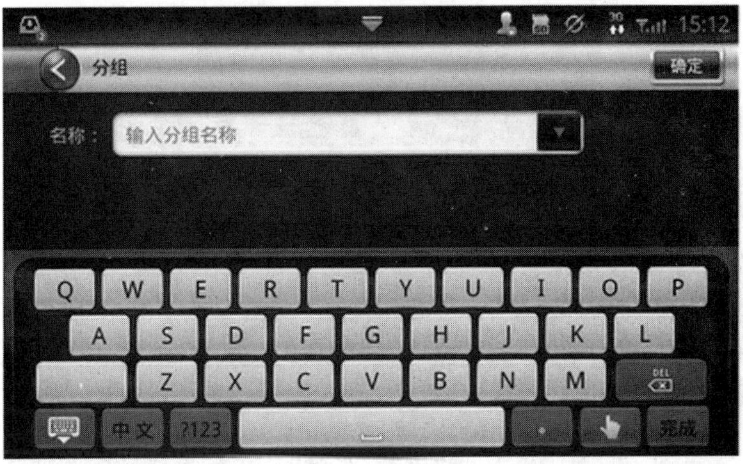

图 7-131　新建输入框

7-132所示。

点击［图形检索］按钮，切换到电话簿联系人图形检索界面，如图 7-133 所示。

在联系人详细界面中可查看联系人详细信息；点按［短信］按钮，可进入短信编辑界面，发送短信；点按电话号码，可直接拨打电话；点按［编辑］按钮，可进入编辑联系人界面。

3. 拨号

点按电话主界面［拨号］图标，进入拨号界面，如图 7-134 所示。

4. 应急电话簿

点按电话主界面［应急电话簿］图标，进入应急电话簿界面，如图 7-135 所示。

点按［编辑］按钮，界面中出现［添加应急号码］按钮，同时［编辑］按钮变为［取消］。点按［添加应急号码］按钮，界面显示输入框，如图 7-136 所示。

在输入框内输入相关信息，点按［保存］按钮，添加完成；点按［取消］按钮，取消添加；点按［删除］按钮，删除应急联系人。

5. 通话记录

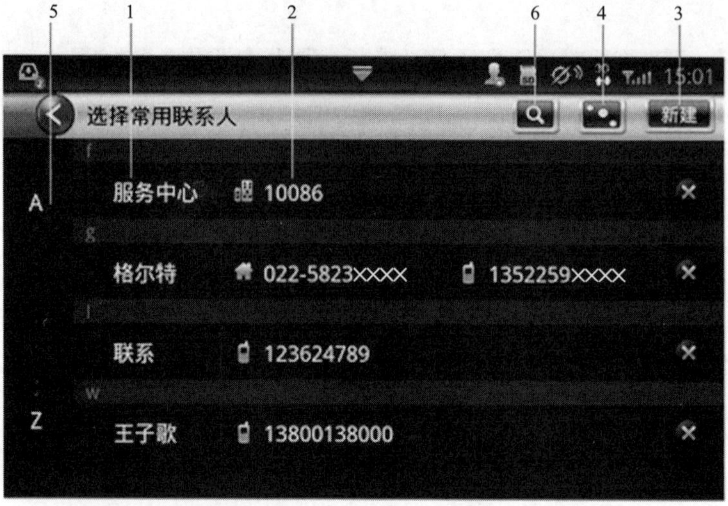

图 7-132 检索联系人界面

1—联系人姓名； 2—电话号码； 3—［新建联系人］按钮；
4—［图形检索］按钮； 5—［检索区］； 6—［检索联系人］按钮

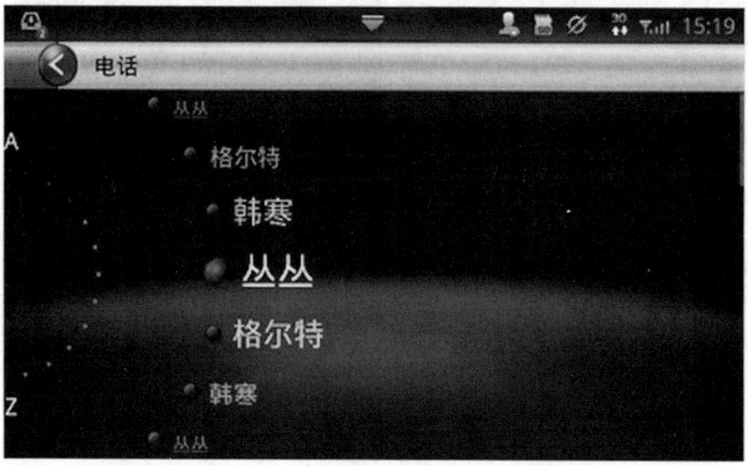

图 7-133 电话簿联系人图形检索界面

点按电话主界面［通话记录］图标，进入通话记录界面，如图 7-137 所示。

点按［删除］按钮，删除该条通话记录；点按［添加］按钮，添加电话号码到联系人列表；点按电话号码，直接拨打电话；点按［清空］按钮，清空所有通话记录。

（四）退出电话

1. 退出电话界面

点按［退出］按钮，可退出电话界面，但仍然可以保持通话，如图 7-138 所示。

2. 退出通话

方式 1：在主界面的信息提示区点按［挂断］按钮，退出当前通话，如图 7-139 所示。

方式 2：在拨号界面中点按［挂断］按钮，如图 7-140 所示。

方式 3：按下方向盘上的电话键，退出当前通话。

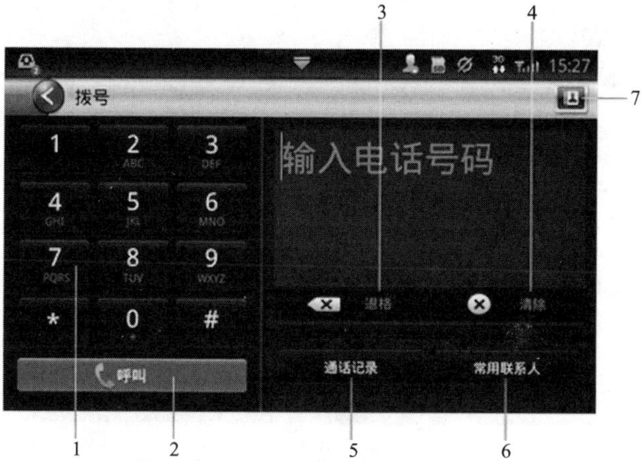

图 7-134　拨号界面

1—拨号键盘； 2—［呼叫］ 按钮； 3—［退格］ 按钮； 4—［清除］ 按钮；
5—［通话记录］ 按钮； 6—［常用联系人］ 按钮； 7—［电话簿］ 按钮

图 7-135　应急电话簿界面

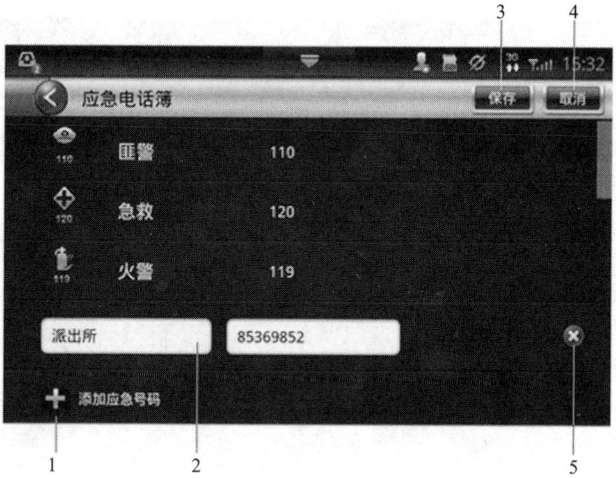

图 7-136　应急电话簿输入框

1—［添加应急号码］ 按钮； 2—信息输入框 ； 3—［保存］ 按钮； 4—［取消］ 按钮； 5—［删除］ 按钮

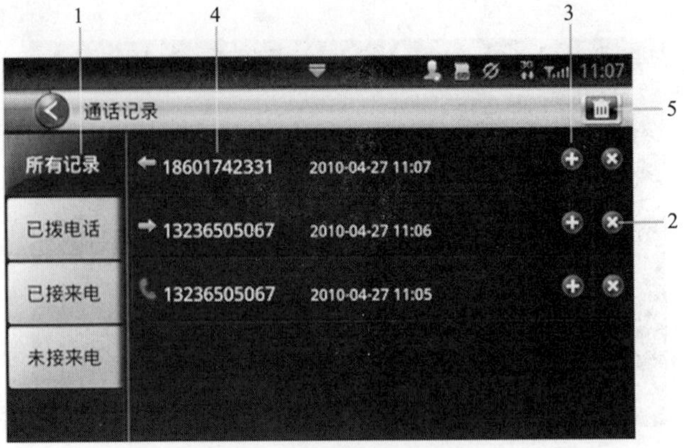

图 7-137 通话记录界面

1—通话记录分类； 2—[删除] 按钮； 3—[添加] 按钮； 4—电话号码； 5—[清空] 按钮

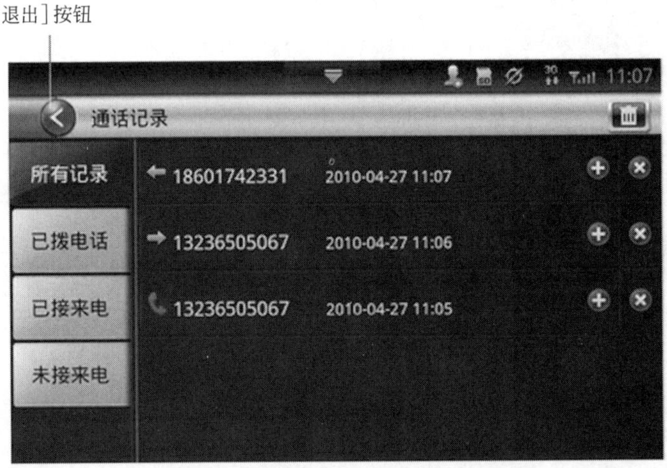

图 7-138 退出电话界面的操作

图 7-139 退出通话方式（一）

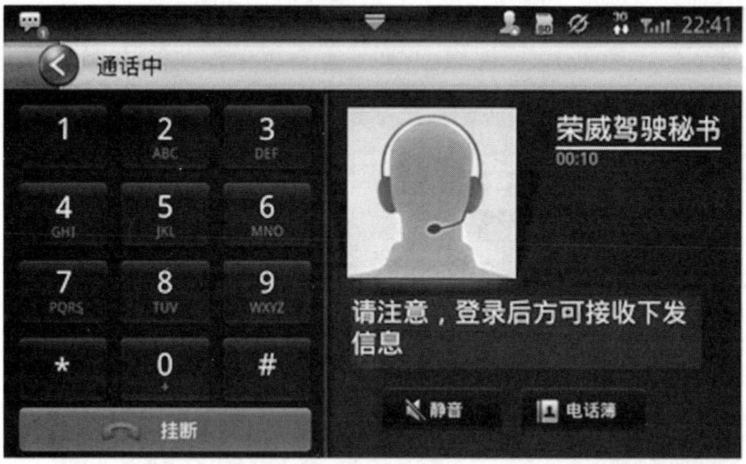

图 7-140　退出通话方式（二）

二、 短信

(一) 进入短信

点按应用程序栏短信图标，进入短信应用程序，显示屏显示短信主界面，如图 7-141 所示。

图 7-141　短信主界面

(二) 短信主界面

短信主界面有以下 4 个功能图标。

(1) 草稿箱：将待发送的短信存在草稿箱内待发。

(2) 写短信：点按该功能图标，可进入短信编辑界面。

(3) 收件箱：保存收到的短信。

(4) 已发送：保存已经发送过的短信。

(三) 功能菜单

1. 草稿箱

点按短信主界面［草稿箱］图标，进入草稿箱界面，如图 7-142 所示。

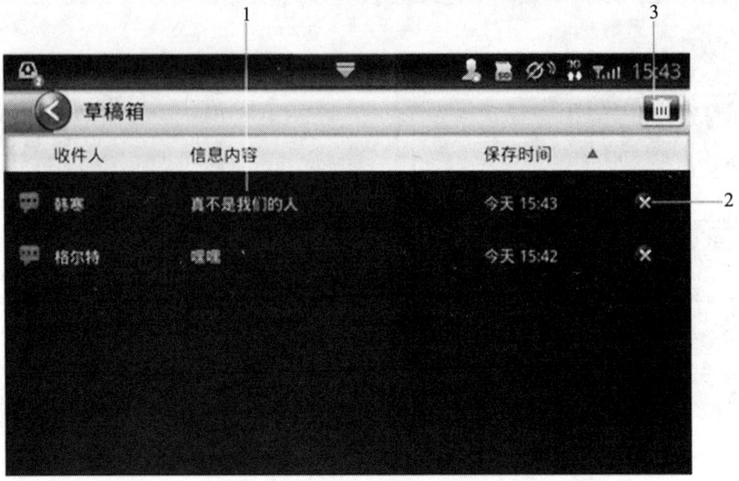

图 7-142　草稿箱界面

1—短信内容；2—［删除］按钮；3—［清空］按钮

点按［删除］按钮，删除当前短信；点按［清空］按钮，清空草稿箱内所有短信。点按短信内容，进入短信查看界面，如图 7-143 所示。

图 7-143　草稿箱的短信查看界面

点按［发送］按钮，可发送当前短信。当发送成功后，该短信将从草稿箱移至已发送文件夹。

2. 写短信

在短信主界面点按［写短信］图标，或者在短信界面点按［回复］按钮，进入写短信界面，如图 7-144 所示。

通过键盘模式或手写模式来编辑短信内容，当编辑完成后，输入电话号码或点按［添加收件人］按钮，从电话簿中选择联系人；点按［发送］按钮，发送短信并存储到已发送；点按［退出］按钮，如未点按［发送］按钮就退出界面，界面会提示：是否存储到草稿箱内？

3. 收件箱

图 7-144 写短信界面

1—[添加收件人] 按钮； 2—虚拟键盘区域； 3—键盘模式； 4—手写模式； 5—[发送] 按钮； 6—[退出] 按钮

在短信主界面点按［收件箱］图标，进入收件箱界面，如图 7-145 所示。

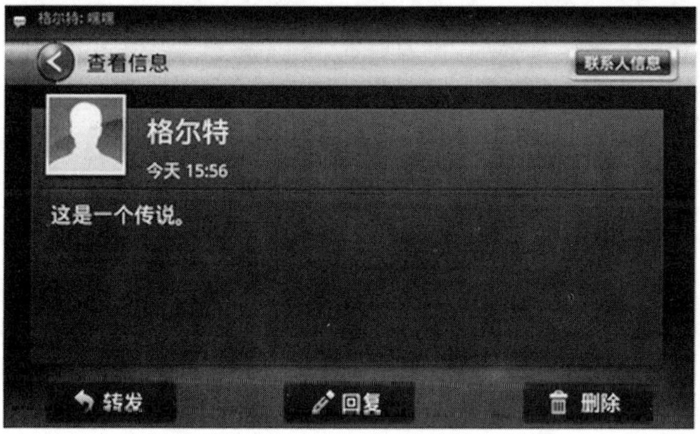

图 7-145 收件箱界面

点按任意短信内容，进入短信查看界面；点按［删除］按钮，删除当前短信；点按［清空］按钮，清空收件箱内所有短信。

4. 已发送

在短信主界面点按［已发送］图标，进入已发送界面，如图 7-146 所示。

点按短信内容，进入短信查看界面；点按［删除］按钮，删除当前短信；点按［清空］按钮，清空已发送内所有短信。

(四) 退出短信

方式 1：点按［退出］按钮，退出短信界面。

方式 2：车载设备主界面信息提示区收到短信时，点按［关闭］按钮，退出该条短信，如图 7-147 所示。

使用短信功能，请先购买联通电话充值卡进行充值。在不充值的情况下使用该功能，该功能将被禁用，充值后方可继续使用。

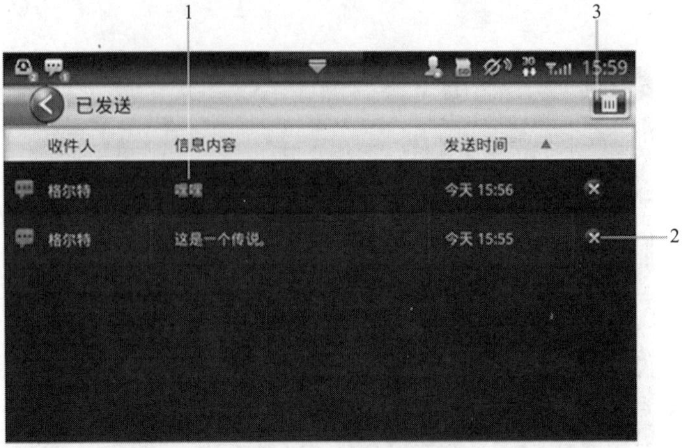

图 7-146 已发送界面

1—短信内容； 2—［删除］ 按钮； 3—［清空］ 按钮

图 7-147 退出短信方式

三、 对讲机

（一） 进入对讲机

用户使用对讲机需先登录 inkaNet 智能服务网 http：//inkanet. roewe. com. cn，设置对讲机群组。设置完成后，登录车载设备，系统将自动显示网站已创建或加入的群组，并可与群组内的成员进行实时一对多或一对一的语音聊天。

（二） 对讲机主界面

点按应用程序栏对讲机图标，进入对讲机应用程序，显示屏显示对讲机主界面，在该界面有网站设置的群组，如图 7-148 所示。

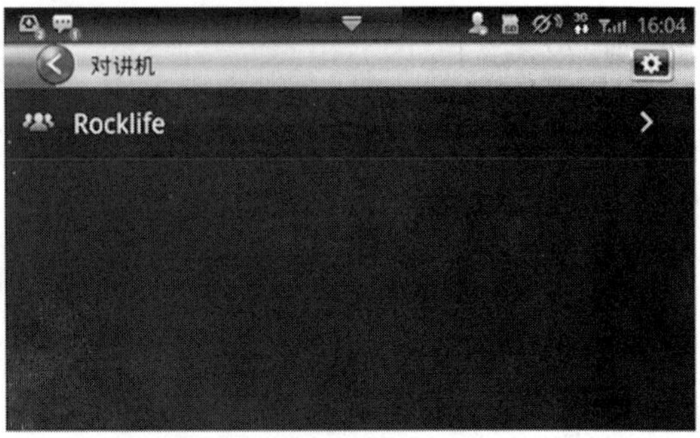

图 7-148 对讲机主界面

（三） 功能菜单

1. 群组对讲

点按对讲机主界面任意群组名，进入该群组对讲界面，如图 7-149 所示。

在线成员头像为彩色，离线成员头像为灰色，在线群组成员间可进行一对多或一对一的语音聊天。

在其他成员未发言的情况下，点按［发言］按钮后，对群组发言。发言结束后，点按［发言］按钮，完成发言。方向盘上的［OK］按键与［发言］按钮功能相同。

2. 单独聊天

(1) 发起单独聊天邀请。在群组对讲界面点按在线成员头像，即对其发起单独聊天邀请，等待对方回应，如图 7-150 所示。

图 7-149 群组对讲界面

图 7-150 发起单独聊天邀请

如对方接受邀请，进入单独聊天界面；如对方拒绝邀请，界面提示对方拒绝，返回群组聊天状态。点按［取消］按钮，可取消此次邀请。

(2) 接受或拒绝单独聊天邀请。当收到群组其他成员发来的单独聊天邀请时，点按［接受］按钮，接受其他成员发起的单独聊天邀请，此时暂时退出当前群体聊天，与对方进入单独聊天状态；点按［拒绝］按钮，拒绝其他成员发起的单独聊天邀请，不与对方进入单独聊天状态，保持目前的群体聊天状态。

(3) 邀请时间限制。该时间限制是指其他成员发起的单独聊天邀请的时间，在 30s 内如果未作出任何的回应，即向对方显示忙碌状态，未能实现单独聊天，如图 7 151 所示。

图 7-151 邀请时间限制界面

1—［发言］按钮；2—成员头像；3—［接受］按钮；4—［拒绝］按钮；5—邀请时间限制

当接收其他成员发起的单独聊天邀请后，进入单独聊天界面，如图 7-152 所示。

图 7-152　单独聊天界面

1—［发言］按钮；2—［挂断］按钮

在对方未发言的情况下，点按［发言］按钮，进行发言；发言结束后，点按［发言］按钮，完成发言。方向盘上的［OK］按键与［发言］按钮功能相同。点按［挂断］按钮，结束当前的单独聊天状态，返回群体聊天状态。

群组内不能支持同时多人发言，当一人发言时，其他成员的［发言］按钮变成不可用状态。

（四）对讲机设置

点按对讲机主界面［设置］按钮，进入对讲机设置界面，如图 7-153 所示。

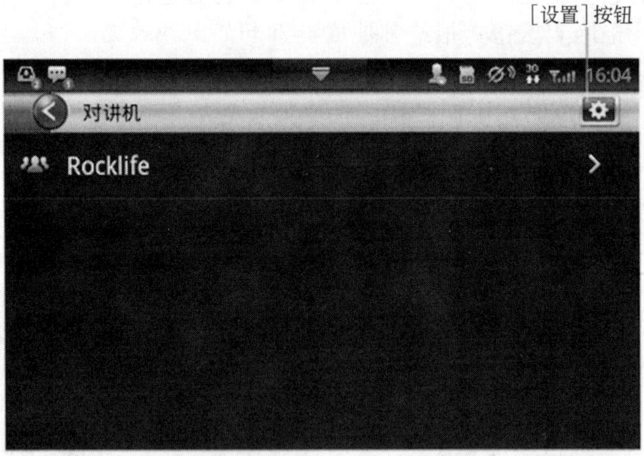

图 7-153　对讲机设置界面

对讲机设置界面中可设置对讲机的提示音。车载设备提供两种提示音选择——语言和音效，如图 7-154 所示。

（五）退出对讲机

方式 1：点按［退出］按钮，退出对讲机界面，通话结束，如图 7-155 所示。

方式 2：在展开状态栏中，点按对讲机［关闭］按钮，通话结束，如图 7-156 所示。

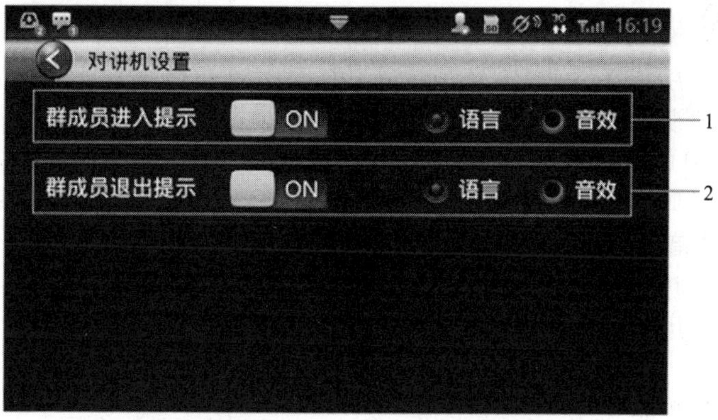

图 7-154　车载设备提供的提示音
1—群成员进入提示；2—群成员退出提示

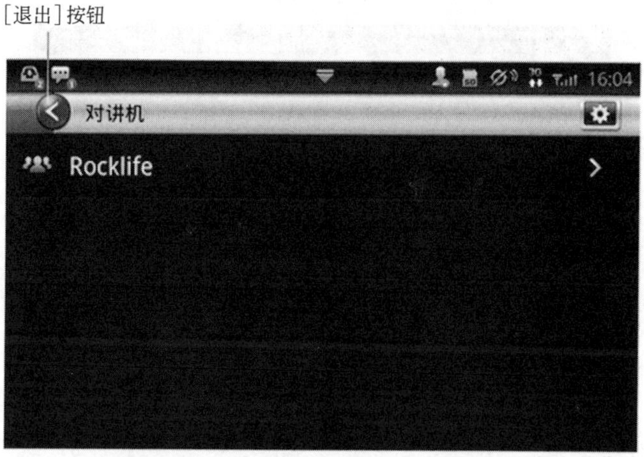

图 7-155　退出对讲机方式（一）

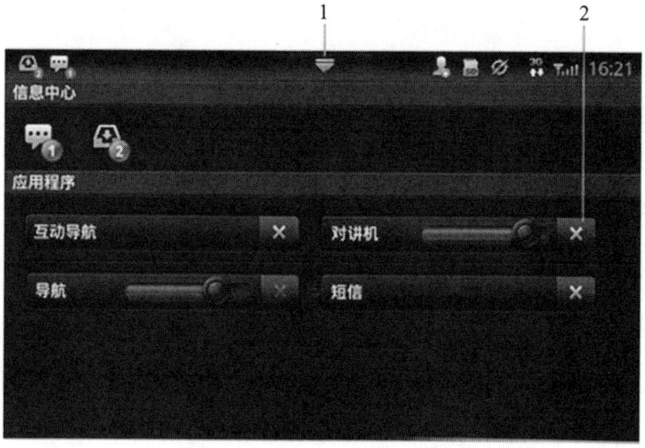

图 7-156　退出对讲机方式（二）
1—展开/恢复状态栏；2—［关闭］按钮

四、 车载收件箱

“车载收件箱”用于登录状态下收取从 inkaNet 智能服务网 http：//inkanet. roewe. com. cn 下发到车载设备的路书、自定义目的地、生活指南等信息和一键服务下发的导航信息以及网站发送给用户的通知。

当车载收件箱收取信息后，主界面状态栏左上方显示标识，并加有收取信息的数量。

(一) 进入车载收件箱

方式 1：在展开状态栏点按标识，进入车载收件箱。

方式 2：点按应用程序栏车载收件箱图标，进入车载收件箱应用程序，显示车载收件箱主界面。

(二) 车载收件箱主界面

车载收件箱主界面如图 7-157 所示。

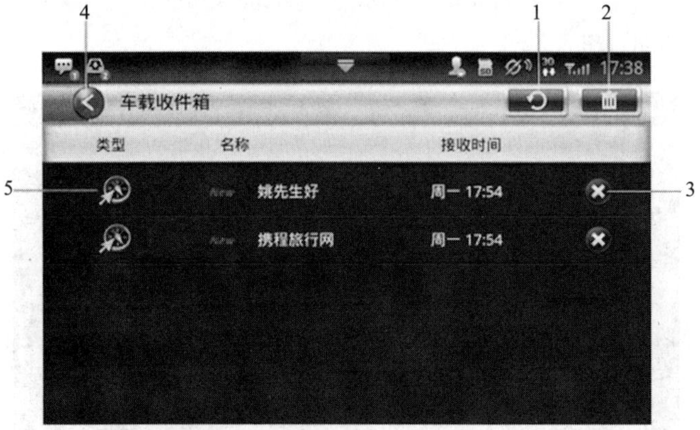

图 7-157 车载收件箱主界面

1—[刷新] 按钮；2—[清空] 按钮；3—[删除] 按钮；4—[退出] 按钮；5—车载收件箱分类

车载收件箱最多容纳 99 条信息，如果超过 99 条，最先收到的信息将被清除，需要到相应的应用程序中查阅。

第六节　一 键 服 务

一、 一键服务功能介绍

当用户在驾车不方便操作设备时，可以拨打一键服务，“驾驶秘书”将帮助用户进行相关信息的查找，保障用户的驾驶安全。

二、 一键服务的内容

一键服务的内容包括目的地定位、远程导航、设备咨询与投诉。

三、 进入一键服务

方式 1：按方向盘上的一键服务，接通一键服务。

方式 2：点按应用程序栏一键服务图标，接通一键服务。

四、一键服务使用流程

（1）接通一键服务。

（2）用户向“驾驶秘书”提出服务需求。

（3）“驾驶秘书”帮助用户在后台查找信息。

（4）相关信息被发送到用户的车载收件箱中。

（5）用户接收到信息后，打开车载收件箱进行信息查看或导航。

第七节 SD 卡管理

一、软件简介

inkaNet 客户端软件用于用户使用计算机登录 inkaNet 智能服务网 http：//inakanet. roewe. com. cn 后，将音乐、路书、生活指南、自选目的地等信息保存到 SD 卡，对 SD 卡进行管理。

二、软件功能

SD 卡的软件功能包括保存音乐、听书至 SD 卡，管理 SD 卡中的音乐播放列表，保存路书至 SD 卡，保存自选目的地至 SD 卡，保存生活指南至 SD 卡，保存 inkaNet 车载设备软件升级文件包至 SD 卡。

三、软件运行环境

最低配置：奔腾Ⅲ中央处理器，256MB 内存，50MB 硬盘剩余空间。

推荐配置：奔腾Ⅳ或更高级中央处理器，512MB 或更多扩展内存，50MB 或更多硬盘剩余空间。

其他硬件要求：计算机必须具备至少一个空闲的 USB 接口，用于接入 SD 卡读卡器。

操作系统：Windows 系列操作系统，包括 Windows2000/XP/Vista/Windows7。

其他软件：WinRAR、WinZip 解压缩软件。

网络要求：安装客户端软件的本地计算机必须已经接入互联网，并且能够正常访问 inkaNet 智能服务网 http：//inkanet. roewe. com. cn。

浏览器：微软 IE7 版本或更高版本的浏览器，火狐 3.6 版本或更高版本的浏览器。

四、软件安装

（一）软件获取

网站下载 。登录 inkaNet 智能服务网 http：//inkanet. roewe. com. cn，点击“客户端下载”图标，下载客户端软件，保存到本地计算机。

（二）软件安装

客户端软件为 1 个可执行文件“inkaNet. exe”。用鼠标双击“inkaNet. exe”图标，执行 inkaNet. exe 文件，点击［安装］按钮，安装客户端软件，如图 7-158 所示。

安装过程中按照软件默认安装，不需要做任何修改，直接点击［继续］按钮，如图 7-159所示。

界面将转换为协议条款。用鼠标点击［我同意］按钮，安装 inkaNet 必需的组件。安装过程中不需要做任何操作。安装完毕后，桌面上生成 inkaNet 客户端软件图标。

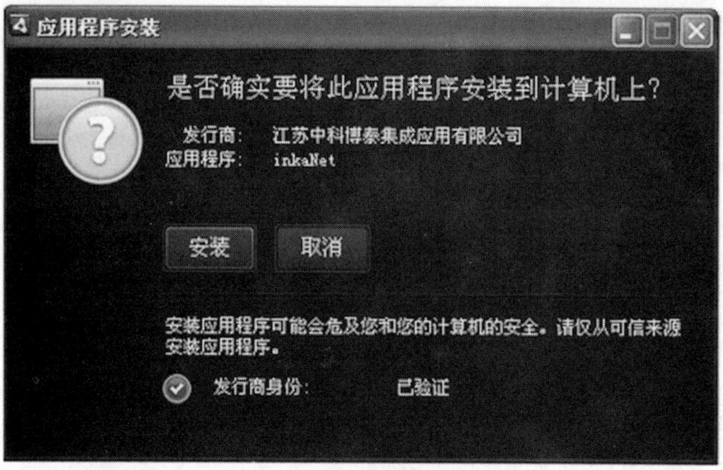

图 7-158 客户端软件安装界面

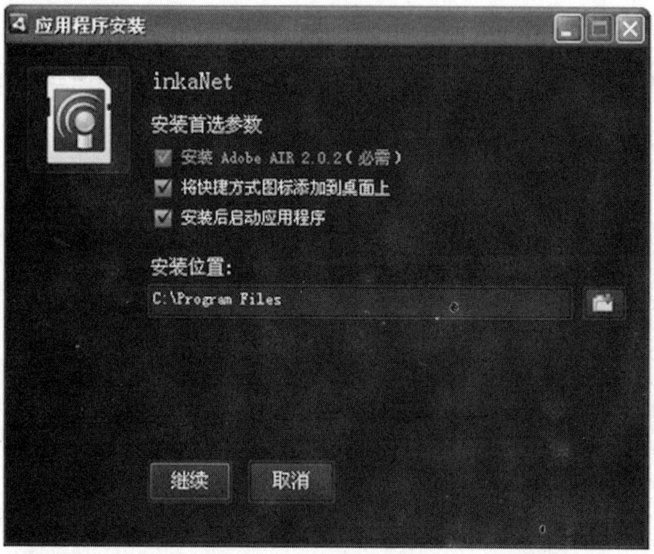

图 7-159 软件安装位置

(三) 卸载流程

进入控制面板，点击添加或删除程序。找到“AdobeAIR”软件，点击删除。找到“inkaNet”软件，点击删除。

五、 客户端软件升级

inkaNet 客户端软件启动时，会自动检测 inkaNet 智能服务网中是否存在新版软件，如果发现新版软件将出现升级软件的提示信息，如图 7-160 所示。

点击［以后下载］按钮，不进行软件升级，直接进入 inkaNet 客户端软件欢迎界面。点击［立即下载］按钮，最新版本的软件将下载到本地计算机，如图 7-161 所示。

最新版本软件下载完毕后，出现询问提示信息，如图 7-162 所示。

点击［推迟至重新启动］按钮，软件升级将在下一次启动 inkaNet 客户端软件时进行。点击［立即安装］按钮，立即升级软件，如图 7-163 所示。

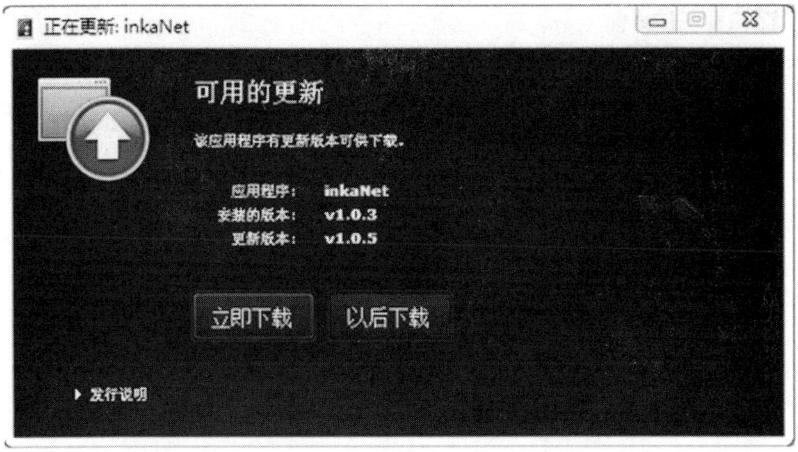

图 7-160　升级软件的提示信息

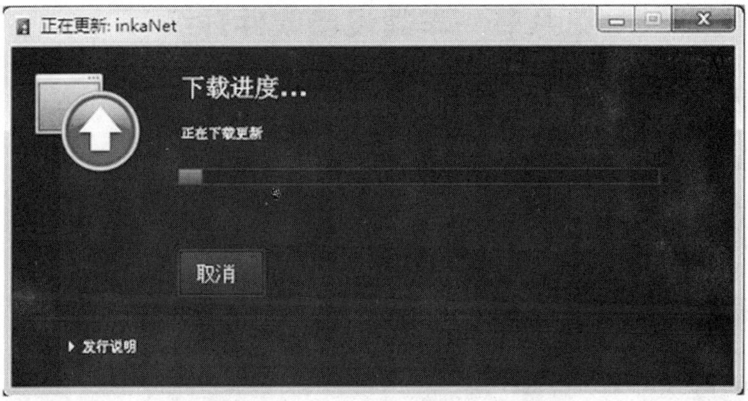

图 7-161　下载最新版本的软件

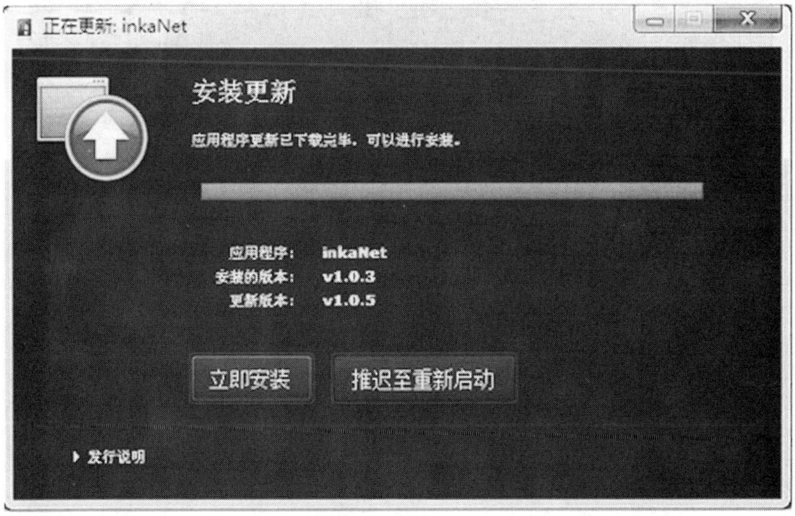

图 7-162　最新版本软件下载完毕后的询问提示信息

图 7-163　升级软件

当升级完成后，无需重启计算机，新版 inkaNet 客户端软件将立即启动。

第八节　车载设备软件升级

一、 下载车载设备软件升级包

用户可以通过两种方式下载车载设备软件升级包。

方式 1：点按应用程序库［设置］图标，进入设置界面。点按［升级］图标，车载设备自动检查当前车载设备软件版本，如有可更新的版本，则显示提示界面，如图 7-164 所示。

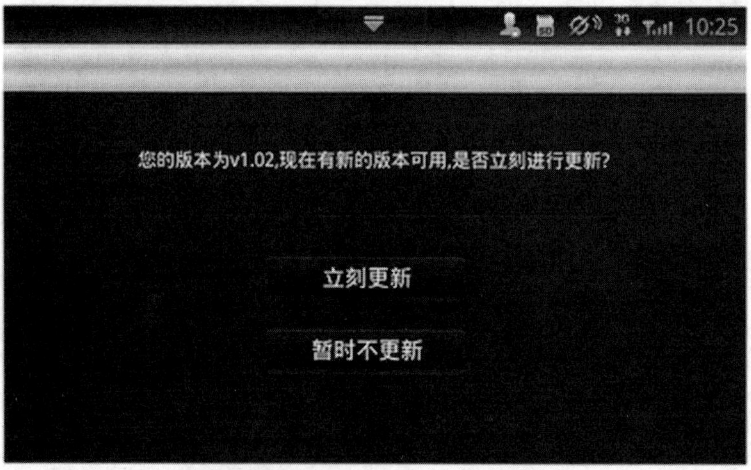

图 7-164　车载设备软件更新版本提示

点按［立刻更新］按钮，下载升级包，显示可升级的文件包列表，如图 7-165 所示。

点按［下载安装］按钮，开始下载升级包文件，下载过程中用户可点按面板［Home］按键切换到主界面，继续正常使用设备，下载安装将在后台运行。点击［展开任务栏］图标，查看下载安装运行进度，如图 7-166 所示。

方式 2：使用 inkaNet 客户端软件下载升级包，保存至 SD 卡，插入车载设备，设备登录后将自动升级。

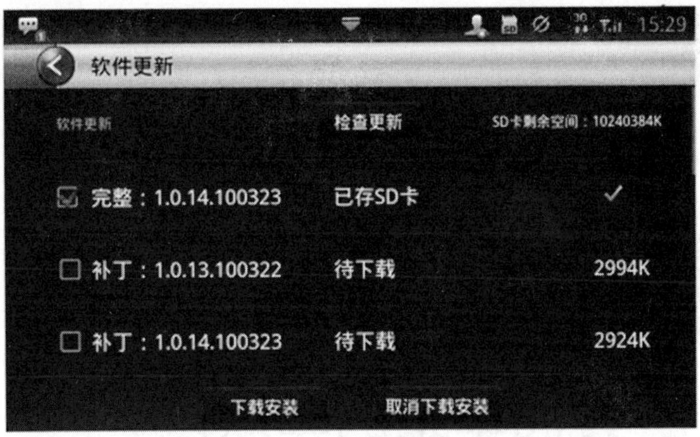

图 7-165　可升级的文件包列表

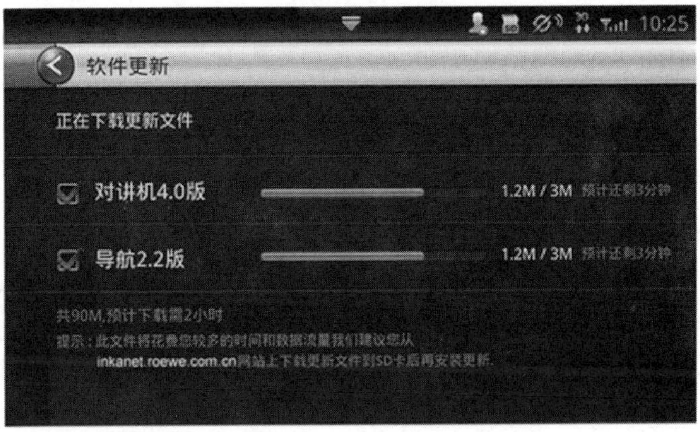

图 7-166　下载安装运行进度

二、 安装车载设备软件升级包

升级包下载完成后，用户可点按［重启并安装］按钮开始安装。安装完成后 inkaNet 车载设备将自动重启。升级包安装过程中如果发生错误，用户可选择重新安装或放弃安装，如图 7-167 所示。

下载升级包和操作升级过程中，用户不能进行点火或熄火的操作。在升级过程中，用户不要对车载设备做任何操作。

图 7-167　重新安装或放弃安装

第八章
其他车系的车联网

第一节　比亚迪云服务

一、　系统概述

作为国产自主品牌的比亚迪在车联网领域开发了云服务车载互联系统，该系统通过无线网络将车载终端、手机端、PC 端相连，提供了实时车况、车况检测、车门上锁、车门解锁、开启空调、位置服务、车队导航、实时路况、应用商店等十四项服务，全面提升比亚迪车主的驾乘体验。

云服务车载互联系统的主要参数和功能一览表如表 8-1 所示。

表 8-1　云服务车载互联系统的主要参数和功能一览表

参数/功能	说明
操作系统(安卓/car paly 等)	—
屏幕类型(是否支持多点触控)	多点触控电容屏
菜单语言	中文
接口	外接 USB 接口
产品尺寸	7.0in
第三方地图	凯立德地图(一般)
网络运营商	中国电信
APP 扩展(是否可以下载 APP)	支持
蓝牙功能	支持
3G 上网	支持
公用 WIFI	不支持
影音播放	支持外接数据和电视播放
一键导航	有一键导航功能

续表

参数/功能	说明
查看车况	车况诊断和保养信息服务
电话功能	带一键直拨功能
语音控制	带一键语音控制键
防盗追踪	只能通过云服务定位汽车
后台服务中心	目前未开放独立的人工后台
远程遥控车门	通过手机端可实现远程开关车门
开启空调	可远程遥控开启调节空调
倒车雷达	系统自带倒车雷达服务
地图更新	远程汽车更新升级
地图推送	百度地图可推送至汽车导航
保养通知服务	保养时间和保养里程提示
实时路况	支持实时路况显示

从表 8-1 可以看出，比亚迪云服务的远程“掌控”汽车功能比较突出，可通过 3G 信号和车辆驾驶者进行互动，但缺乏人工后台的服务。

二、 基本功能

（一）硬件配置

整个比亚迪云服务车载互联系统的按键较多，方向盘两侧均有方向键和其他辅助键。车载显示器位于中控台正上方，有一个比较大的遮光罩，基本不会出现反光的情况，而且视角倾斜比较适宜。

比亚迪云服务车载互联系统的硬件配置如图 8-1 所示。

图 8-1 比亚迪云服务车载互联系统的硬件配置

方向盘上的按键如图 8-2 所示。

比亚迪云服务车载互联系统的车载触摸屏如图 8-3 所示。

（二）设计与操作方式

比亚迪云服务车载互联系统分为车载终端、手机终端以及用户服务网（PC 终端）三个部分。其互联的方式是车载终端与手机互联、车载终端与 PC 端互联。

车载终端负责云服务车载互联系统的大部分功能，比如常用的导航、语言控制、拨打电

图 8-2 方向盘上的按键

图 8-3 比亚迪云服务车载互联系统的车载触摸屏

话、车辆设置等，其显示界面有两处——车载触摸屏和仪表盘，如图 8-4 所示。

1. 车载触摸屏

车载触摸屏的功能很齐全，类似于常用的 android 系统。车载触摸屏主要是通过触控方式进行操作，方向盘左侧的方向键和触屏下方的快捷键主要用于快捷操作。

车载触摸屏的触控方式操作如图 8-5 所示。

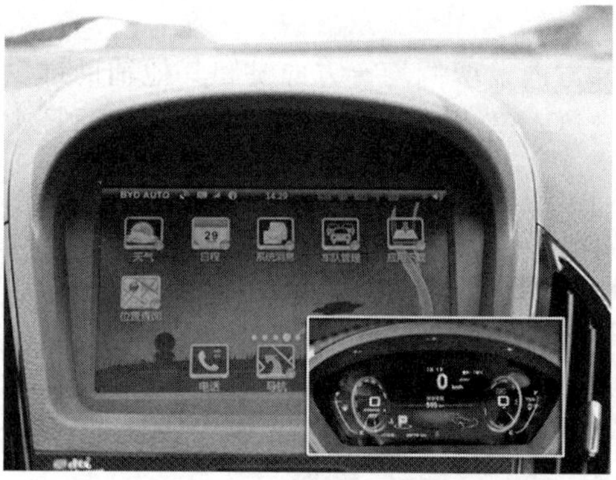

图 8-4 云服务车载互联系统的显示界面

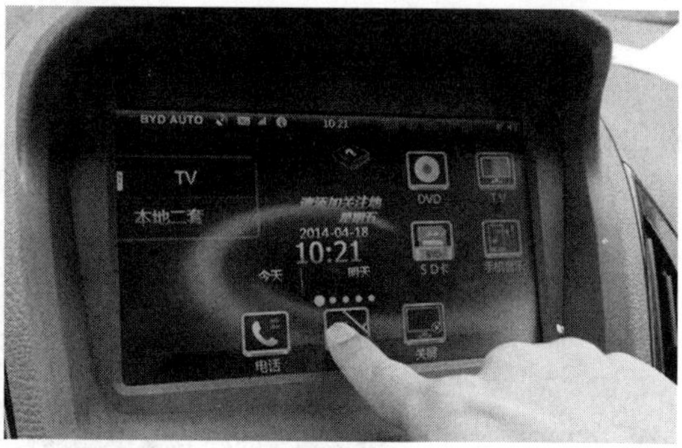

图 8-5 车载触摸屏的触控方式操作

2. 快捷键

快捷键的设计目的是减少常用功能的操作，如车载电视、一键电话、语音控制、一键导航等，都可用快捷键进行操作。快捷键操作方式如图 8-6 所示。

3. 仪表盘

通过方向盘上的按键操作，除了可显示行车信息外，还可进行仪表盘主题调节以及进行车辆设置、车况提示。相对于车载屏幕来说，驾驶员观看仪表盘更为直观和方便。仪表盘的显示界面如图 8-7 所示。

（三）导航功能

比亚迪云服务车载互联系统采用 GPS 实时导航方式，精确度比较高。凯立德的地图系统比较实用。一键导航、智能路径选择、实时路况等功能的操作界面较为人性化。

图 8-6　快捷键操作方式

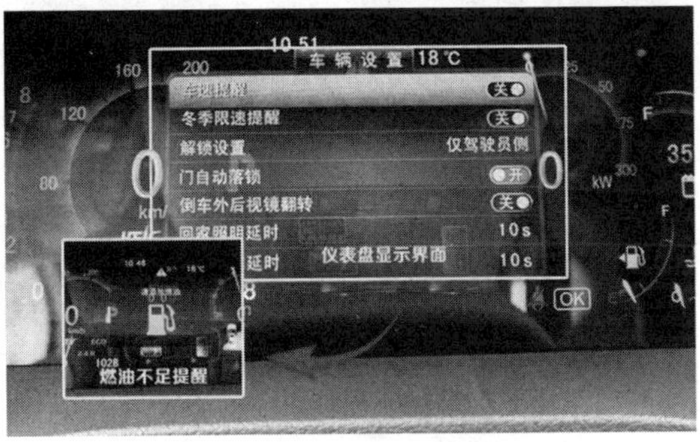

图 8-7　仪表盘的显示界面

比亚迪云服务车载互联系统的导航功能如图 8-8 所示。

该导航系统具有历史目的地记录、路线收藏、固定路线设定、周边热点检索等人性化的功能，如图 8-9 所示。

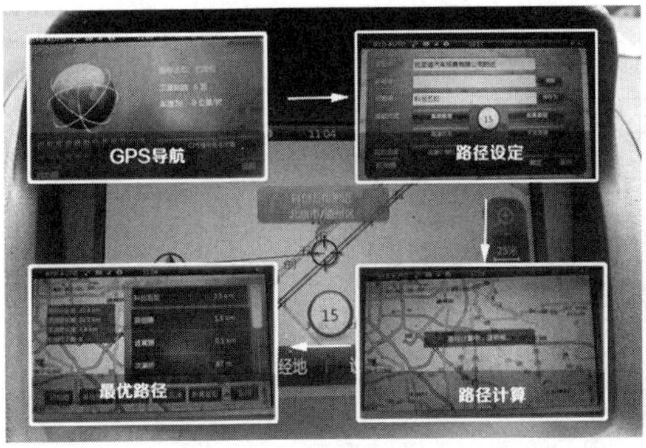

图 8-8　比亚迪云服务车载互联系统的导航功能

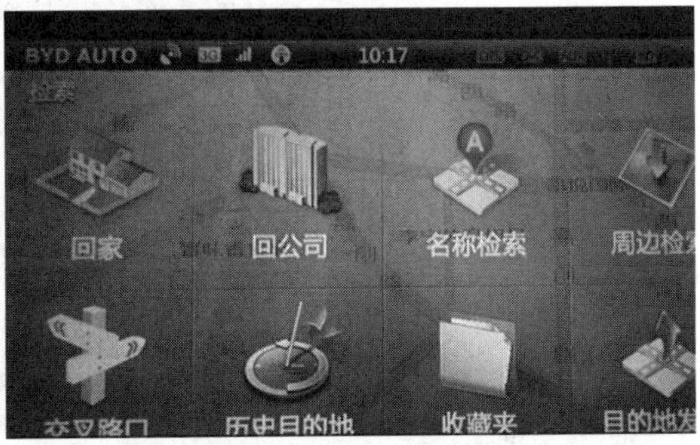

图 8-9　比亚迪云服务车载互联系统的导航功能界面

（四）远程目的地

比亚迪云服务车载互联系统的地图除了可以通过云服务平台自动更新之外，还可以通过百度地图实现远程目的地的推送功能，这项功能非常先进。远程目的地的推送功能如图 8-10 所示。

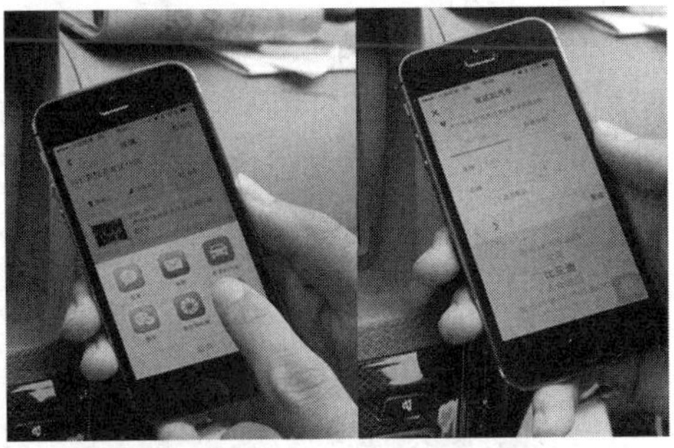

图 8-10　远程目的地的推送功能

三、　功能扩展性

（一）APP 扩展功能

比亚迪云服务车载互联系统中有应用下载的功能，但在应用下载界面里却没有 APP 可以下载，其原因是目前应用下载后台尚未开放。

比亚迪云服务车载互联系统的应用下载功能界面如图 8-11 所示。

（二）外接扩展

在中控台下方有一个 USB 接口、SD 卡卡槽和 AUX 接口。接入 USB 设备后，可以在触摸屏上直接播放 U 盘里的影音文件。中控台下方的外接接口如图 8-12 所示。

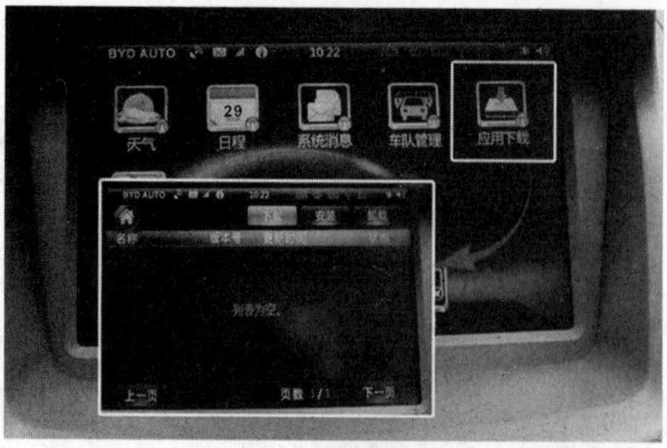

图 8-11　比亚迪云服务车载互联系统的应用下载功能界面

图 8-12　中控台下方的外接接口

U 盘文件能够直接播放，免去了文件从 U 盘到车载内存的转移过程。在主界面中点击 USB 选项，进入 USB 状态下的多媒体界面。点击屏幕右上的“多媒体”按键，可以在车载电视、收音机、影视中心和 USB 之间进行切换。USB 接口的操作方法如图 8-13 所示。

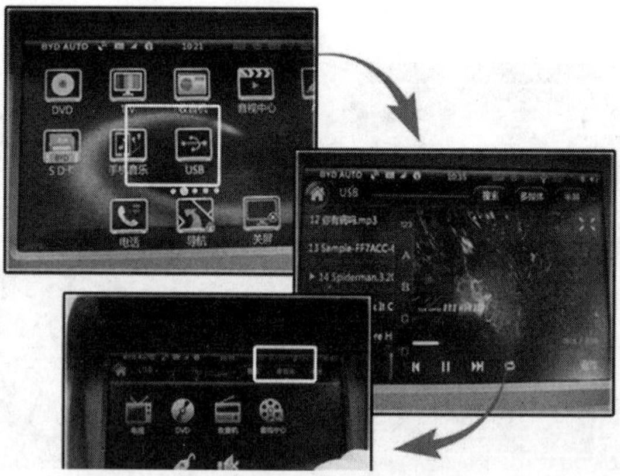

图 8-13　USB 接口的操作方法

（三）蓝牙功能

比亚迪云服务车载互联系统支持与不同型号手机进行蓝牙连接，不仅可以进行车载拨号，还可以直接播放手机里的视频和歌曲，如图 8-14 所示。

比亚迪云服务车载互联系统的手机蓝牙音乐功能如图 8-15 所示。

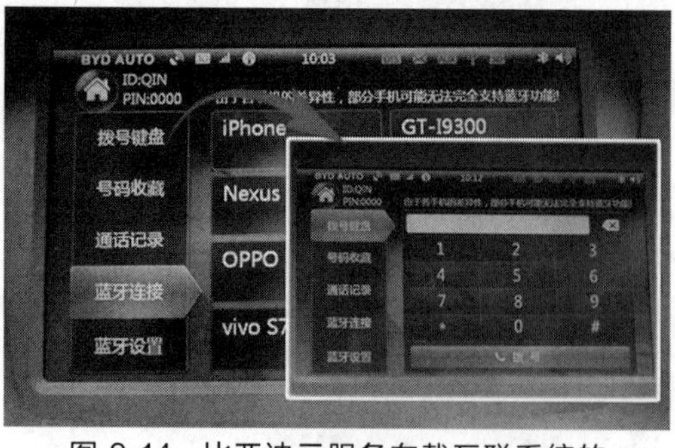

图 8-14　比亚迪云服务车载互联系统的手机蓝牙拨号

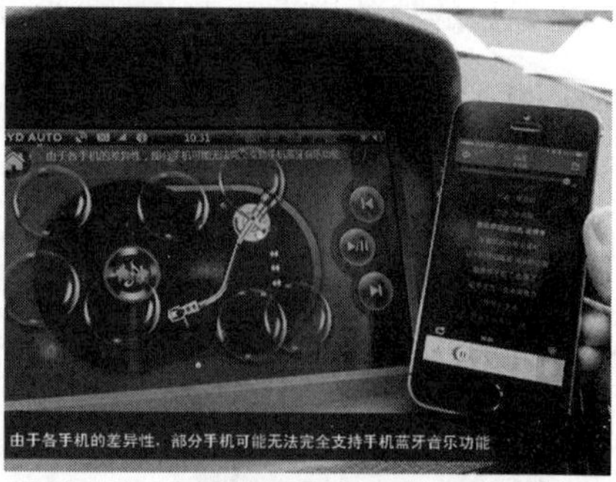

图 8-15　比亚迪云服务车载互联系统的手机蓝牙音乐功能

（四）3G 上网

比亚迪云服务车载互联系统配置中国电信的 3G 网卡，其天气提示、手机云服务连接、系统消息推送、车队功能等服务均是通过 3G 信号来实现的。3G 信号如图 8-16 所示。

图 8-16　3G 信号

需要说明的是，虽然有 3G 信号，但系统没有提供新闻资讯和网页浏览的服务。

四、 互动功能

（一）语音识别功能

语音功能的快捷键在方向盘左侧，进入语音控制界面后，可进行一系列语音控制。比如导航、拨打电话、调节灯光及音量、开关空调、缩放地图、白天/夜晚模式等操作。语音识别功能界面如图 8-17 所示。

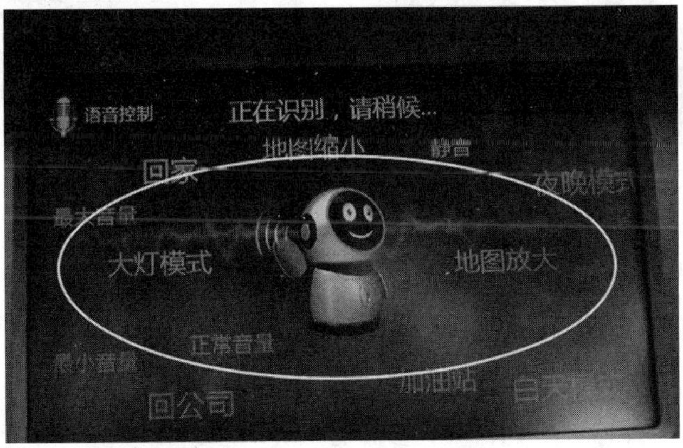

图 8-17　语音识别功能界面

语音识别功能还包括空调开关与调节、电话拨打、影音播放等功能。

（二）手机端云服务

手机云服务是比亚迪云服务中较为重要和先进的功能。车主需要先下载一个手机 APP，通过个人账号密码和汽车连接之后，就可以对自己的汽车进行一系列的远程控制，如开关车门、调节空调、车况检测、实时车况查询、车辆定位等。手机云服务界面如图 8-18 所示。

车门解锁功能非常实用，只要有 3G 信号覆盖，车主就可以远程遥控汽车进行车门开关。如果家人或朋友想用车而车主不在身边的话，这个功能非常方便。远程遥控车辆解锁如

图 8-19 所示。

图 8-18　手机云服务界面

图 8-19　远程遥控车辆解锁

密码在比亚迪云服务系统中是最关键的，密码的安全性需要得到车主的重视。手机云服务的每一项功能都需要密码输入。例如，在手机界面中点击寻车图标，输入密码后进行确认，车辆会闪灯、鸣笛，以帮助车主寻车。输入密码操作如图 8-20 所示。

点击手机界面的位置服务图标，输入密码并进行确认，手机会很快定位到车辆位置，并且显示在百度地图上，如图 8-21 所示。

图 8-20　输入密码操作

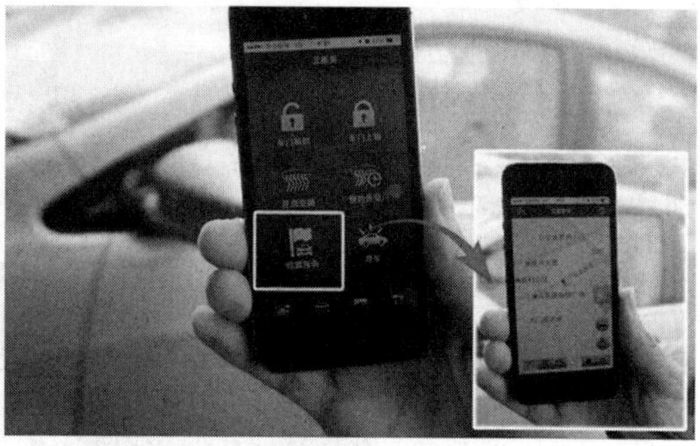

图 8-21　手机云服务的车辆位置服务

云服务除了对车辆进行远程操控之外，还可以进行远程的监控，包括实时车况和车况检测。车主对于车况的即时了解，可以极大地提高行车的安全性，并且可以对车辆进行及时的保养。

手机云服务的实时车况查询如图 8-22 所示。

云服务的车况检测内容非常详细，包括电子驻车系统、ABS 系统、SRS 系统、胎压检测系统、SVS 系统、ESP 系统、EPS 系统等，如图 8-23 所示。

除了通过云服务自主查询车况外，系统还会在仪表盘上进行简单的车况提醒，比如汽车燃油不足、电量不足、车速提醒等。配合手机云服务的车况检测，让驾驶者对于车况有更全面及时的了解。车况提醒如图 8-24 所示。

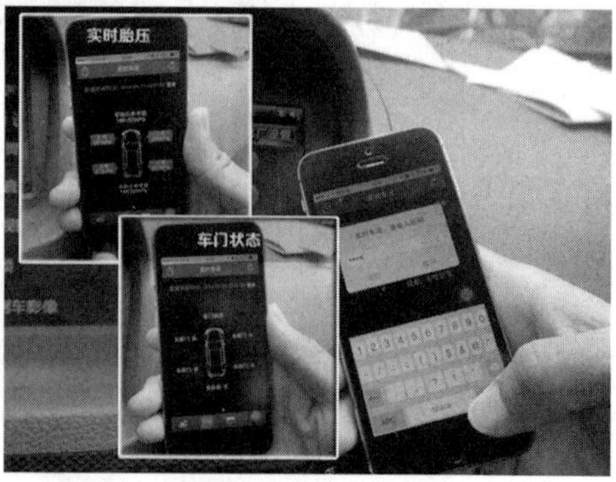

图 8-22　手机云服务的实时车况查询

图 8-23　手机云服务的车况检测

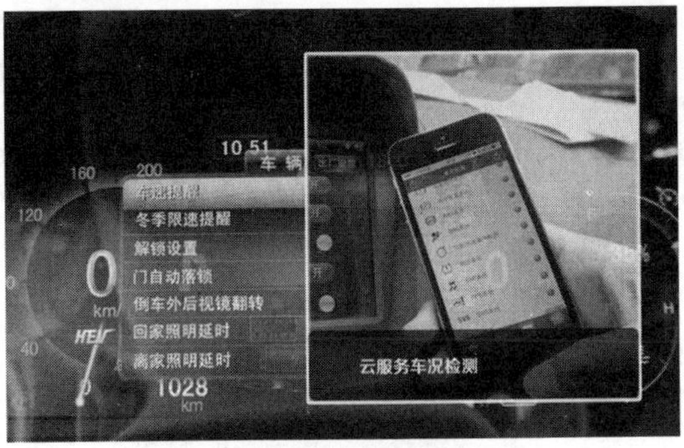

图 8-24　车况提醒

只要有 3G 信号覆盖，手机云服务就可以实现人车交互。如果手机丢失的话，因为只有车主知道密码，所以相对来说比较安全。

（三）服务中心

目前云服务车载互联系统没有人工后台服务。缺少人工后台服务，在车辆突发事件和细节问题的处理上就显得有些不足，毕竟人机交互所提供的服务没有人工服务来得那么细致和完善。

（四）用户服务网（PC 端）

汽车终端与 PC 互联网的相连，具体操作和手机端类似。车主可以在用户服务网上修改个人信息，包括密码、变更车牌号，同时还能在网页上定位车辆位置。

云服务用户网的个人中心如图 8-25 所示。

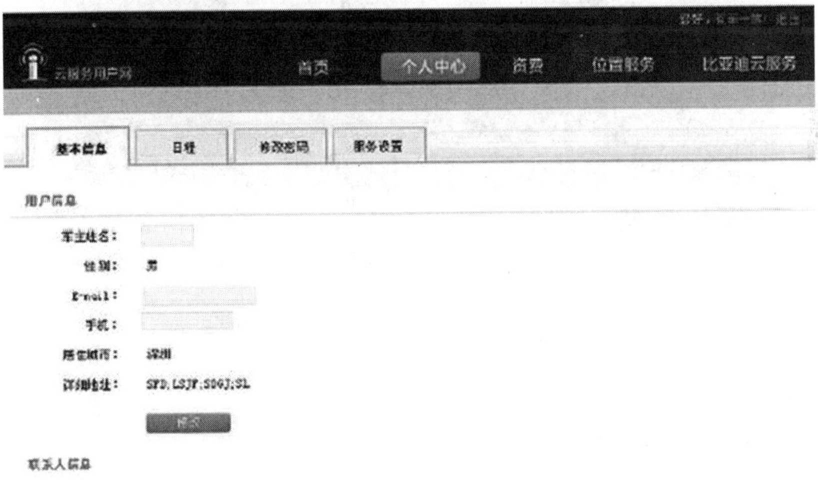

图 8-25　云服务用户网的个人中心

云服务用户网的位置服务如图 8-26 所示。

五、 车队导航

云服务系统还可以实现车与车的互联，车主可以通过车主终端建立车队，或者加入别人建立的车队。加入车队后，车队之间在线的车主就可以通过 3G 网络互相交流，并且推送导航信息。车队导航界面如图 8-27 所示。

图 8-26　云服务用户网的位置服务

图 8-27　车队导航界面

六、 费用

目前比亚迪云服务车载互联系统在 2 年之内是完全免费的。由于其系统开放不久，因此后续收费与否和收费标准暂未公布。

第二节　凯迪拉克 CUE 系统

一、 系统概述

凯迪拉克 CUE 全称为凯迪拉克移动互联体验（Cadillac User Experience，CUE），这是一套凭借视觉、直觉、互联、开放的人车沟通模式的车联网系统，整合了移动互联、导航、通信、娱乐及车辆控制等各种功能。

CUE 系统的研发始于 2008 年，与其他车联网系统不同的地方在于，CUE 配置比较豪华，如它超大的多点触控彩色液晶屏、液晶显示屏、中控台触摸屏、后座娱乐系统等。目前，这一系统主要配置在凯迪拉克 XTS 车型中。

CUE 系统的主要参数和功能一览表如表 8-2 所示。

表 8-2　CUE 系统的主要参数和功能一览表

参数/功能	说明
操作系统(安卓/car paly 等)	Linux 系统
屏幕类型(是否支持多点触控)	多点触控电容屏
菜单语言	中文
接口	外接 USB 接口
产品尺寸	8.0in
第三方地图	CUE 后台运营维护
网络运营商	未知
APP 扩展(是否可以下载 APP)	暂时不支持,即将开放
蓝牙功能	支持
3G 上网	不支持
公用 WIFI	不支持
影音播放	支持,后座有影音娱乐系统
一键导航	有一键导航功能
查看车况	车况诊断和保养信息服务
电话功能	带一键直拨功能
语音控制	带一键语音控制键
防盗追踪	未知
后台服务中心	安吉星后台服务
远程遥控车门	通过手机端可实现远程开关车门
开启空调	支持
倒车雷达	系统自带倒车雷达服务
地图更新	支持
地图推送	支持
保养通知服务	手机客户端可查询
实时路况	支持实时路况显示

二、 基本功能

(一) 硬件配置

凯迪拉克的中控界面整体看上去大气豪华，两个液晶显示屏一个用于仪表盘，另一个用于操作 CUE 系统。在储物空间的设计上比较有特色，操作屏幕的下方是空调等系统的控制界面，触摸后还可以打开一个小小的暗格。CUE 系统硬件配置如图 8-28 所示。

操作屏幕整体位于方向盘左侧，方便驾驶者操作。仪表盘可以随时显示各种实用行车信息，如图 8-29 所示。

图 8-28　CUE 系统硬件配置

图 8-29　凯迪拉克 XTS 车型的仪表盘

仪表盘提供四种风格的显示模式，即均衡模式、简易模式、增强模式和性能模式。

(二) 设计与操作方式

CUE 系统主要采用的是触屏操作，所有功能都能在触屏上完成。CUE 系统的方向盘按钮比较多，包括一键语音和音量控制等功能按钮，这样驾驶者在行车过程中可以对 CUE 系统进行操作。CUE 系统的方向盘按钮如图 8-30 所示。

图 8-30　CUE 系统的方向盘按钮

CUE 系统的手机蓝牙匹配采用常规方式是，手机进行蓝牙搜索，搜索到 CUE 的蓝牙系统后，输入相应密码即可，如图 8-31 所示。

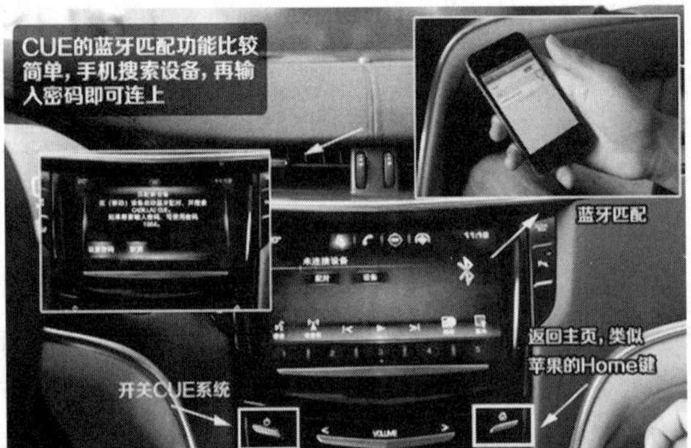

图 8-31　CUE 系统的手机蓝牙匹配

CUE 系统能够部分地实现车外的一些按键功能，比如空调系统的控制。在车顶处，CUE 也提供几个应急的按钮，可以帮助车主实现相应需要。这些按钮分别为免提应答、客服呼叫（安吉星的客服）和应急道路救援。车顶处的应急按钮如图 8-32 所示。

（三）导航功能

在地图菜单中可以看到，CUE 提供多种设置方式，还包括语音导航选项，如图 8-33 所示。

在此基础上，CUE 系统还可以使用安吉星的导航系统，但需要先购买安吉星的相应服务。

CUE 系统导航可以实现多种视角模式，如图 8-34 所示。

图 8-32 车顶处的应急按钮

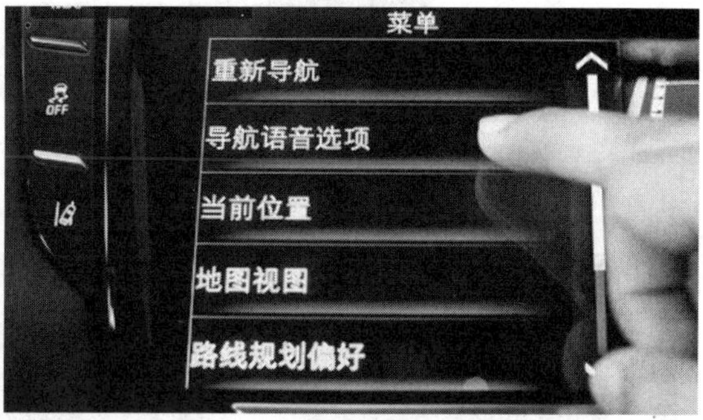

图 8-33 CUE 系统的地图菜单

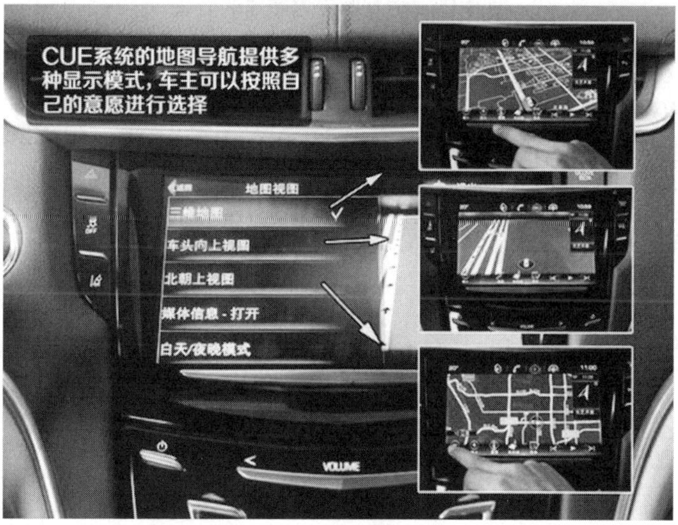

图 8-34 CUE 系统导航的多种视角模式

在地址搜索功能方面，CUE 系统也有着多种输入法，除了常见的拼音外，还提供手写和搜狗拼音。

（四）远程目的地

CUE 系统提供远程目的地的导航功能，在默认的系统菜单中，车主可以根据自己的需要选择这些默认的兴趣点。兴趣点选项如图 8-35 所示。

例如，寻找附近警察局，从开始查找到最终开始导航，通过简单的几步就可实现，如图

8-36 所示。

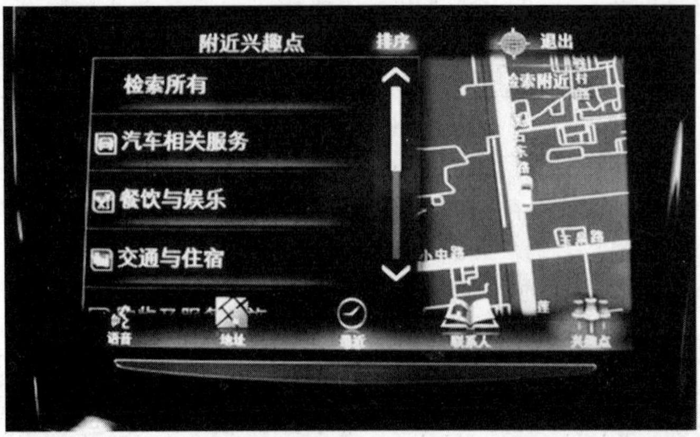

图 8-35　兴趣点选项

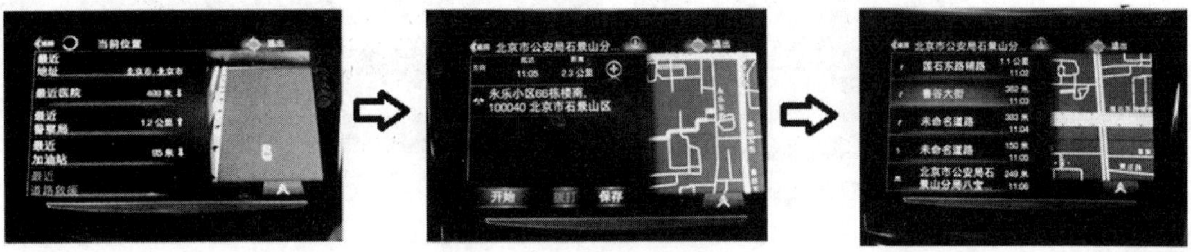

图 8-36　寻找附近警察局的操作

如果手机安装了凯迪拉克的 APP，还可以在 APP 上对相应兴趣点进行搜索，如图 8-37 所示。

需要说明的是，手机 APP 只提供安吉星、苹果地图和高德地图三种模式，没有 CUE 的地图。

三、 功能扩展性

(一) 外部接口

CUE 系统提供 U 盘的接口，这个接口位于储物格中，如图 8-38 所示。

(二) 手机 APP

凯迪拉克的手机 APP 应用 MyCadillac 和 CUE 的契合度较好，登录后，可了解车辆的各种信息，如图 8-39 所示。

除了安吉星系统外，MyCadillac 和 CUE 的组成部分可以通过下载手机的客户端来查看车辆状态。MyCadillac 手机应用如图 8-40 所示。

同为通用旗下的车联网系统，CUE 和安吉星两个系统有一些共通之处。打开 CUE 系统的设置菜单，可以看到安吉星图标，如图 8-41 所示。

图 8-37　CUE 系统的手机 APP 兴趣点搜索

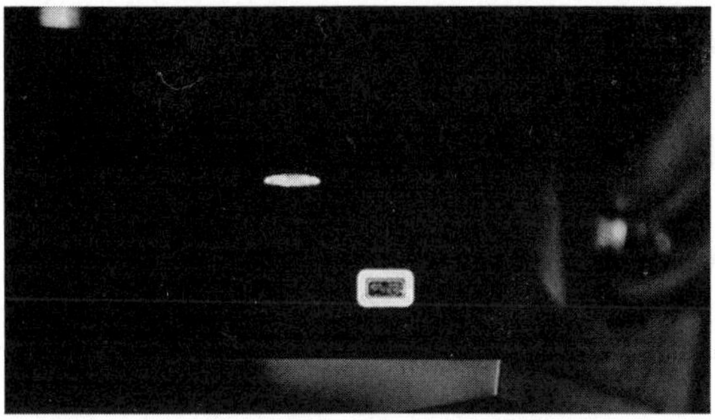

图 8-38　CUE 系统的 U 盘接口

图 8-39　手机 APP 的功能图标

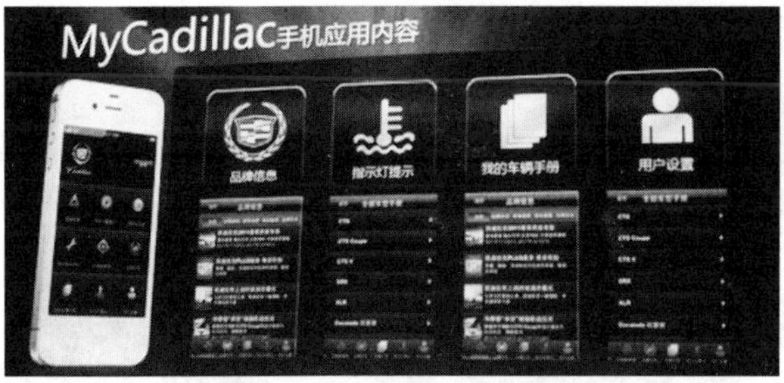

图 8-40　MyCadillac 手机应用

图 8-41　CUE 系统设置菜单的安吉星图标

四、 互动功能

（一）一键呼叫功能

当手机与车进行了蓝牙匹配后，CUE 系统便会识别出手机通讯录。当按下方向盘上的语音按键后，即可随时呼叫手机联系人，如图 8-42 所示。

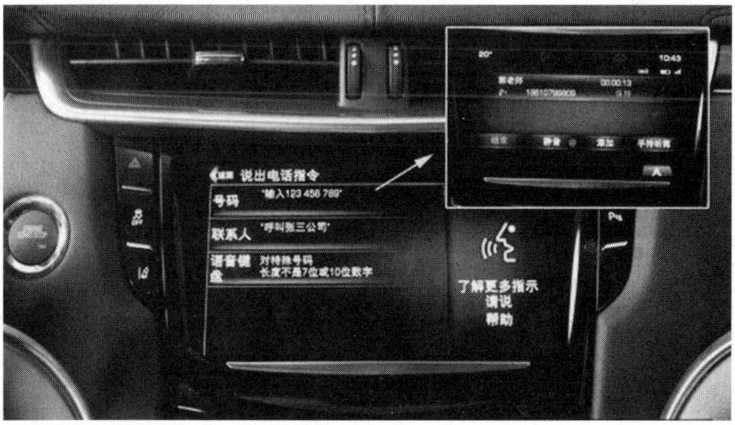

图 8-42　一键呼叫功能

（二）语音识别功能体验

CUE 系统的语音识别功能是建立在安吉星系统之上的，两者也相差无几。安吉星的语音识别可以对导航信息进行语音操控，包括重复收听最近几条导航线路以及在实际行车过程中对导航信息的重复、重新规划等语音操作。

（三）服务中心

CUE 系统可与安吉星系统的服务中心兼容。

五、 个性化服务

（一）后座娱乐系统

后座配有多媒体显示屏，娱乐媒体可以通过 U 盘和 CD 光盘实现播放。CD 光盘的位置位于前乘客的手套箱中。后座配有多媒体显示屏，如图 8-43 所示。

后座娱乐系统还配有一个专门的遥控器，如图 8-44 所示。

图 8-43 后座配有多媒体显示屏

图 8-44 后座娱乐系统的遥控器

（二）系统设置

CUE 的系统设置项目较多，能够对车身系统的部分功能进行设置，如图 8-45 所示。

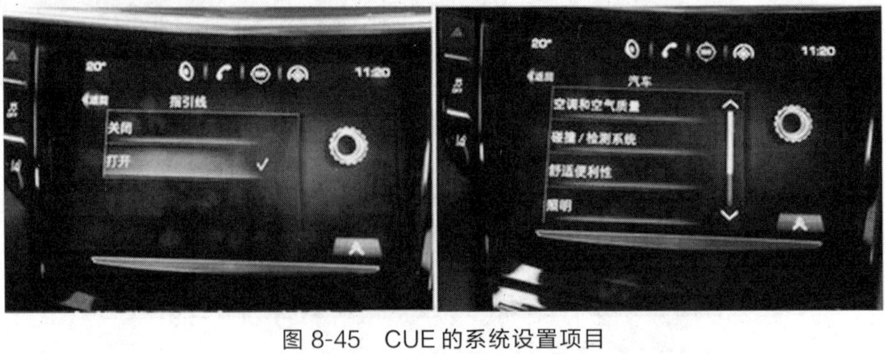

图 8-45 CUE 的系统设置项目

（三）远程操控

当安装安吉星 APP 后，即可远程操作 CUE 系统的凯迪拉克车型。控制项目包括车门上锁解锁、远程启动和车位提示等，同时可以查看车况信息，如图 8-46 所示。

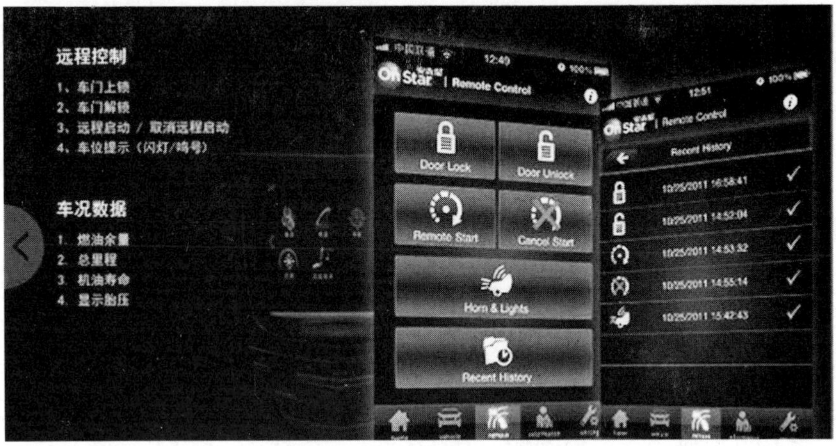

图 8-46　CUE 系统的远程操控

六、 费用

目前 CUE 系统的费用尚未公布。

第三节　丰田 G-BOOK

一、 系统概述

2009 年 3 月，丰田首次将 G-BOOK 智能副驾系统引入中国。用户能够通过无线网络连接数据中心，获得包括紧急救援、防盗追踪、道路救援、保养通知、话务员服务、资讯服务、G 路径检索、预订服务、网络地图接收、高速公路安全驾驶提醒以及图形交通信息服务在内的 15 大智能通信服务。车主可在 4 年（油电混合动力车型 6 年）之内免费使用这一先进的车载通信服务系统。

丰田 G-BOOK 主要参数和功能一览表如表 8-3 所示。

表 8-3　丰田 G-BOOK 主要参数和功能一览表

参数/功能	说明
操作系统(安卓/car paly 等)	—
屏幕类型(是否支持多点触控)	不支持多点触控
菜单语言	中文/英文等
接口	无外接接口
产品尺寸	8.0in
第三方地图	四维图新地图(一般)
APP 扩展(是否可以下载 APP)	不支持
蓝牙功能	支持
3G 上网	不支持
公用 WIFI	不支持
导航键和影音一键切换	支持

续表

参数/功能	说明
一键导航	有一键导航功能
查看车况	车辆诊断和保养信息服务
电话功能	带一键直拨功能
语音控制	带一键语音控制键
防盗追踪	非正常启动，系统报警会发送给服务中心
道路救援	突遇抛锚，可以联系话务员得到救助
后台服务中心	有独立的呼叫后台
紧急救援	支持
事故提醒	支持
倒车雷达	系统自带倒车雷达服务
地图更新	通过手机自动下载实现自动更新
保养通知服务	机油/机滤等项目的保养通知
G 路径检索服务	避开拥堵路段，寻找最佳路径，减少堵车
实时路况	4 个城市的实时路况服务

从表 8-3 可以看出，丰田 G-BOOK 没有配置触摸屏，没有采用多点触控的功能，但实时路况、语音控制、呼叫中心（设计不够人性化）等车主最常用到的功能一应俱全。

二、 基本功能

（一）硬件配置

对于雷克萨斯 GS250 配置的 G-BOOK 系统，其显示屏位于中控台正中央上方，向驾驶者的方向微微倾斜，方便驾驶者观看。G-BOOK 系统的显示屏如图 8-47 所示。

图 8-47　G-BOOK 系统的显示屏

（二）设计与操作方式

G-BOOK 平台的操控集中于变速杆的右侧，是称为“大鼠标”的“Remote Touch 操作系统”。通过一个 G-BOOK 的光标操作摇杆进行操作，这种设计的优点是精简、美观，如图 8-48 所示。

图 8-48　G-BOOK 的光标操作摇杆

G-BOOK 系统的内部平台架构与时下安卓、IOS 等智能系统有区别，而且不能触摸操作，但 G-BOOK 为了菜单页的更加简洁，将许多功能置于主菜单之下的分级菜单里，利用摇杆进行选择、确认、返回等操作。

（三）导航功能

无论 G-BOOK 系统在执行什么任务，都可以利用“一键切换导航”按键使显示屏回到地图导航界面。G-BOOK 系统的导航界面如图 8-49 所示。

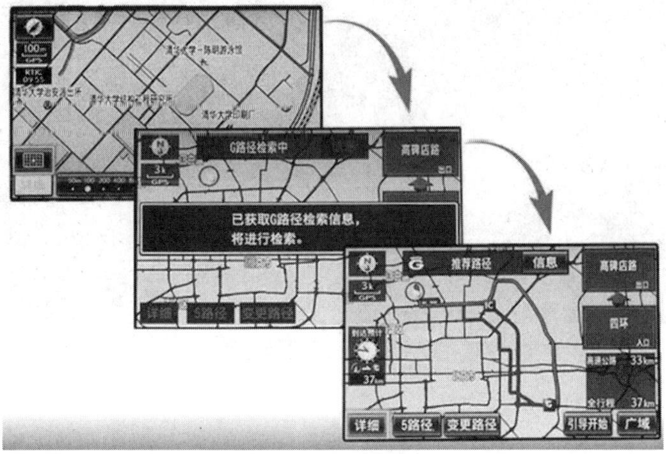

图 8-49　G-BOOK 系统的导航界面

在地图功能上，G-BOOK 系统采用由四维图新提供的数据，目前可以显示北京、上海、广州、深圳四地的道路交通情况。

（四）远程目的地

G-BOOK 系统具有远程目的地加载功能。“远程目的地”就是可以用网络或者话务员系统将远程的目的地寻找设定好之后，发送到 G-BOOK 中，这样驾驶员在上车之后就不必再手动设定导航寻找路径了。G-BOOK 系统的远程目的地界面如图 8-50 所示。

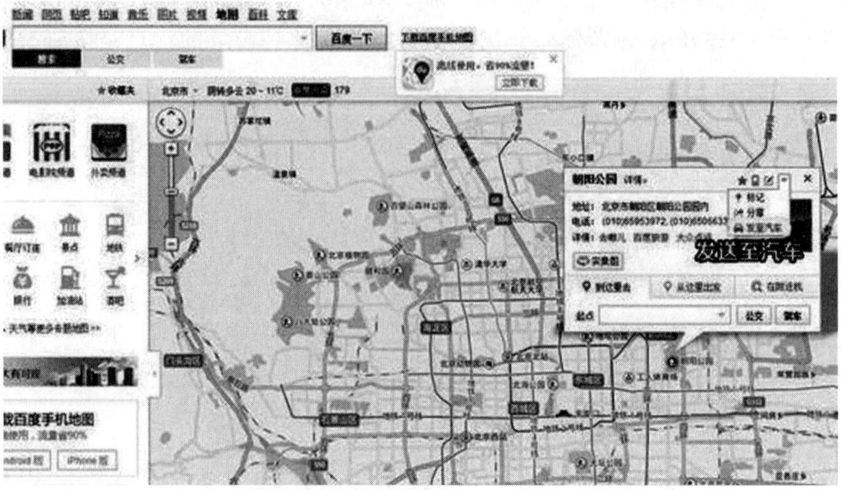

图 8-50　G-BOOK 系统的远程目的地界面

目前在网络上，百度地图具有远程目的地的功能，将目的地地点发送至汽车，然后利用汽车导航将位置锁定并自动寻找路线。这种功能方便了提前预知目的地的朋友，不过更方便的功能，则是使用 G-BOOK 的服务中心直接进行语音交流，让服务中心将地点和路线直接发送到汽车上就可以了。

G-BOOK 系统可以对远程目的地进行管理，点击菜单的目的地键进入之后，可以对多种目的地以及相关地址等信息进行管理，并可以存储特别地点方便一键导航。远程目的地主菜单如图 8-51 所示。

图 8-51　远程目的地主菜单

三、 功能扩展性

（一）外部接口

G-BOOK 系统相对比较封闭，在菜单上以及相关设定里都没有可供扩展的存储设备读取界面，因此也无法安装 APP 软件。G-BOOK 系统主菜单界面如图 8-52 所示。

由于 G-BOOK 系统的封闭性，其主要的导航、预定等功能均通过人工话务员来实现，对于网络数据的需求也非常小，因此不支持 3G 上网或者 WIFI 上网。

（二）蓝牙

G-BOOK 系统支持手机通过蓝牙与系统进行连接，进入“设定・编辑”菜单中之后，点击蓝牙图标，再点击登录图标，就可将手机蓝牙打开进行配对操作了。G-BOOK 系统的手机蓝牙连接如图 8-53 所示。

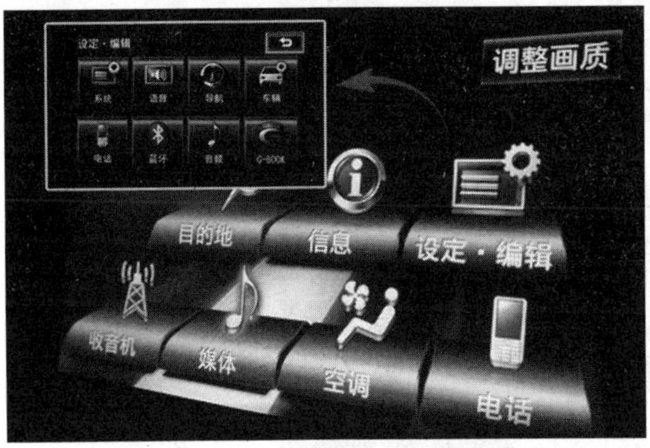

图 8-52　G-BOOK 系统主菜单界面

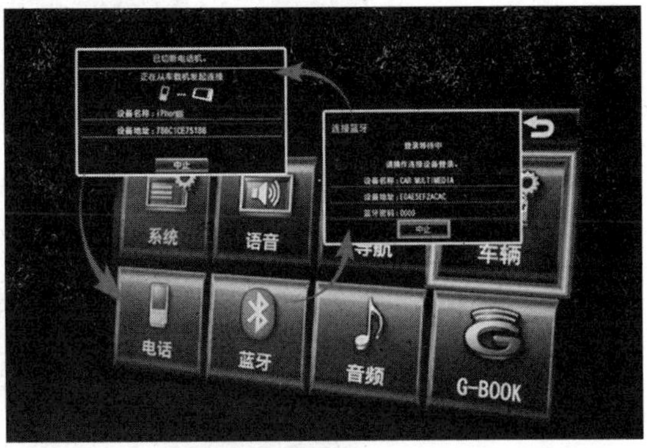

图 8-53　G-BOOK 系统的手机蓝牙连接

按照蓝牙接入的提示，将手机与系统进行蓝牙连接后，就可以利用系统进行手机拨号等功能操作。

四、 互动功能

(一) 一键呼叫功能

在将手机通过蓝牙与系统相连之后，G-BOOK 系统就拥有了拨号功能，除了可以利用“大鼠标”进行按键拨号外，当连接上蓝牙之后，可以拨打电话，还可以查看手机里的通话记录。方向盘上有一键呼叫按钮，按下该按钮，可以直接拨打电话，如图 8-54 所示。

(二) 语音识别功能

在方向盘上有语音识别按钮。按下该按钮，可以进行语音操控，如图 8-55 所示。

图 8-54　G-BOOK 系统的一键呼叫按钮

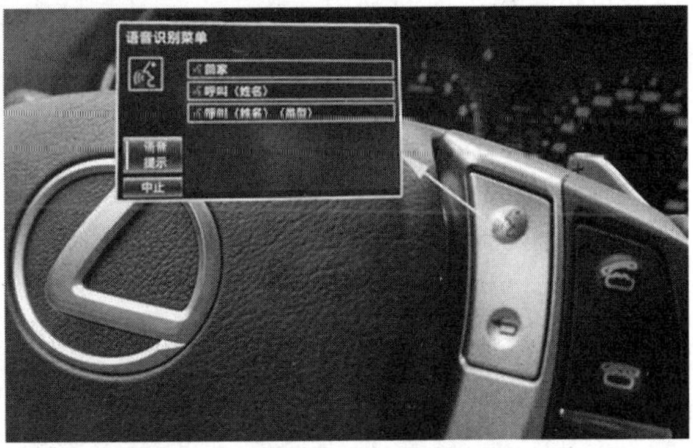

图 8-55　G-BOOK 系统语音识别按钮

目前有两种语音操作功能——“回家”和“呼叫”功能。“回家”功能是直接将导航中设置的“回家”位置进行导航。“呼叫”功能是利用蓝牙连接的手机进行拨叫。

(三) 服务中心

G-BOOK 系统拥有独立的呼叫中心，可以提供导航以及预定服务。G-BOOK 呼叫中心的菜单如图 8-56 所示。

通过话务员服务可以实现导航、预定等人工服务，导航数据会在话务员确认目的地之后，自动加载到本地车载地图里，实现路线的规划和引导。不过除了导航信息远程操控外，

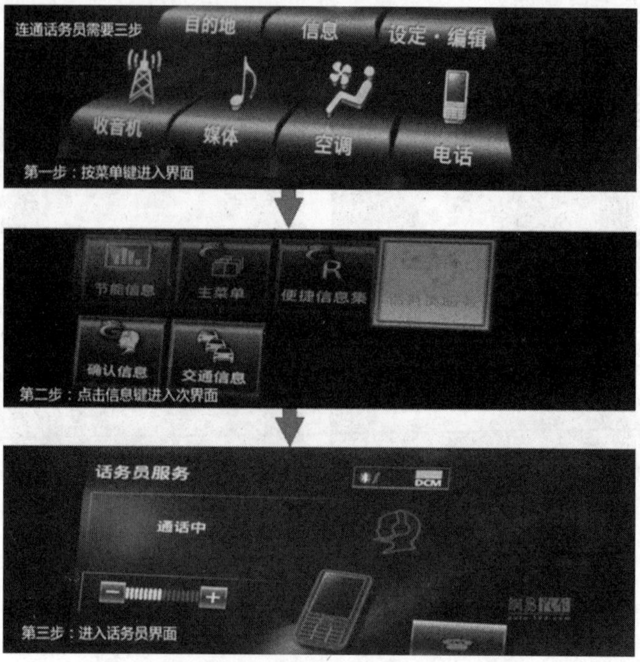

图 8-56　G-BOOK 呼叫中心的菜单

G-BOOK 的远程操控还可以实现防盗追踪功能。

五、 个性化服务

（一）防盗追踪

如果车辆遭遇入侵或非正常启动，那么 G-BOOK 系统会自动发送警报至智能服务中心，话务员可以第一时间和用户联系，提醒查看车辆，并且可以在车辆被盗后跟踪定位。

（二）保养通知服务

车载系统定时更新上传里程数据，经销店可以及时向客户发送车辆保养通知，提示用户入厂保养。G-BOOK 系统的保养通知服务如图 8-57 所示。

（三）地图更新

当车辆启动后，G-BOOK 系统可以通过车载通信模块或手机自动下载地图，实现数据更新。G-BOOK 系统的地图更新如图 8-58 所示。

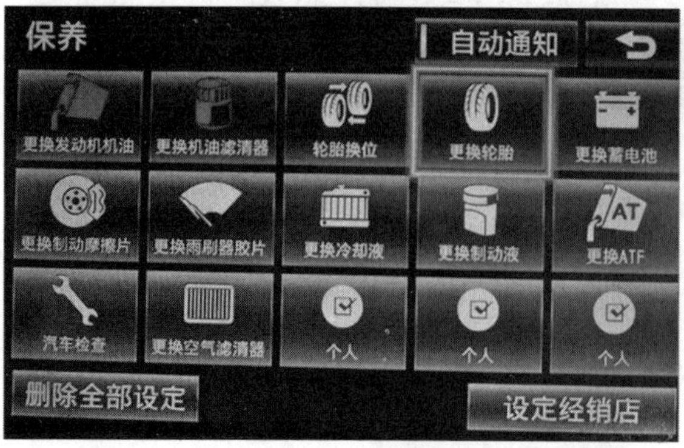

图 8-57　G-BOOK 系统的保养通知服务

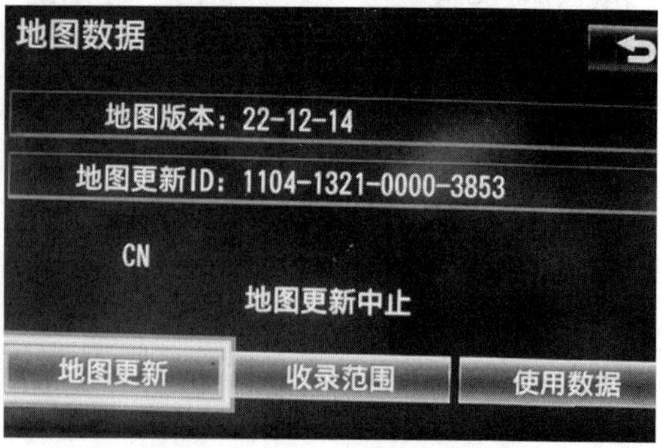

图 8-58　G-BOOK 系统的地图更新

(四) G 路径检索服务

G 路径检索服务可以避开拥堵的路段，目前该服务可以在 34 个城市实现，从而减少堵车的烦恼。G 路径检索服务界面如图 8-59 所示。

图 8-59　G 路径检索服务界面

(五) 资讯

G-BOOK 系统能够为用户及时提供最新的新闻、赛事、天气等资讯。

六、 费用

丰田 G-BOOK 初期使用的 4 年之内完全免费，4 年之后每年需要缴费 1200 元。如果不使用它们所提供的车联网服务，则仅需要缴和手机连接产生的费用，手机运营商只收取流量和手机相关的服务费。

第四节　英菲尼迪 InTouch

一、 系统概述

InTouch 是英菲尼迪自主研发的车载互联系统，该系统使用安卓操作系统，配置双屏幕显示的平板电脑，可进行多点触控操作，同时配备强大的服务后台。此外，InTouch 系统还允许车主使用 U 盘和智能手机对车内的个人应用软件进行更新或安装，非常方便。目前，这一系统主要搭载于英菲尼迪 Q50 中。

英菲尼迪 InTouch 系统主要参数和功能一览表如表 8-4 所示。

表 8-4　英菲尼迪 InTouch 系统主要参数和功能一览表

参数/功能	说明
操作系统(安卓/car paly 等)	安卓系统
屏幕类型(是否支持多点触控)	双液晶显示屏幕，支持多点触控
菜单语言	中文
接口	外接 USB 接口
产品尺寸	上方 8.0in、下方 7.0in
第三方地图	未知

续表

参数/功能	说明
网络运营商	未知
APP 扩展(是否可以下载 APP)	支持
蓝牙功能	支持
3G 上网	不支持
公用 WIFI	不支持
影音播放	支持
一键导航	有一键导航功能
查看车况	车况诊断和保养信息服务
电话功能	带一键直拨功能
语音控制	带一键语音控制键
防盗追踪	未知
后台服务中心	英菲尼迪后台服务
一键开启空调	支持
倒车雷达	支持
地图更新	支持
地图推送	支持
实时路况	支持

值得一提的是，在 InTouch 系统之前，英菲尼迪还有一个叫 Infiniti Connection 的车联网系统，主要配置在英菲尼迪 M 系车型中。

二、 基本功能

(一) 硬件配置

InTouch 系统的一大亮点是配备了双触摸显示屏，其上方屏幕显示内容和功能信息，下方屏幕主要用于操作，不过上方屏幕同样可以进行操控。

InTouch 系统的双触摸显示屏如图 8-60 所示。

图 8-60　InTouch 系统的双触摸显示屏

8in 的上方屏幕，主要用于驾驶信息的展示，如语音提示、地图显示；下方的 7in 屏幕则主要用于操作信息娱乐系统，如 APP 操作等。

除此之外，英菲尼迪还为那些不习惯触屏操作的人配备了旋钮，同样可以对 InTouch 系统进行操作。该旋钮位于变速杆后部，如图 8-61 所示。

(二) 设计与操作方式

InTouch 系统的功能主要集中在车载终端上，进入系统后，显示屏会弹出 8 个选项，这几个选项涵盖了日常行车用到的一些程序，包括电话、车辆信息和设置等。InTouch 系统的功能菜单如图 8-62 所示。

图 8-61 InTouch 系统的旋钮

图 8-62 InTouch 系统的功能菜单

下方屏幕的下侧有三个按钮图标，分别对应音乐、主菜单和空调界面，这主要是考虑车主最常用的需求。

(三) 导航功能

InTouch 系统的导航功能包括路线设置、目的地查询等。进入导航系统，上方屏幕用于查看地图信息，下方屏幕可以设置目的地，使用起来非常方便。InTouch 系统的导航界面如图 8-63 所示。

InTouch 的地图系统使用起来非常方便，两个手指就能控制放大缩小，和我们平时在平板电脑上操作很类似。在导航界面的相应选项中，可以进行一些详细信息的查看，如燃油经济性，如图 8-64 所示。

图 8-63 InTouch 系统的导航界面

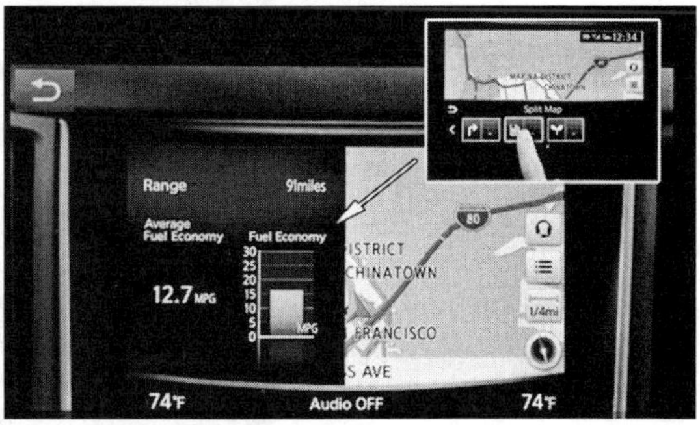

图 8-64 查看燃油经济性

InTouch 系统的地图导航是通过插 SD 地图卡实现的。SD 地图卡随车自带，丢失或损坏则地图导航不可用。

点击地图界面上的耳机图标，接通后台，可以通过客服人员实现各项服务，这项功能的后台客服是由英菲尼迪厂商的人员提供。如果遇到紧急情况，还可以直接按下 SOS 键寻求帮助，系统将第一时间接通后台。

三、 扩展功能性

(一) APP 扩展

InTouch 系统可以方便地通过 U 盘安装需要的应用程序，但需要注意的是，系统提供的内存空间只有 1G，容量有限。InTouch 系统的 APP 应用菜单如图 8-65 所示。

图 8-65 InTouch 系统的 APP 应用菜单

菜单中的“Infiniti Drive Mode Selector”应用程序可以为用户提供 5 种驾驶模式，即标准、运动、经济、雪地以及个性化定制模式。在个性化定制模式中，车主可以设定发动机/变速器的响应速度和燃油经济性之间的平衡、转向机构灵敏度以及动力牵引力激活等。

在“编辑用户”选项中，InTouch 系统支持保存 3 位使用者的信息，这些信息包括座椅设置、自定义驾驶模式、音响设定、空调设定等。

InTouch 系统有手机应用功能（infiniti Now），如图 8-66 所示。

图 8-66 InTouch 系统的手机应用界面

(二) 蓝牙

InTouch 系统通过搜索蓝牙、输入密码进行手机连接，并获得接听电话、播放音乐的权限。InTouch 系统的手机蓝牙连接界面如图 8-67 所示。

四、 互动功能

(一) 语音识别功能

InTouch 系统的语音识别功能可通过方向盘上的语音识别按钮激活，这比在电话菜单中寻找电话号码要方便得多。InTouch 系统的语音识别按钮如图 8-68 所示。

图 8-67　InTouch 系统的手机蓝牙连接界面

图 8-68　InTouch 系统的语音识别按钮

InTouch 系统的语音识别界面如图 8-69 所示。

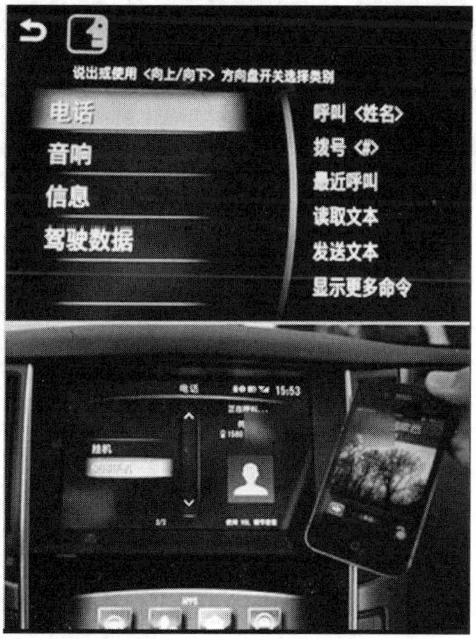

图 8-69　InTouch 系统的语音识别界面

(二) 服务中心

如果需要了解行车目的地，那么可以按下车顶上方的 SOS 按钮，接通服务中心，客服随后将相关信息发送到车辆中。InTouch 系统的 SOS 按钮如图 8-70 所示。

图 8-70 InTouch 系统的 SOS 按钮

五、 个性化服务

英菲尼迪注意车辆的维修保养，无论在语音界面，还是在 APP 界面，都可以找到与保养相关的信息。InTouch 系统的保养记录菜单如图 8-71 所示。

图 8-71 InTouch 系统的保养记录菜单

在“所有零件”选项中有机油、滤油器、轮胎、轮胎换位等信息，可以通过设置来提醒车主什么时候该对这些项目进行保养。“所有零件”选项界面如图 8-72 所示。

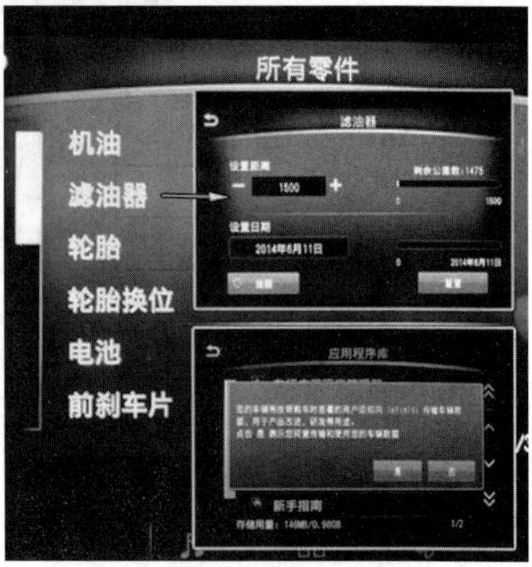

图 8-72 “所有零件” 选项界面

除了常规的汽车保养信息，InTouch 系统还提供“罗盘”“世界时钟”等功能。在自带的 APP 中，有一个时钟的程序，可以显示全球各地时间，如图 8-73 所示。

六、 费用

InTouch 系统的收费标准尚未公布。英菲尼迪另一款车联网系统 Infiniti Connection，则提供 1 年的免费。关于地图更新服务，1 年 1 次，第四季度厂商会通知车主到 4S 店进行更新。

图 8-73　全球各地时间

第五节　观致逸云平台

一、 系统概述

观致逸云平台系统是观致汽车团队依据智能手机车主使用习惯自行研发的一套车联网系统。该系统主推云导航、云管家、云分享三大领域体验，通过在 8in 电容式触摸屏上的操作和显示，以及全球 8 个信息中心和 1 个内容发布网络（CDN）来实现包括多功能导航、车管家服务、安全及保险服务以及增值服务在内的四大功能。

除增值服务收取一定费用外，车主均可免费享受逸云服务，并永久享受免费 3G 网络。观致逸云平台系统主要参数和功能一览表如表 8-5 所示。

表 8-5　观致逸云平台系统主要参数和功能一览表

参数/功能	说明
操作系统(安卓/car paly 等)	Windows Azure 公有云平台
屏幕类型(是否支持多点触控)	支持多点触控的 电容式触摸屏
菜单语言	中文
接口	无外接接口
产品尺寸	8.0in
第三方地图	高德地图
网络运营商	中国 联通
APP 扩展(是否可以下载 APP)	不支持
蓝牙功能	支持
3G 上网	支持
公用 WIFI	不支持
导航键和影音一键切换	支持
一键导航	有一键导航功能
查看车况	车况诊断和保养信息服务，远程查看车辆位置
电话功能	无一键直拨功能，触屏拨号
语音控制	无一键语音控制

续表

参数/功能	说明
防盗追踪	无
道路救援	有道路 救援系统
后台服务中心	无
紧急救援	免费救援
事故提醒	支持
远程操控	无
远程目的地	目的地、兴趣点、手机应用地址
多平台操作	观致逸云手机应用
实时路况	北京、上海、杭州、广州、深圳等
客服电话	400-920-8088
服务费用	普通服务免费;增值服务为 830 元/年和 1950 元/3 年

二、 基本功能

首先体验基本功能和扩展功能。包括和原车的匹配度、基本功能、操作方式、导航地图等重要功能的体验，接下来，我们将分项进行介绍。

(一) 硬件配置

逸云操作面板设计非常简洁，除触屏外只有两个按键，分别用于开关系统和调节音量，两个按键都安装在触摸屏的左侧，在方向盘上则没有任何按键。屏幕下方则是常规的车辆内部系统调节按钮，如空调调节按钮等。

逸云平台系统的显示屏如图 8-74 所示。

观致逸云平台系统的操作按钮如图 8-75 所示。

图 8-74　逸云平台系统的显示屏

图 8-75　逸云平台系统的操作按钮

(二) 设计与操作方式

逸云平台系统的触摸屏位于方向盘右侧，停车时驾驶员伸手即可对其进行操作。按钮的设计则十分类似于 iPhone 的 Home 键，可以按下后随时关闭当前选项，并返回主界面。

尽管屏幕上的按键较少，但逸云平台可以通过分别位于上下左右四个方向的触摸屏按键直接进入车辆状态信息、娱乐系统、导航功能和通讯录界面。进入不同的操作界面后，还有不同的隐藏菜单可供车主选择相应信息。

逸云平台系统的显示屏操作界面如图 8-76 所示。

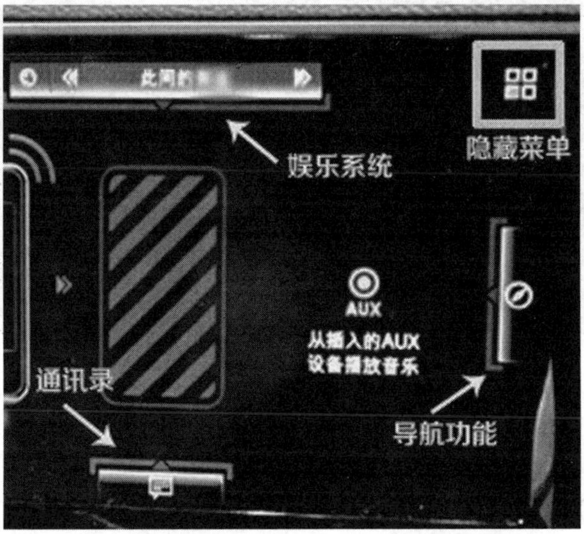

图 8-76　逸云平台系统的显示屏操作界面

打开车辆状态信息选项，即可进入车辆信息设置界面，可以进行一系列设置。逸云平台系统的车辆信息设置界面如图 8-77 所示。

图 8-77　逸云平台系统的车辆信息设置界面

(三) 导航功能

进入导航界面后，可以看到地图并找到相应的两个按钮，分别用于进入寻找地点界面和导航功能设置界面。逸云平台系统的导航界面如图 8-78 所示。

在导航设置页面里，车主可以在“我的导航”中找到自己从移动端同步的导航信息，但查看实时路况功能则需要通过购买增值服务包来实现。

(四) 远程目的地

逸云平台的远程目的地功能基于云系统，可随时同步至移动设备。例如，车主可以提前通过手机、电脑等移动设备规划行程，到达车内时再将线路通过云端同步至车内的显示屏上。同时，系统还会根据日程规划，对车主的手机发出提醒、停车点到目的地的步行路线等信息。

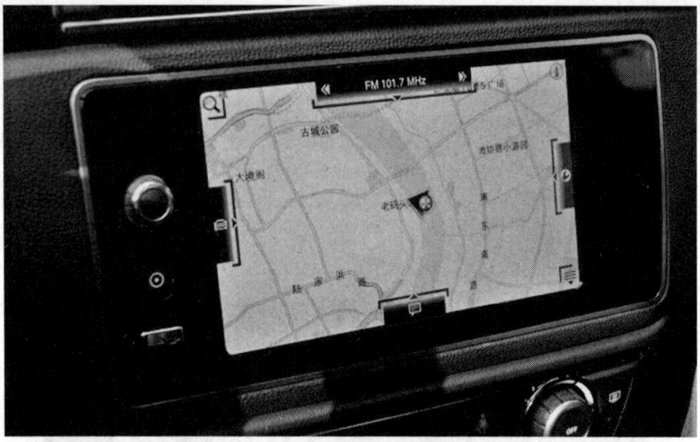

图 8-78　逸云平台系统的导航界面

逸云平台系统的云导航功能如图 8-79 所示。

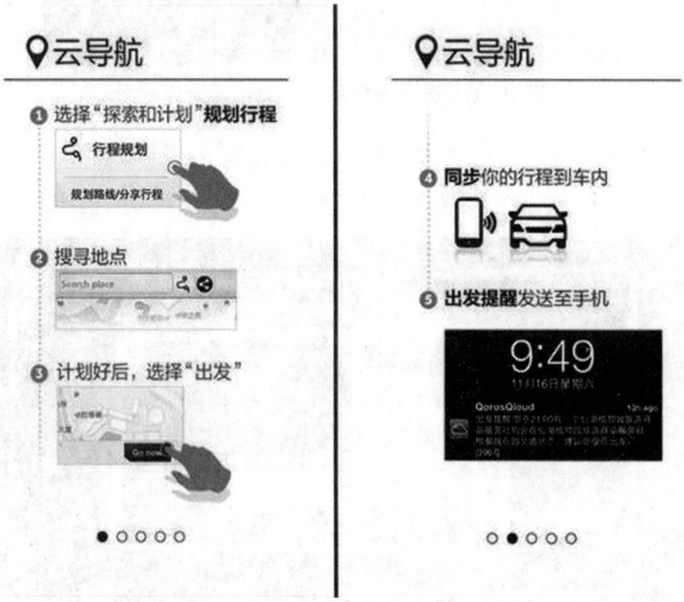

图 8-79　逸云平台系统的云导航功能

由于逸云平台系统没有语音功能，因此如果没有在移动端同步的话，那么只能在车上平台用拼音输入法输入文字来查找目标地点。

三、 功能扩展性

（一）APP 扩展

逸云车联网平台是基于微软 Windows Azure 公有云平台打造的，这个平台相对封闭，在扩展功能上没有特殊之处。根据界面菜单及相关硬件设定，逸云平台并没有提供可用于应用扩展的存储设备，也没有表现出可安装 APP 的可能。

（二）蓝牙

系统连接蓝牙比较方便，尽管没有语音识别，但通过蓝牙与手机连接好以后，即可进行方便地接听电话与播放手机音乐功能。逸云平台系统的手机蓝牙连接如图 8-80 所示。

图 8-80　逸云平台系统的手机蓝牙连接

四、 互动功能

（一）服务中心

逸云平台系统不能通过连接好蓝牙的手机直接呼叫客服中心，在操作界面中找到客户服务后，仅仅是弹出了一个窗口，告知客户服务和道路救援中心电话。同时，逸云平台系统没有语音识别、一键呼叫等功能。

（二）云管家

云管家是逸云平台主要功能之一，这项功能用于查看车况，可以获取车辆维修保养信息、进行 GPS 紧急救援定位、了解车主驾驶习惯并收集分析、查看瞬时油耗等。逸云平台系统的云管家功能如图 8-81 所示。

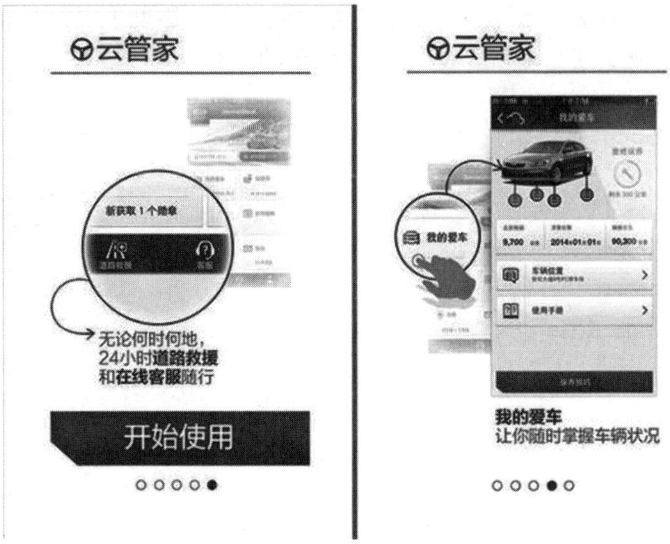

图 8-81　逸云平台系统的云管家功能

在逸云平台上，车主可以在车上通过触摸屏查看车辆状况。这些信息在车主驾驶车辆行驶时由逸云平台系统自动收集并进行分析整理，最终得出保养结论。

车主可以通过电脑或移动终端查看车辆位置，并依据个人状况设定地理围栏，一旦车辆离开该设定区域，系统也会即时发送警示通知给车主。云管家功能车辆位置和信息查询如图8-82所示。

图 8-82 管家功能的车辆位置和信息查询

在手机端，车主可以进行车辆信息查看、目的地搜寻、查看规划行程、查看日程表、查看自己得到的勋章与车辆信息。

五、 个性化服务

（一）云分享

逸云平台系统提供了一个有意思的功能——勋章收集，也称为云分享。这项功能大多出现在一些电脑游戏中，逸云引入了这项功能，希望吸引那些热衷于收集勋章、在朋友圈中分享荣誉的年轻车主。逸云平台系统的勋章收集界面如图8-83所示。

（二）预约保养

逸云平台系统提供了直接预约保养的功能，车主可以在需要保养时预约4S店。逸云平台系统则会通过网络推荐最近的4S店，随后车主选择好时间后，即可前往4S店进行保养。

（三）驾驶信息提示

在逸云的操作界面中有一项“驾驶提示”功能，这项功能并不是在车主进行错误或不当的驾驶时，自动对车主进行提示，而是类似于一个备忘录，让车主可以在平时阅读一些用车方面的知识。

图 8-83 逸云平台系统的勋章收集界面

六、 费用

除了增值服务收费之外，逸云的服务是全部免费的。增值服务是指多功能云导航、免费3G网络、车管家等服务基础上的增值服务，包括实时交通路况、实时停车场信息和地图更新，同时还推出1年期和3年期的增值服务套餐。

第六节 沃尔沃 Sensus

一、 系统概述

沃尔沃 Sensus 系统（智能车载交互系统）以“多媒体云端服务器”为传输平台，提供互联服务及信息交互支持，可实现多媒体娱乐、通信导航、信息共享、远程操控、声音控制、售后预约等全方位功能，带来更便捷的用车体验。

Sensus 系统涵盖两大核心功能，即“智能在线”（Sensus Connect）和“随车管家”（Volvo On Call）。Sensus 系统功能图标如图 8-84 所示。

图 8-84 Sensus 系统功能图标

二、 智能在线

Sensus Connect 系统功能如图 8-85 所示。

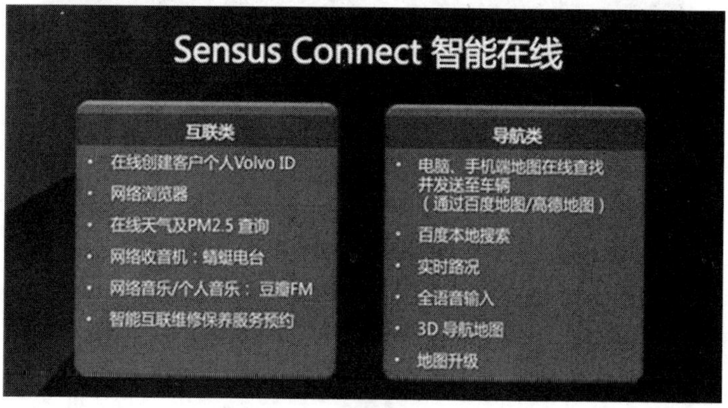

图 8-85 智能在线系统功能

Sensus Connect 系统具备 12 项功能，利用联通 3G 上网卡、蓝牙连接、WIFI 连接三种模式，让系统接入电脑，从而实现网页浏览、网上电台、导航和地图升级等功能，使车辆实时进入互联时代。

(一) 多种连接方式

如果车主希望能够随时随地保持在线，那么 Sensus Connect 系统可提供多种方式，包括中国联通 3G 上网卡、蓝牙、WIFI 热点。位于副驾驶侧的手套箱内置有 SIM 卡卡槽，通过联通 3G 的 SIM 卡即可联网。还可以将汽车与移动设备蓝牙配对，通过蓝牙传输技术使用移动端网络实现联网。也可以连接周边或移动端 WIFI 热点获取网络服务。

(二) 交互体验

显示屏上的多个“功能组块”具备各自的功能，如导航、多媒体、电话等。配合多功能方向盘和高识别度的语音控制系统可大幅提升人性化的交互操作体验。

集成式语音控制系统有较强的语音识别能力，可以识别带有方言口音的普通话。拨打电话、导航以及收音机这三大常用功能均能通过语音控制实现，不仅能够免除按键烦琐的情况，还能提升驾驶安全。Sensus Connect 系统的语音识别操作如图 8-86 所示。

图 8-86 Sensus Connect 系统的语音识别操作

(三) 导航方式

沃尔沃车载 GPS 导航系统是基于自带导航地图和 GPS 定位系统，为车主推荐最优路线，免受拥堵之困。也可以借助百度本地搜，获得周边各类生活服务设施（如加油站、便利店等）的位置信息。沃尔沃车载 GPS 导航界面如图 8-87 所示。

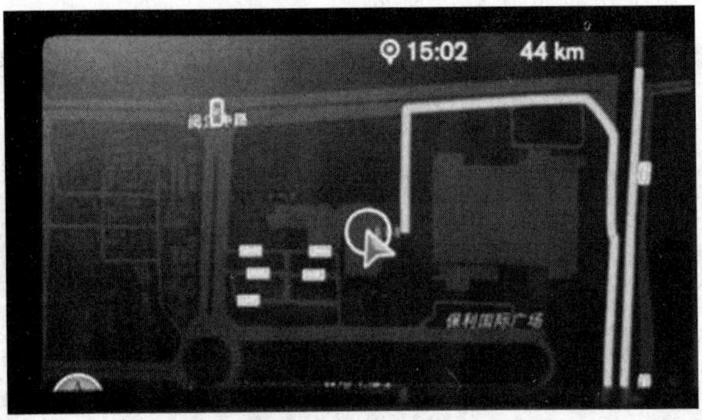

图 8-87 沃尔沃车载 GPS 导航界面

Sensus Connect 系统具备“发送至汽车”功能，车主可以预先将在电脑或智能手机上查询好的导航信息通过这一功能发送至汽车进行导航（百度地图、高德地图均支持）。车主也可以借人工查询，一键拨通沃尔沃随车管家服务中心，让工作人员把相关信息发送至车辆，如果需要导航，也可以由随车管家中心将信息远程发送至车辆。

（四）娱乐应用

除了百度搜索外，Sensus Connect 系统还整合了目前热门的娱乐应用，包括豆瓣音乐、蜻蜓网络电台等。通过云服务同步信息，在车上也能享受私人订制音乐库。

Sensus Connect 系统的娱乐应用菜单如图 8-88 所示。

图 8-88 Sensus Connect 系统的娱乐应用菜单

每一项配置到 Sensus Connect 系统中的应用程序都经过沃尔沃厂家的严格测试，以安全和不干扰驾驶为原则，提供易用、便捷的使用体验。此外，Sensus Connect 系统还提供每小时自动更新的天气预报功能，针对国内空气环境，内容包含 PM2. 5 数值的空气质量指数监测，数据来源为中央气象局和环境监测局的权威发布。

三、 随车管家

Volvo On Call 系统功能如图 8-89 所示。

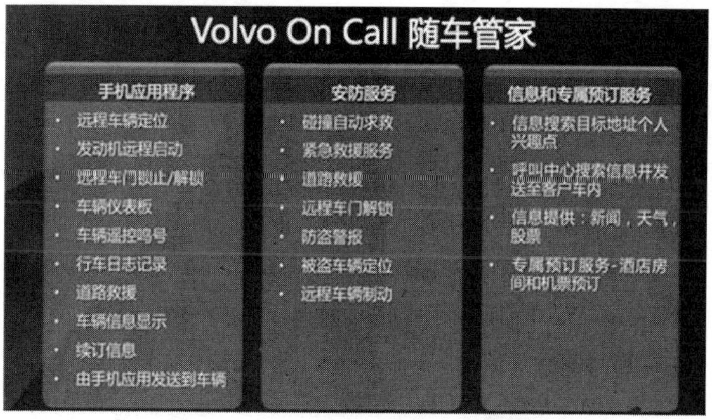

图 8-89 Volvo On Call 系统功能

沃尔沃随车管家系统（Volvo On Call）具备 22 项操作项，它以车主为中心，与智能手机 APP 应用同步，无论手机在何时何地，均可以查看目前车辆状况，同时在保障车辆安全的情况下进行部分汽车功能的远程控制。

Volvo On Call 系统能够通过人工服务全天候为车主提供生活服务帮助。目前，Volvo On Call 系统首 3 年完全免费，紧急救援 SOS 系统 10 年免费，车内无需上网卡便可独立实现随车管家功能。

（一）手机 APP

在手机上可以随时查看车辆相关信息，如行驶里程、燃油油位、平均油耗、平均速度、电池电量（新能源车）等，方便车主及时做好加油、充电和其他准备，并帮助车主改进驾驶习惯。Volvo On Call 系统的手机车况查询界面如图 8-90 所示。

利用手机进行远程操控，可实现车辆的远程启动，如图 8-91 所示。

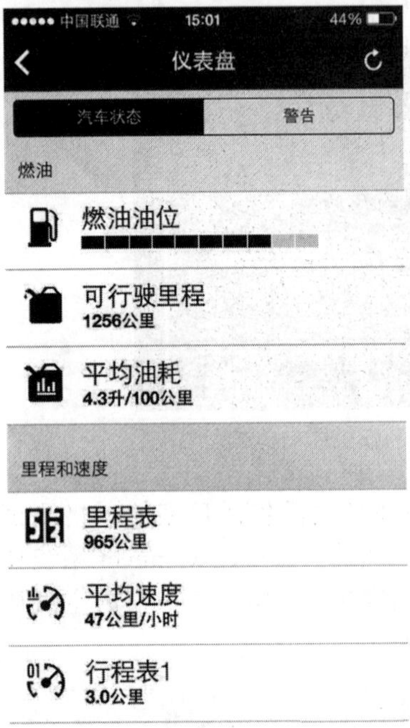

图 8-90　Volvo On Call 系统的手机车况查询界面

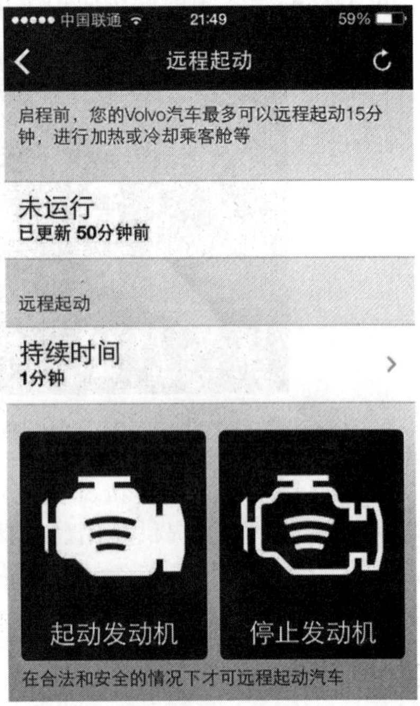

图 8-91　Volvo On Call 系统的手机远程启动界面

也可以通过远程操控方式给车辆预热或预冷，特别是在冬、夏两季，这项功能显得格外贴心。Volvo On Call 系统的手机远程预热界面如图 8-92 所示。

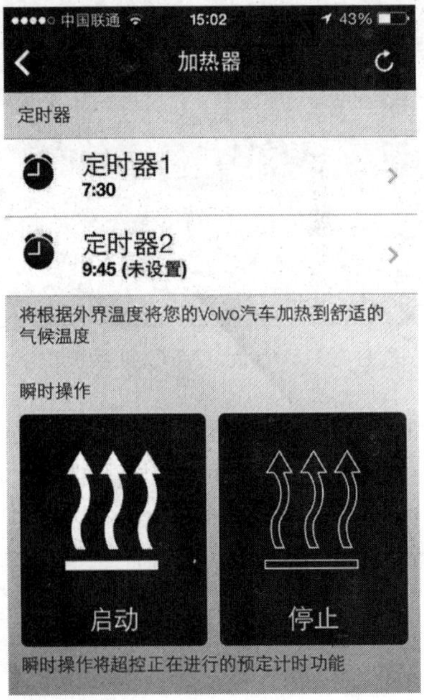

图 8-92　Volvo On Call 系统的手机远程预热界面

（二）安防体系

有了沃尔沃随车管家，车主就不用担心车辆被盗。一旦车辆盗窃警报被触发，Volvo On Call 系统会在第一时间通知服务中心，工作人员会立刻联系车主。万一车辆被盗，车辆的位置也会通过卫星追踪定位，并与警察合作迅速找到被盗车辆。

如果在驾驶车辆途中发生意外，Volvo On Call 系统会根据情况的严重性设计三种应对机制，分别是“碰撞自动求救”“紧急救援服务”和“道路救援服务”，针对这三种情况的通话线路 24h 保持畅通。

车辆一旦发生碰撞，Volvo On Call 系统将立即启动“碰撞自动求救”机制，呼叫中心第一时间联系车主，与车主确认是否需要救援。“紧急救援服务”是当车主遇到重大事故时，按下 SOS 键 2s 后，呼叫中心会自动定位车辆并与车主联系，以最高优先级展开救援。“道路救援服务”是针对在车辆燃油耗尽、瘪胎等情况下的救援服务。

Volvo On Call 系统的 SOS 键如图 8-93 所示。

图 8-93　Volvo On Call 系统的 SOS 键

（三）个性化服务

Volvo On Call 系统还特别针对中国市场需求提供了 I-Call 服务，车主能够以语音通话的方式向服务中心查询股票、天气、酒店和机票预订等随车服务。

参考文献

[1] 董震，席金波. 奥迪 A6 轿车维修手册. 北京：机械工业出版社，2003.

[2] 魏春源. 汽车电气与电子. 北京：北京理工大学出版社，2004.

[3] 朱军. 汽车故障诊断方法. 北京：人民交通出版社，2008.

[4] 李巍. 宝马汽车结构原理与维修. 沈阳：辽宁科学技术出版社，2008.